KB216456

한반도에
지저스 웨이브가
온다 *JESUS WAVE*

한반도에 지저스 웨이브가 온다

JESUS WAVE

저자 김성욱

세이지

마른 뼈들에게 생명을

3·9 대선에서 문재인 정권의 연장을 막아낸 것은 분명 쾌거다. 동성애·낙태와 온갖 세속적 음란에 뒤섞인 김일성 망령들, 사망과 죽음의 신들, 지옥의 군대를 일단 간신히 막아냈기 때문이다. 또한 이것은 한국교회를 덮쳐온 어둠의 남진南進을 막아낸 사건이었다.

하지만 잊지 말아야 할 것이 있다. 3·9대선의 결과는 1948년 건국된 대한민국에 대한 사형집행을 막아낸 것일 뿐이다. 사형선고 자체가 없어진 것은 아니다. 체제의 위협이 사라진 것도 아니다. 우리는 5년의 휴가를 얻어내 안도의 숨을 쉬고 있지만, 이것은 반격의 시간이 겨우 5년 남짓 남아 있음을 뜻한다. 한국인, 한국 교회가 역전의 발판을 만들어 자유와 복음을 북진시킬 골든타임 1,825일.

우리는 흔히 한국교회 회복을 말한다. 옳은 말이다. 이것은 '예수 다시 오실 길을 예비하는' 국가기도제단이 세워지는 것이다. 이를 감당할 일꾼들, 다윗과 같은 대통령, 모세와 같은 지도자, 다니엘 같은 재상이 나오는 것이다. 하나님을 두려워하는 지식인, 하나님을 두려워하는 엘리트들이 길러지는 것이다. 한국은 물론 온 세상을 뒤덮는 흑암 앞에서 숨고 피하고 달아나 버리는 게 아니라 강하여 용맹을 발하는 자녀들, 다음 세대와 미래 세대를 양육하는 것이다.

혹자는 묻는다. '예수 오실 길을 예비하는 것'은 무엇인가? 그것은 막혀 있는 선교의 길을 여는 것이다. 선교의 길을 막고 있는 권세, 북한교회를 없애고 남한교회를 없애려는 북한 우상체제를 평화적으로 무너뜨리는 것이다.

북한 우상체제 붕괴는 한민족의 부르심이다. 하나님이 우리를 한국인으로 태어나 살게 하신 것은 사명이 있는 탓이다. 한국인으로서 해야 할 일이 있기 때문이다. 하나님이 우리를 이날, 이때 한국인으로 나서 살게 하신 이유가 있다.

그것은 무엇인가? 내 정욕과 탐심, 이 땅의 것, 육신의 것, 세상적 욕구와 부족, 결핍을 채우는 것이 아니다. 시대와 역사 속 하나님이 원하는 절박하고 우선되는 사명이 있다. 결론을 내리자. 그것은 예수 다시 오실 길을 여는 것이다. 복음 전할 길을 여는 것이다. 이를 막고 있는 북한 우상체제를 평화적으로 무너뜨리는 것이다. 여기부터 시작이다.

2022년 9월 1일

김성욱

차례

한반도에
지저스 웨이브가
온다 *JESUS WAVE*

평양은 먼지가 되어 흩어진다

나는 예언자가 아니다. 그러나 확신한다. 우여곡절이 있고 시간, 시각을 알 수는 없지만, 어느 날, 북한은 무너질 것이다. 산사태 속 먼지처럼 흩어져 사라질 것이다. 전날 밤 꿈꾸지 못했던 일이다. 독재자는 물러나고 교만한 자들은 당황할 것이다. 김정은 이후 그만큼 사악한 인물이 권력을 잡아도, 오래가지는 못한다. 사람의 힘으로는 거스를 수 없는 법이다. 빛이 비추인 어둠의 땅은 재건을 향해 기지개를 펴나갈 것이다.

분명한 진실은 이렇다. 이미 영적으로 끝이 난 김정은 정권은 그 끝을 보며 끝을 향한다. 저 땅의 추잡한 실상, 경제적 파탄과 국제적 고립, 이미 잘 알려진 체제의 위기를 적는 것은 지면의 낭비다.

그저 이렇게 말하자. 죄 없는 자의 피를 땅에 쏟고 하나님을 대적하며 하나님을 참칭(僭稱)했던 우상숭배 정권은 무너질 수밖에 없다고. 통일의 주체가 되어야 할 한국의 혼란과 무질서, 무능과 부패를 적는 것도 큰 의미를 갖기는 어렵다. 하나님은 민족의 남은 교회가 열방을 섬기게 될 내일을 바라고 계신다. 그것으로 설명은 충분치 않은가?

통일은 기적이다. 알고 있다. 북한을 열고 대륙과 초원으로 뻗어갈 그 멋진 미래 앞에 수많은 현실적 문제가 쌓여 있다. 높은 산과 쇠 빗장, 거친 들과 골짜기, 오지 않은 것에 대한 두려움. 우리는 이렇게 투덜거린다. '김정은 권력이 30년은 갈 것 같다. 사람의 목숨을 벌레처럼 짓밟지 않는가?' '핵무기를 소형화해 한반도 게임의 승자가 될지 모른다. 이미 미국도 타협의 운을 띄운다.' '정권이 바뀌건 아니건 대북 협상과 타협은 거스를 수 없는 대세다.' '한국 사회는 갈 때까지 가 버렸다. 낙태율·자살률 세계 1등, 흡연율·음주율 세계 1등, 여성·청소년 흡연율·음주율 세계 1등. 온갖 변태·퇴폐·향락 업소들에서 일하는 성매매 여성은 최소 유럽의 10여 배, 20-30대 여성의 4%에 달한다.여성가족부 공식 통계 이런 죄로 가득 찬 나라가 통일을 이룬단 말인가?'

자꾸만 현실을 보라고 속살거린다. '촛불은 꺼지지 않았고 한국의 대기를 여전히 메우고 있다. 무슨 부흥, 무슨 통일을 읊는가? 심판의 칼날도 네 이마에 임했다. 교회를 보라. 온갖 배도와 패역이 가득한 이 땅에 무슨 소망이 있는가? 죄악으로 가득 찬 네 행위에 합당한 열매는 재앙이다. 평안이 아니다.'

그렇다. 그래서 통일은 기적이다. 부흥도 기적이다. 복음이 아니면, 예수가 아니면 통일을 이루지 못한다. 통일은 오직 '복음통일' 뿐이다. '예수통일' 외에 다른 통일은 없다.

"만군의 여호와께서 말씀하시되 이는 힘으로 되지 아니하며 능력으로 되

지 아니하고 오직 나의 영으로 되느니라" 스가랴 4:6

우리는 힘이 없다. 중국과 러시아 반대를 넘어 미국, 일본, 열강을 설득해 통일을 이루어낼 능력도 없다. 그 잘난 세상 감투 하나 쓰고 있지 않다. 그래서 오직 예수다. 하나님이 우리보다 앞서가서 험한 곳을 평탄케 하시며 놋문을 쳐부수며 쇠빗장을 꺾어주셔야 한다. 이사야 25:2

1
슬픔은 에너지

무궁화 꽃이 온 세상에 피었습니다

하나님의 거룩한 꿈을 품은 이들아. 고난 앞에 숨지 말라. 피하지 말라.
알고 있다. 사명을 이루는 자들은 고난을 겪는다. 넘치도록 수고를 한 바울
은 옥에 갇혔고 수없이 매를 맞았다. 사십에서 하나 감한 매를 다섯 번, 유
대인에게만 195대를 맞았다. 세 번 태장으로 맞고, 한 번 돌에 맞았다. 못
먹고 못 자고 못 입고 여러 번 죽을 뻔하였다. 오직 모든 교회를 위한 염려
때문이었다. 하나님의 사명 탓이다.* 고린도후서 11:23-28

---

* 그들이 그리스도의 일꾼이냐 정신 없는 말을 하거니와 나는 더욱 그러하도다 내가 수고를 넘치도록 하고 옥에 갇히
기도 더 많이 하고 매도 수없이 맞고 여러 번 죽을 뻔하였으니 유대인들에게 사십에서 하나 감한 매를 다섯 번 맞았으
며 세 번 태장으로 맞고 한 번 돌로 맞고 세 번 파선하고 일 주야를 깊은 바다에서 지냈으며 여러 번 여행하면서 강의
위험과 강도의 위험과 동족의 위험과 이방인의 위험과 시내의 위험과 광야의 위험과 바다의 위험과 거짓 형제 중의 위
험을 당하고 또 수고하며 애쓰고 여러 번 자지 못하고 주리며 목마르고 여러 번 굶고 춥고 헐벗었노라 이 외의 일은
고사하고 아직도 날마다 내 속에 눌리는 일이 있으니 곧 모든 교회를 위하여 염려하는 것이라

고난은 반드시 저주가 아니다. 형통이 꼭 축복이 아닌 것처럼. 하나님은 우리의 겉사람을 죽이고 속사람을 살리려 고난을 주신다. 바울에게는 어느 날 살 소망까지 끊어져 버렸다. 왜일까? 왜 이런 쓰라림, 진통을 겪어야 했을까? 그는 말한다. "우리 마음에 사형선고를 받은 줄 알았으니 이는 우리로 자기를 의뢰하지 말고 오직 죽은 자를 다시 살리시는 하나님만 의뢰하게 하심이라"고린도후서 1:9

부인하고 싶다. 그러나 어렵고 힘들고 괴로운 환경, 고단한 삶이란 우리의 영靈이 자라는 천혜의 환경이다. 한민족이 감당해야 할 선교하는 대한민국의 꿈도 다르지 않았다. 5천 년 대륙세력과 해양세력 사이에서 숱한 외침과 형극荊棘을 겪어 온 민족의 고난은 오히려 열방을 섬기는 선교의 원천이 되어왔다. 또 그렇게 될 것이다.

한국에도 잘 알려진 《총·균·쇠》라는 책이 있다. 병리학자 재레드 다이아몬드는 이 책에서 남북미南北美 아메리카 원주민 몰락의 가장 큰 원인을 신新 세계인들이 묻혀온 병원균에서 찾았다. 실제로 1492년 히스파니올라 섬의 원주민 800만 명은 1535년 0명으로 멸종했다. 이들을 학살한 주범은 천연두, 결핵 등 온갖 병원균이었다.

침묵의 학살자는 남미南美를 쓸었다. 15세기 멕시코 아즈텍 문명의 2,000만 인디언은 1618년 95%가 감소하여 160만 명으로 줄었다. 구세계는 어땠을까? 유라시아 대륙의 밀집과 번잡은 오랜 기간 많은 질병을 불렀다. 오히려 이 염병은 유럽인의 면역력과 유전적 저항력을 키웠다. 정말로 고난은 저주가 아닌지 모른다.

재레드 다이아몬드는 균과 함께 총, 쇠를 꼽았다. 병원균 외에도 구세계의 끝없는 정복과 전쟁을 통한 경쟁은 식량생산, 가축화, 작물화 그리고 기술, 문자, 발달된 정치조직을 만들었다. 신세계인 아메리카 대륙은 유라시아 대륙에 비해 먹고 살기 여유로웠다. 그래서 가축 삼을 포유류 종류도 현저히 적었다. 기병騎兵도 없었다. 그렇게 구세계 중에도 중동中東, 중국中國이 아닌 유럽이 패자가 된 결정적 힌트를 '고난'에서 찾는다.

구세계의 또 다른 축인 중국은 만성적 통일統一이 오히려 역풍을 불렀다. 유럽의 만성적 분열分裂에 비해 경쟁과 혁신의 기회가 적었다. 실제로 강력한 폭군이 한 명만 나와도 새로운 변화와 발전의 기회가 질식된 것이 중국의 역사다. 재레드 다이아몬드는 말한다. "전쟁, 분열, 갈등, 밀집, 번잡 이로 인한 고통이 오히려 유럽인의 강인한 생명력을 만들었다." 평화와 안정이 오히려 역사의 독배가 된 대표적 사례를 남미의 사라진 인디언 문명에서 발견한 것이다.

재레드 다이아몬드는 기독교 문명의 유무有無, 예수가 있고 없음이 만들어 낸 축복과 저주의 열매는 보지 못했다. 하지만 하나님이 일반적 계시로 드러낸 역사의 원리는 이렇다. 고난이 꼭 저주가 아니다. 형통이 꼭 축복이 아니다. 이 민족이 겪었던 아픔도 선교의 동력이 될 것이다. 무궁화 꽃은 온 세상에서 피어날 것이다.

"주께서 그 사랑하시는 자를 징계하시고 그가 받아들이시는 아들마다 채찍질하심이라 하였으니 너희가 참음은 징계를 받기 위함이라 하나님이 아들과 같이 너희를 대우하시나니 어찌 아버지가 징계하지 않는 아들이 있으리요 징계는 다 받는 것이거늘 너희에게 없으면 사생자요 친아들이 아니니라" 히브리서 12:6-8

100년 전 어느 무당 여인의 오열

한민족도 이스라엘 백성처럼 하나님이 사랑하시는 자, 받아들이시는 아들이었는지 모른다. 가난한 백성의 형극의 아픔은 구한말 극에 달했다. 관직을 사고파는 매관매직賣官賣職, 부정부패不正腐敗. 가진 자의 향락享樂과 음란淫亂, 지배층인 양반들은 빼앗았고, 지배받는 백성들은 빼앗겼다.

없는 자는 살기 위해 딸들을 팔았고, 가진 자는 축첩蓄妾으로 여러 여인을 거느렸다. 개화기 신문·잡지는 당시의 상황을 이렇게 적었다. "나라가 망하게 된 원인이 문란한 성도덕에 있었다.", "음풍淫風이 크게 떨쳐 집마다 마을마다 음부淫婦가 아닌 여자가 드물다." 금수강산은 붉은색 비가 내리는 악취 나는 도살장이 되고 있었다.

여명黎明이 사라진 시대에는 미신迷信이 판친다. 감기만 걸려도 굿을 했고 무당이 감기에 걸리면 친구 무당이 또다시 굿을 했다. 고종의 처 민비는 나이도 출신도 모르는 한 무당을 맹신해 진령군眞靈君이라는 '군호君號'를 내렸다. 여자에게 군호는 파격이다. 왕비는 세상에 귀를 닫고 진령군을 따랐다. 구한말 지식인 황현은 이렇게 적었다. '왕비는 그 무당을 언니라 부르기도 했다황현, 오하기문·梧下記聞' 진령군은 고종과 민비에게 '금강산 일만 이천봉에 쌀 한 섬과 돈 열 냥씩 바치면 나라가 평안하다'고 계시했다. 왕은 시킨 대로 준행했다.

시대가 그랬다. 돈 있는 자는 큰 굿을 했고 돈 없는 자는 작은 굿이라도 했다. 이런 식으로 역병疫病이 동네를 휩쓸면 마을은 황량한 폐허로 변했다. 5,000년 우상숭배는 구한 말 한민족을 시련의 용광로 속으로 밀어 넣었다. 한민족 전체가 '사망의 음침한 골짜기' 속으로 떨어져 버렸다.

그렇게 치욕의 채찍을 맞을 때, 통곡할 때, 하나님은 자신의 종들을 통해 말씀을 보냈다. '오직 예수' 믿음의 씨앗을 심었다. 일제시대 평양대부흥운동 조력자 중 하나인 선교사 메티 노블은 자신의 책《조선회상》에서 나라가 망하던 절망적 모습을 놀라울 정도의 희망적 언어로 적었다.

"1907년 1월 2일 성령의 나타나심 : 성령이 강한 권능으로 평양 교회들과 여러 다른 지역에 임하였다. 그 결과 웨일즈 지방의 대大부흥에 관해 읽은 내용과 흡사한 위대하고 영광스런 흥분상태가 나타났다. 사람들은 죄에 대해 통회하고.... 우리 선교사들은 이 민족과 우리 자신이 성령 충만하여 하나님이 원하시는 대로 쓰임받을 수 있도록 기도했다."

메티 노블은 무당, 기생, 과부, 고아 등 당시 버려진 자에게 생명을 전했다. 에스겔의 마른 뼈 같은 조선 백성은 생기를 받았다. '예수가 그리스도요 살아계신 하나님의 아들'임을 믿고 성령을 받았다. 피눈물은 신바람이 되어 민족의 영혼을 깨우기 시작했다.

한일합방이 있던 1910년, 조선교회는 '백만인 구령救靈운동'을 시작했다. 그 해 2월 23일 메티 노블은 "숱한 경이로운 일들이 그칠 새 없이 일어나고 있다. 올해 최고의 사건은 백만인 구령운동이다."라며 무당 출신 한 여성의 간증을 이렇게 적었다. "한 부인은 눈물을 흘리며 말했다. 오고 있어요. 백만인이 오고 있어요. 너무 행복해요. 이 생에서 제 가장 큰 소망과 염원은 백만 성도를 목도하는 거예요."

상상할 수 있는가? 미천하고 비천하고 저주받던 인생들이 돈을 달라, 떡을 달라. 세속적 소망을 빌었던 것이 아니다. 이 민족과 우리 자신이 성령 충만하여 하나님이 원하시는 대로 쓰임받을 수 있도록 기도했다. 땅을 진동케 할 부흥, 지옥을 텅 비게 할 부흥을 바랐다. 부흥 아니면 하나님의 진노가 또 다시 임하게 될 것임을 알았다. 베옷을 입고 재를 뿌리며 외쳤다. "원컨대 하나님은 하늘을 가르고 강림하소서"이사야 64:1

더러운 진창에서 피어난 화려한 연꽃

화려한 연꽃은 더러운 진창에서 피어난다. 조선이 그랬다. 예수 그리스도 안에서 새롭게 태어난 이들은 믿음이 생겼다. 자신의 영혼을 살리신 하나님이 이 나라도 살려줄 것임을 깨닫게 되었다. 예표豫表적 인물이 있었다. 예수를 만나고 반세기 후 대한민국 초대 건국대통령이 된 이승만李承晚, 1875~1965이다.

다시 한 번 말한다. 고난이 꼭 저주는 아니다. 역사적 거인의 고난은 수천만 구원의 축복이 되기도 했다. 이승만은 1899년 24세 때 고종 폐위廢位 사건에 휘말려 사형선고를 받았다. 어릴 때부터 신동과 천재로 불렸다. 협성회의보, 매일신문, 제국신문을 창간해 차세대 리더로 이름도 날렸다. 2년 전 배재학당 졸업식 땐 역사상 최초의 영어 연설도 했던 그다. 연설을 듣기 위해 모여든 청중만 조선의 고위직 관료와 서양의 선교사 등 천여 명. 이승만은 촉망받던 청년 지도자였다. 그런 그가 말 그대로 패가망신敗家亡身해 버렸다.

사형선고 이후 종신형을 확정받은 이승만은 한 세기가 바뀔 무렵 선교사 에디Sherwood Eddy, 1871~1963가 넣어준 성경을 읽으며 예수를 만난다. 그가 했던 최초의 기도는 이랬다.

"하나님 나의 영혼을 구원해 준 것처럼 이 민족을 구원해 주십시오. Save my soul save my country" 특이한 기도다. 살려 달라, 도와 달라, 꺼내 달라는 기도가 아니었다. 영혼의 구원과 민족의 구원을 말했다. 숱한 신고

辛苦를 겪은 뒤 하나님은 이 기도에 응답해 주셨다.

"(…) 하나님께 기도를 했더니 금방 감방이 빛으로 가득 채워지는 것 같았고 나의 마음에 기쁨이 넘치는 평안이 깃들며 나는 완전히 변한 사람이 되었다. 내가 선교사들과 그들의 종교에 대해서 갖고 있던 증오감, 그들에 대한 불신감도 사라졌다. 나는 그들이 우리에게 자기들 스스로 대단히 값지게 여기는 것을 주기 위해 왔다는 것을 깨달았다."이승만의 영문 투옥경위서 Mr.Rhee's Story of His Imprisonment 중

이승만의 개종은 양반 출신 최초였다. 그의 성령의 체험은 뜨거웠다. 기쁨과 평안에 젖었고 이승만은 감옥 안 전도자가 되었다. 이원긍·이상재·유성준·김정식·홍재기·김린 등 양반 출신 정치범과 한성감옥 간수장 이중진 등 40여 명에 복음을 전했다. 감옥을 복당福堂으로 부르며 기도와 예배에 힘썼다. 영어사전도 집필했다. 그러기를 5년 7개월, 이승만은 극적인 사면을 받는다. 하나님 나라와 의를 구하니 자유의 몸도 주셨다. 그의 자서전 초고 중 일부다.

"(…) 죄수 한 사람은 간수들이 오는가 살피기 위해 파수를 섰었고 또 한 사람은 성경 책장을 넘겨주었다. 나는 몸이 형틀에 들어가 있었고 손에 수갑이 채워 있어 책장을 넘길 수 없었다. 그러나 마음속 그 안위와 평안과 기쁨은 형용할 수 없었다. 나는 감옥에서 얼마나 감사했는지 잊을 수 없다. 6년 반 동안 감옥살이에서 얻은 축복에 대해서 영원히 감사할 것이다. 1904년 8월 7일 나는 사면을 받고 다시 세상에 나올 수 있는 자유를 얻었다."이승만의 영문 자서전 개요 Rough Sketch: Autobiography of Dr. Symgman Rhee 중

이승만이 수감됐던 한성감옥은 악명 높은 곳이었다. 팥밥과 콩나물, 소금

국에 연명하며 자주 고문을 당했다. '축사에 가둔 소 떼처럼 이리저리 죄수들을 몰아부치는 곳'이었다고 이승만은 증언한다. '바구니 속 겹쳐 밀치락 달치락거리는 미꾸라지'처럼 버텨야 했다.당시 수감자 김형섭,1878-1927의 글 중 이승만과 같이 갇힌 최정식·안경수·권형진·장호익·임병길 등은 이미 형장의 이슬로 사라져 버렸다. "승만아 잘 있거라. 너는 살아남아 우리가 함께 시작한 일을 끝맺어 다오." 최정식의 마지막 말은 이랬다. 이승만은 고백한다. "내가 해줄 수 있는 일이란 고작 '가서 편안히 죽으시오.'라고 고함을 질러주는 것이었다."

나라 위한 확신을 가지고 했었던 일이다. 돌아온 것은 세상의 정죄와 손가락질, 힐난이었다. 언제 끌려갈지 언제 처형될지 알 수 없는 공포와 두려움, 믿었던 이들에 대한 원망과 섭섭함, 배신감, 억울함, 여기에 불결한 위생과 건강 문제도 덮쳤을 것이다. 옥 밖의 한성이 천국은 아닐지 몰라도, 그곳은 힌놈Hinnom의 골짜기, 귀천의 갱도였다. 에스겔의 마른 뼈 같은 곳이었다.

절대적 고통은 절대적 신앙의 씨앗이 된다. "오직 죽은 자를 다시 살리시는 하나님만 의뢰하게 하심이라"고린도후서 1:9 그렇게 생명을 만나면 어둠은 빛으로 변한다.

이승만은 감옥 안 6년여 시간을 이렇게 적었다. "안위와 평안과 기쁨은 형용할 수 없었고 그 감옥살이에서 얻은 축복에 대해서 영원히 감사할 것이다. 육신은 형틀과 수갑에 채워져 있어도 영혼은 생명을 만났던 탓이다. 심령에 천국이 임하니, 변하는 세상을 보지 않고 불변의 저 천국을 보게 되었다.

이승만은 출옥 후 기독교 국가가 조선이 가야 할 길임을 깨닫게 되었다.

'옥중전도', '예수교에 대한 장래의 기초', '두 가지 편벽됨', '교회경략', '대한교우들의 힘쓸 일' 등의 글을 썼다. '기독교 입국론立國論'을 설파했다. 혁명적 세계관이었다. 이 관점은 1913년 《한국교회핍박》으로 구체화되었다. 그는 이 책에서 한국을 이스라엘과 비교하며 선교하는 나라의 사명을 이렇게 적었다.

"하나님이 한국 백성을 이스라엘 백성같이 특별히 택하여 동양에 처음 기독교 국가를 만들어 아시아에 기독교 문명을 발전시킬 책임을 맡긴 것이다(…) 한국의 기독교인들은 벌써 제주도와 북간도, 만주, 블라디보스토크 등지와 북경에 이르기까지 선교사를 파송하여 활발히 선교활동을 전개하고 있다. 하나님께서 특별히 한국인들을 택하사 아시아에 기독교 문명의 기초를 잡게 하신 것이다(…) 교회의 일에만 전력하면 한국인들이 일본과 중국을 모두 기독교로 인도할 것이다."《한국교회핍박》중에서

일본이 칼로 일어나 동양을 집어삼킬 때였다. 그러나 이승만은 기독교로 동양을 발전시킬 비전을 꿈꾸었다. 또 "이대로 얼마 동안만 계속하면 한국 백성의 장래 문명, 자유, 복락을 손꼽고 기다릴 수 있을 것 같다"고 말했다. 절망이 아닌 소망을 붙잡았다.

이승만의 기독교 입국론은 3·1운동 직후 1919년 4월 7일 노령에서 가진 임시정부 첫 기자회견에서 공식적으로 선언되었고, 임시정부 헌장과 1948년 5월 31일 초대 국회에서 선포되었다. 눈에 보이는 이승만 개인의 삶은 녹록치 않았다. 73세, 대통령이 되는 날까지 떠돌이 인생을 살았다. 그러나 그 지독한 불운 속에서 신앙을 가졌고 신앙의 자유가 꽃피는 나라를 세웠다. 김일성이 젊은 나이 북한 땅에 공산주의 유물론, 지상 지옥, 나락을 만들던 시대, 같은 한반도 위에 이루어진 일이다.

이승만이 세운 자유의 나라는 한국 교회로 하여금 꿈꾸게 하였다. 휴전선 이북의 혼명昏冥의 흑암을 거둬내 열방을 향해 뻗어갈 제사장 나라, 예수 다시 오실 길을 예비하는 한민족 교회의 길을 열었다. 고난이 없다면 불가능한 일이다. 한 명의 고통이 수많은 구원의 밀알이 된 셈이다.

우리의 생각과 하나님의 마음은 다르다. 이해할 수 없는 시련이 거대한 역사의 흐름을 이끄는 불기둥이 되기도 한다. 나는 다시 나에게 말하며, 어두운 시대를 걷는 벗에게 전한다. 형통이 꼭 축복이 아니다. 고난이 꼭 저주가 아니다. 하나님은 우리보다 크고 위대하시다.

보라 놀라운 일을 하였도다

범인凡人의 눈에는 잘 보이지 않는다. 너무 큰 고난이 빚어낸 거인인 탓일까. 우남雩南 이승만은 그런 인물이다. 이 글은 사서史書가 아니나 최소의 변호를 남긴다. 그것이 그의 덕을 입고 살아가는 한국인의 도리일 것이다.

숱한 폄훼가 있지만 그는 자유의 나라를 세우고 지켰다. 1953년 당시 1인당 GNP 67달러, 문맹률 80% 극한의 여건에서 민족사 최초의 민주공화국, 주권이 국민에게 있는 나라를 세웠다. 이승만의 가장 큰 공은 늑대 같은 열강 틈에서 나라의 안전을 지켜낸 것이다. 그것이 '한미상호방위조약'이다.

한미상호방위조약은 안 해주겠다는 미국의 약점을 잡고 물고 늘어져 간신히 얻어낸 것이다. 조약 체결 이후 한반도 안에선 전쟁이 사라졌다. 혹자는 5천 년 민족사에 950여 번의 전쟁이 있었다고 말한다. 5년에 한 번 꼴이다. 좀 더 정확히 기록된 구한말 통계에 따르면, 19세기 말~20세기 초 14년에 한 번씩 포성砲聲이 울리고 포연砲煙이 찼던 땅이다. 그런 한반도에서 70년 넘게 살육의 곡성이 멈췄다. 민족 생성 이래 가장 큰 경제발전 역시 이런 평화 위에 이루어졌다. 이승만이 터낸 길을 박정희라는 또 다른 거인이 넓히며 달려간 셈이다.

군사력도 비약적으로 발돋움했다. 건국 초 5만 명 수준의 병력은 이승만 집권 말기 70만 명으로 14배가 늘었다. 조선조가 망할 때 상비군이 겨우 8,500명이었다. 민비閔妃의 시해도 못 막아낸 한민족이 군사강국 대열에 올랐다. 삼국 시대에도 없었던 일이다.

이승만은 탁월한 교육자였다. 의무교육제도를 도입했고 문맹文盲퇴치운동을 추진했다. 광복 당시 80% 문맹률은 하야 당시 20%대로 떨어졌다. 대학생 숫자는 광복 당시 7,800명에서 1960년 9만 8,000명, 여대생은 1,086명에서 1만 7,000명으로 늘어났다. 대학생 비율은 같은 시기 영국을 앞질렀다. 놀라운 일 아닌가?

교육 수준이 올라가며 언론의 자유도 꽃폈다. 1954년에 있던 언론기관만 411종에 달했다. 무지한 자들은 이승만을 독재자獨裁者라고 비아냥거린다. 민주주의가 뿌리를 내리는 과정에 우행과 실수, 시행착오가 있었던 것은 사실이다. 불법도 있었다. 그러나 언론과 대학생, 지식인 집단이 이승만을 에워싼 채 '마음껏' 돌 던지던 때가 그 시절이다. 무엇보다 이 토양을 만들어 낸 것은 '배워야 한다'는 이승만의 신념이다. 다시는 '종의 멍에', 일본과 중국, 열강에 종으로 부림 받지 않기 위한 것이다.

4·19로 봉기한 대학생, 5·16 정변을 일으킨 장교들, 모두 이승만 교육의 혜택을 받은 청년들은 제자들이나 진배없다. 제3세계 신생 독립국 국부國父란 자들이 하나같이 민중을 무지와 몽매로 방치한 채 자신을 우상화한 것과 천양지차다.

"무항산 무항심無恒産 無恒心. 항산恒産이 없으면 항심恒心도 없다." 중국의 철학자 맹자의 말이다. 이승만도 이것을 알았다. 자유를 지키기 위해서는 먹고 살 터전이 필요했다. 그렇게 나온 것이 토지개혁이다. 식민지 체제의 기득권, 지주의 부당한 특혜를 줄이고 자작농 집단을 늘렸다. 유상매입, 유상분배. 무조건 빼앗고 무조건 나누고 나중엔 모든 백성을 김일성 노예로 만든 공산혁명이 아니다. 싼 가격에 사서 싼 가격에 파는 개혁다운 개혁이었다. 이승만은 이를 위해 좌익 성향 조봉암을 장관에 임명해 한민당 반대를 극복했다. 6·25전쟁 이전 단행된 이 개혁은 남한의 농민이 북한 인민군 편에 서지 않는 결정적 동기를 만든다. 남의 땅 농사 지어 먹고 사는 소작지는 광복 당시 전체 농지 중 63%에서 12%로 줄었다. 주권이 주인에게 있는 진정한 국민국가의 탄생이었다.

독자들은 잊지 말라! 이승만이 고난의 용광로 안에서 주조鑄造한 국민국가 대한민국의 본질은 기독교 국가였다. 1885년 아펜젤러가 한국에 들어와 개신교 선교를 시작한 뒤에도 양반 계층 중 개종한 사람은 거의 없었다. 대부분 중인이나 상민, 천민들이었다. 양반 출신 기독교인 이승만은 젊은 시절부터 한국을 기독교 국가로 만들겠다는 꿈을 키웠다. 1919년 3·1운동 후에는 "아시아 최초의 기독교 국가를 만들겠다"고 공언했다. 41년 망명을 끝내고 대통령이 된 이승만은 젊은 날 비전을 이루어갔다. 12년간 기독교를 음양으로 지원했고 이런 후원을 배경으로 한국교회는 1950년대 급성장했다.

군대, 경찰, 형무소 안으로 목사를 보냈다. 이른바 군목·경목·형목 제도로 집단적 전도의 길을 열었다. 1947년에는 국영방송인 서울 중앙방송을 통한 방송선교를 허용했다. 1954년에는 첫 기독교 민간방송 CBS가 등장했다. 1956년에는 극동방송이 설립되었다. 국기우상화 반대운동을 통해 국기배례를 '주목례'로 변경했다. 성탄절을 국경일로 지정하여 매년 성탄 메시지를 전 국민에게 선포했다. 1948년 5월 10일 제헌의회 선거일은 일요일을 피해 일정 자체를 연기했다. 기독교청년회 YMCA 등 기독교단체에는 막대한 후원을 했다.

이승만의 인선人選에서도 기독교인이 주류를 이루었다. 20세기 이후 근대 문명이 교회를 통해 흘러온 탓도 있었다. 실제로 1946년 입법의원 23% 90명 중 21명가 개신교인이었고 그중 7명은 목사였다. 1948년 제헌의원의 경우에도 개신교인은 25% 198명 중 50명에 달했다. 그중 13명이 목사였다. 이승만은 이런 흐름을 강화했다. 초대 내각 21개 부서장 중 9명, 절반 가까운 42.8%를 개신교인으로 채웠다. 그중 두 명은 목사였다. 광복당시 복음화율이 2~3%에 그쳤던 것에 비하면 명실공히 기독교인 내각이다. 새로운 나라를 세울 경건한 인재들로 인선을 꾸렸다.

아들에게 이승만을 가르칩니다

성경의 창窓, 성령이 주시는 울림이 없다면 이승만은 탐욕스런 폭군처럼 비춰진다. 심지어 제주도 4·3기념관에 각인된 것처럼 학살자로 낙인찍는 이도 있다. 하지만 이승만과 건국에 대한 폄훼는 근본적으로 이데올로기에서 기인한다. 남한의 좌익 운동권은 보수세력에 대한 반발로 사료史料에 대한 취사선택이나 비판 없이 북한식 평가를 받아들였다. 적의 적은 친구인 법이니 당연한 것인지 모른다. 운동권은 80년대를 거치며 이른바 민중사관民衆史觀이라는 세계관을 형성하는데 그 뿌리는 '김일성 장군의 항일抗日투쟁'으로 요약되는 북한의 주체사상 역사인식, 소위 주체사관이었다.

여기에 연구 부족도 한몫했다. 한국 근현대사를 제대로 공부한 사람이 없으니 브루스 커밍스 류의 수정주의 사관을 차용했다. 수정주의 修正主義 revisionism란 말 그대로 수정된 시각, 정통이 아닌 삐딱한 시선이다. 커밍스는 《한국전쟁의 기원The Origins of the Korean War》이나 《김정일 코드North Korea : Another Country》등의 책을 통해 김일성을 '고전적 로빈 후드', '위대하고 유능한 지도자'로 추켜세웠다.

북한의 6·25남침에 대한 비판 대신 '미국인들의 야만적인 공습과 대학살holocaust' 운운한다. 전쟁 당시 좌익의 양민학살에는 침묵하고, 국군이 오히려 학살, 총살, 처형, 살해, 몰살, 중세 마녀사냥, 킬링필드 등을 저질렀다고 말한다. 또 살아남은 좌익들은 노예 취급을 당했고 "여자들은 남한과 미국 군인들에게 밤낮없이 강간당했다"고 주장한다.

인본주의의 절정인 사회주의가 현실에 대한 관찰이 정확한 때도 있지만 반드시 틀리는 순간이 있다. 그것은 지나간 과거에 대한 해석과 다가올 미래에 대한 대안이다. 이들은 대한민국 위에 하나님이 이루신 기이한 행적을 지우려는 이념적 강박증, 이데픽스idée fixe에 잡혀 있다. 약간의 의혹을 과장한 엉터리 추론, 와위訛僞된 거짓을 지어낸다.

몇 가지 예를 들어 보자. 민중사관론자, 수정주의자들은 이승만을 분단의 원흉인 양 매질한다. 1946년 6월 3일 정읍에서 나온 이승만의 '남한 단정론單政論, 단독정부 수립을 주장한 발언'에 근거한 비난이다. 대한민국 위에 하나님의 자취를 지우려는 이런 작정한 공격은 끔찍하고 형편없는 왜곡이다. 이승만의 남한 단독정부 수립 발언은 북한에 사실상 김일성 체제가 세워진 뒤 나온 말이기 때문이다. 발언이 나오기 전 해인 1945년

9월 20일 소련의 스탈린은 북한에 친소親蘇정권 수립의 지령을 내렸고 이 듬해 6월 북한은 이미 소련의 위성국이 되어버린 상황이었다.

정읍 발언 4개월 전인 1946년 2월 8일 '북조선임시인민위원회'라는 실질적 단독정부가 들어섰고 북한판 토지개혁을 실시했다. 토지개혁이란 보통 정부가 갖는 것 이상의 막강한 권력 없이는 불가능하다. 이승만은 북한 공산화 과정을 정확히 보고 있었다. 1946년 3월 20일 시작된 미소美蘇공동위원회가 소련의 방해로 늪속에 빠졌고 성과없이 휴회되었다. 이승만은 같은 해 5월 19일 미소공동위 불참을 선언하고 20여 일 뒤 정읍발언에 나섰다. 북한이 적화赤化된 마당에 남한이라도 자유의 땅으로 지켜야 한다는 것이다. 속내를 풀어서 말하면 이렇다. '북한의 교회가 모두 사라져 버렸다. 남한의 교회라도 지켜야 하지 않은가?'

이승만이 미국의 앞잡이였다고 손가락질하는 자도 많다. 역시 코미디다. 해방 전 이승만은 미국 정부의 골칫거리였다. 국무성을 드나들며 임시정부 승인을 강청하는 이승만을 백악관 관료들은 껄끄러워했다. 실제로 미국은 1947년까지 이승만 대신 여운형과 김규식을 지원했다. 조종하기 쉬운 인물을 선호한 것이다. 미국이 이승만 지지로 선회한 것은 1947년 3월 12일 트루먼 독트린으로 대對소련 봉쇄정책이 확정된 뒤였다. 미소美蘇냉전은 격화됐고 같은 해 5월 8일 열린 미소공동위원회는 또다시 유산된다. 미국은 선명한 반공反共 노선으로 돌아섰고, 한반도에서도 초지일관 반공을 견지한 이승만 지원에 나섰다.

이승만을 지원하긴 했지만 미국 입장에서는 내키지 않은 일이었다. 한국민의 이익을 위해서는 물불을 가리지 않는 고집 센 노인을 통제하는 것도 쉽지 않았다. 에버레디플랜everready plan이라는 것까지 기획되었다. 어이 없는 일이지만, 이 계획은 이승만 축출을 목표로 한 미국의 쿠데타 음모였다. 1975년 뉴욕타임스에 최초 공개된 이 플랜의 원안은 1952년에 기획되었다.

그러나 이승만이 반공포로 석방에 나서자 1953년 6월 18일 ~ 1953년 6월 21일, '에버레디플랜'이라는 이름의 남한 레짐체인지 공작이 구체화되었다. 이 계획은 실제 집행이 되지는 않았다. 이승만 본인이 아니라 그를 따르는 한국민 다수의 여론이 두려워 주머니 속 작전에 그쳤다. 모든 것을 떠나 이승만에 대해 미국의 앞잡이 운운하는 조롱은 날조된 선동이다.

'친일파 이승만'이라는 너절한 프레임

친일파 이승만? 2021년 8월 15일, 당시 광복회장 김원웅은 이승만·박정희 전 대통령과 고故 백선엽 장군을 친일파로 소위 단죄했다. "대한민국은 민족 정통성 궤도를 이탈해 왔다"고 이를 갈며 호통을 친 것이다. 이듬해 2월 횡령 의혹을 받으며 사퇴한 김 씨의 주장이 일고의 가치가 있겠나 싶지만, 이런 식의 비방은 이른바 전교조 세대의 통상적 사관이 되었다.

2021년 7월 1일에는 민주당 대선후보 이재명이 "대한민국은 친일세력들이 미美 점령군과 합작했다"고 말했다. 그는 "대한민국이 다른 나라 정부수립 단계와 달라서 친일청산을 못하고 친일세력이 미 점령군과 합작해서 지배체제를 그대로 유지하지 않았느냐"며 "나라를 다시 세운다는 생각으로 새로 출발했으면 좋겠다는 마음"이라고도 했다.

역사, 히스토리History는 His Story, 하나님의 행적이다. "우리가 이를 그들의 자손에게 숨기지 아니하고 여호와의 영예와 그의 능력과 그가 행하신 기이한 사적을 후대에 전하리로다"시편 78:4 시편 기자의 고백처럼 우리의 인생 가운데, 이 나라와 민족의 역사 속에 역사하신 하나님의 자취를 깨닫고 전하는 것은 그루터기, 남은 자의 절대적인 사명이다.

그러나 인생 가운데 하나님의 기이한 사적을 지워버린 뒤의 삶이란 그저 저주로 비추어질 뿐이요, 대한민국의 역사 또한 냉소와 멸시의 기록이 되고 만다. 두더지·박쥐가 들끓던 암혈과 토굴이 되어버린다. '친일파가 세운 대한민국'이라는 프레임 역시 그렇다. 목이 곧고 패역한 선동가들의 목적은 뻔하다. 대한민국 위에 역사하신 하나님의 흔적을 지우는 것이다. 건국 후 74년을 사망의 그늘로 덧칠해 망상에 불과한 '인민의 나라'를 세우려 꿈꾼다.

우선 이승만은 친일파가 아니었다. 이것은 물은 불이 아님을 변명하는 것과 같다. 물은 불이 아니다. 하늘은 땅이 아니다. 고집 센 자들은 그래도 '이승만이 친일파 등용을 했으니 친일파 아니냐?'고 힐난한다. 정직한 답변은 이렇다. 친일파 등용은 인재부족 탓이다. 흔히 2차 대전 이후 프랑스의 나치 협력 세력 청산과 친일 청산을 비교한다. 프랑스는 화끈하게 쳐냈는데 왜 이승만은 친일파를 다시 썼냐는 것이다. 왜냐고? 문맹률 80% 한국이 아닌가?

2차 대전 이후 프랑스 고급인력은 30만 명에 달했다. 나치 정권 괴뢰였던 프랑스 비시정권 Vichy France 관련자, 나치에 협력한 친독파 親獨派 5만을 처단해도 국가 운영에 문제가 없었다. 그러나 일제 치하 한국의 교육받은 인력은 3천여 명 뿐으로 장관을 시키려 해도 사람을 찾을 수 없었다. 전국적 범위는 더했다. 군수나 면장할 사람을 간신히 찾아도 일제시대 교육받은 이른바 친일파들이었다.

북한은 더욱 심했다. 북한도 친일청산을 한 적도 없고 할 수도 없었다. 38선 이북의 권력이 했던 것은 친일청산이 아니다. 공산숙청 共産肅淸이었다. 조선전사 朝鮮全史 등 북한의 사서에도 반反스탈린분자·반反소련분자·반공反共주의자를 처단했다는 표현만 나온다. 친일파여서가 아니다. 공산주의를 반대해서 죽였던 것이다.

중국공산당에 이어 소련공산당을 거쳤던 30대 초반 김일성은 북한에 정치적 기반이 없었다. 정치적 기반도, 세력도 없었다. 그나마 함께한 자들은 마적 떼 같은 무식자들이었다. 체제를 꾸려야 했던 김일성 입장에서는 찬밥, 더운밥 가릴 것이 없었다. 공산주의만 지지하면 친일이든 반일이든 가리지 않았다. 소위 인민공화국 창건에 참여시켰다. 이러다보니 인민공화국 초대 내각 각료 대부분은 친일파로 채워졌다.*

한국은 달랐다. 항일투사 이승만이 세운 대한민국 주도세력은 하나같이 자유의 투사요, 독립을 갈망한 지사들, 나라 없는 설움에 상심한 이들이었다. '임시정부의 법통을 계승했다'는 대한민국 헌법 전문의 표현에 나오듯, 임정 초대대통령 이승만을 비롯한 임정 요인 대부분은 그렇게 대한민국 권력층에 흡수되었다. 이탈된 사람은 백범 김구 정도였다. 당연히 초대

---

* 인터넷 이승만기념관에 기록되어 있는 북한 김일성의 친일 내각은 다음과 같다. 김일성 : 북한 주석 / 김영주 : 북한 부주석, 북한 내 당시 서열 2위, 김일성 동생 (일제 헌병 보조원) / 장헌근 : 북한 임시 인민위원회 사법부장, 당시 서열 10위 (일제 중추원 참의) / 강양욱 : 북한 인민위원회 상임위원장, 당시 서열 11위 (일제시대 도의원) / 이승엽 : 남조선 로동당 서열 2위 (친일단체 '대화숙' 가입, 일제 식량수탈기관 '식량영단' 이사) / 정국은 : 북한 문화선전성 부부상 (아사히 서울지국 기자, 친일밀정, 즉 일본간첩 출신) / 김정제 : 북한 보위성 부상 (일제시대 양주군수) / 조일명 : 북한 문화선전성 부부상 (친일단체 '대화숙' 출신, 학도병 지원유세 주도) / 홍명희 : 북한 부수상 (일제 임전대책협의회 가입 활동) / 이활 : 북한 인민군 초대공군 사령관 (일제 일본군 나고야 항공학교 정예 출신) / 허민국 : 북한 인민군 9사단장 (일제 일본군 나고야 항공학교 정예 출신) / 강치우 : 북한 인민군 기술 부사단장 (일제 일본군 나고야 항공학교 정예 출신) / 최승희 : (일제시대 친일단체 예술인 총연맹 회원) / 김달삼 : 조선로동당 4.3사건 주동자 (일제시대 소위) / 박팔양 : 북한 노동신문 창간발기인, 노동신문 편집부장 (친일기관지 만선일보 편집부장) / 한낙규 : 북한 김일성대 교수 (일제시대 검찰총장) / 정준택 : 북한 행정10국 산업국장 (일제시대 광산자배인 출신, 일본군 복무) / 한희진 : 북한 임시인민위원회 교통국장 (일제시대 함흥철도 국장)

내각 각료 중에는 단 한 명의 친일파도 포함되지 않았다.[*]

남로당 출신의 박갑동 朴甲東, 1919~은 과거 한 언론과의 인터뷰에서 이렇게 말했다. 박씨는 광복 직후 남로당 南韓朝鮮勞動黨, 즉 남한 공산당 총책인 박헌영의 최측근으로서 6·25후 북한에 넘어간 뒤 다시 탈출해 일본에 정착한 파란만장한 삶을 살았다.

"김일성 패거리는 국내에서의 시민 생활의 경험이 없으니 인민대중과의 혈연적, 정신적 연결이 없었다. 그들은 조국을 모르고 일찍이 만주 땅으로 넘어갔거나 또는 그곳에서 출세한 자들이다. 만주 땅에서 먹고 살기 위해 땀을 흘리고 노동은 하지 않고 떼를 지어 다니며 약탈, 살인, 그리고 아편 장사까지 하고 다니던 패들이다. 그런 짓을 자랑삼아 '항일 유격 투쟁'이라고 하나 우리가 국내에서 한 '항일 독립 투쟁'과는 전혀 다른 것이다(…) 김일성 패는 이렇게 하여 무고한 사람들에게서 돈을 강탈하고 말을 듣지 않으면 총을 쏘고 폭탄을 던지며 불을 질렀다. 아무리 독립이 좋다 해도 이렇게 강도질하는 데까지 독립의 이름을 붙여서야 그 독립이 무슨 독립이 되겠는가. 이런 자들이 북한의 정권을 쥔 데서 해방 후 우리나라의 불행이 시작된 것이다. 나는 이러한 김일성 패의 정체를 잘 모르고 그들이 정말로 만주에서 독립운동을 한 애국자이며 양심적인 사람들인 줄

---

[*] 인터넷 이승만기념관에 기록되어 있는 대한민국 초대 내각과 인민공화국 초대 내각 각료들의 이름은 다음과 같다. 대통령 이승만(李承晩) : 상해임시정부 초대 대통령, 독립운동가/ 부통령 이시영(李始榮) : 상해임시정부 재무총장 /국회의장 신익희(申翼熙) : 임시정부의 내무총장 / 대법원장 김병로(金炳魯) : 항일변호사 / 국무총리 이범석(李範奭) : 광복군 참모장 / 외무장관 장택상(張澤相)~일제시대 청구구락부 사건으로 투옥 / 내무장관 윤치영(尹致暎) : 일제시대 흥업구락부 사건으로 투옥 / 재무장관 김도연(金度演) : 3.1운동에 앞선 2·8독립선언을 주도하여 투옥 / 법부장관 이인(李仁) : 항일변호사, 한글학회 사건 관련자 / 국방장관 이범석(李範奭)씨가 겸임 / 문교장관 안호상(安浩相) : 항일 교육자 / 농림장관 조봉암(曹奉岩) : 공산주의 독립운동가 / 상공장관 임영신(任永信) : 독립운동가, 교육가 / 사회장관 전진한(錢鎭漢) : 국내 항일 운동가, 노동운동가 / 교통장관 민희식(閔熙植) : 재미 항일 운동가, 교통전문가 / 체신장관 윤석구(尹錫龜) : 국내 항일 운동가, 교육 사회운동가 / 무임소 장관 이청천(李靑天) : 광복군 총사령관 우사/ 무임소장관 이윤영(李允榮) : 북한에서 항일 기독교 목사로 일했고 조만식 선생의 제자 / 국회부의장 김동원(金東元) : 수양동우회 사건으로 투옥되었던 독립운동가 /국회부의장 김약수(金若水) : 사회주의 독립운동가

알았다."출처: 인터넷 이승만기념관

　대한민국 건국이 절대 선善은 아니었지만 소위 조선민주주의인민공화국의 창건은 악惡이었다. 후패한 썩은 것, 좀먹은 옷처럼 시작된 체제다. 그렇게 38선 이북은 거대한 시체안치소가 되어 갔다. 물론 건국 이후 남한 경찰에 친일파가 다시 등용된 것은 사실이다. 하지만 이것이 누구 탓이었나? 여수·순천 반란사건 등등 온갖 공산주의 위협 때문이다. 대한민국이 세워진 지 2개월 만에 남로당 지령에 따라 여수순천반란이 터졌다. 여순뿐 아니다. 곳곳에서 남로당 폭동이 빈발했다.

　이승만은 친일청산과 체제수호의 선택에서 후자를 택했다. 좌익 세력 소탕을 위해 '반공법'이 제정되었고, 같은 이유로 일제시대 공산당을 검거하던 전문가가 경찰에 등용되었다. 당신은 친일청산이 온전치 못했던 책임을 따지고 있는가? 그것은 공산당이라는 유령 탓이다. 어슬렁대던 귀신들 탓이다. 그럼에도 친일청산에 집중했어야 한다고? 대한민국은 태어나지 말았어야 한다고? 공산주의로라도 통일이 됐어야 한다고? 한국의 교회도 사라져 버려야 했다는 것인가? 그런 소리를 기독교인이 하는가?

　이승만의 건국은 법적으로도, 도덕적으로도 명예로웠다. 새로운 왕조나 독립국가는 대개 내전을 거쳐 탄생된다. 그러나 이승만은 UN을 통해 대한민국을 빚어냈다. 말 그대로 빚었다. 인류역사상 처음 있는 사건, 이승만이 최초로 고안한 것이다. '미국의 위성국가衛星國家가 되어서는 안 된다'는 이승만의 결단 탓이다. 무슨 말인가? 미국의 도움으로 건국은 되었지만, 미국 기득권 세력에 휘둘려 다녀선 안 된다! 이 나라는 한국의 이익, 아니 하나님의 열심에 인도되어 가야 한다는 강단剛斷의 결과다. 이승만은 그렇게 미국의 힘을 끌어왔고 때로는 맞섰고 때로는 싸웠고 또 로비를 벌였다. 그 결과 세계기구인 유엔의 축복 속에서 건국을 이루어냈다.

초대 국회를 구성한 총선거의 투표율은 95.5%에 달했다. '남로당'과 '남북협상파'의 방해와 비非협조 속에 이루어진 점을 감안하면 대단한 성과다. 이 선거로 구성된 제헌의회에서 이승만은 196표 가운데 180표로 대통령에 선출되었다. 법적인 하자가 없었고 세계역사상 선례가 없었던 혁명적 사건이다. 별의 별 방해를 일삼던 열방의 도모는 폐해졌다. 하나님의 기업으로 빼신 바 된 백성, 1948년 대한민국은 그렇게 태어났다. 시편 33:12

슈퍼빌런 타노스와 백범의 잘못된 만남

남북협상파는 어떤 사람들인가? 많은 이들은 대한민국의 남한 단독정부 수립이 아니라 백범 김구1876~1949가 옳았다, 그가 참여한 남북협상이 옳았다고 아쉬워한다. 백범 김구는 일제시대 뜨거운 독립의 열정에도 불구하고 말년의 선택은 미혹되었다. 이미 소련의 사주로 건립된 북한 공산당과의 협상은 그저 농간일 뿐이라는 진실을 깨닫지 못했다. 순수했을지 몰라도 뱀처럼 지혜롭지 못했다. 귀신의 왕 바알세불에 기롱당했다.

1948년 남한의 5·10 총선거 직전인 4월 말 일이다. 남북협상파 김구와 김규식 등 300여명 가까운 이들은 평양을 향했다. 이른바 북측 인사들과 남북통일 정부수립을 위한 협상을 벌인다는 것이었다. 가슴 떨린 감동이 있을 법했지만, 어리석은 결정이었다. 이미 1년 전 북한에는 김일성 정권이 사실상 들어서 있었다. 토지와 재산과 교회를 빼앗긴 이들이 남쪽에 수없이 내려와 있었다. 약탈당한 가난한 자들은 이들은 백범 김구와 우사 尤史 김규식을 찾아 호소했다. "이북은 이미 질려와 형극뿐이오! 사망의 그늘진 땅이 되었소!"

김일성과 협상을 한다고? 슈퍼빌런 타노스Thanos와? 제정신인가? 많은 이들이 경고한 것처럼 협상은 실패로 돌아갔다. 소련과 북한에 이용만 당하고 끝났다.

더 우스운 일이 있다. 소련 측 기록에 의하면 당시 남한에서 방북한 인사는 226명으로 되어 있는데 이 중 1/3 가량인 70여 명은 북한에 남았다. 결국 홍명희, 김원봉 등 공산주의 성향 월북자들이 당당하게 북한에 넘어갈 수 있도록 들러리를 서 준 꼴이 되었다. 한심한 우행의 연속이었다.

구슬픈 랩소디는 여기서 멈추지 않는다. 김구, 김규식 등이 김일성과 합의한 내용을 보라. 1948년 4월 30일 소위 남북정당사회단체지도자협의회의 공동성명서로 되어 있는 합의문 핵심은 소위 '외국 군대 철퇴撤退', 즉 남한 내 미군 철수였다. 여기서부터는 김구의 순수성마저 의심스러워진다. 외국 군대 철퇴라니? 실제로 1949년 7월 미군 철수 1년 뒤 김일성의 6·25 남침이 있었고, 베트남 역시 1973년 남 월남 미군이 빠진 2년 뒤 공산화되었다. 남한의 정부수립도 안 된 마당에 미군이 빠지면 북한과 남로당 세력이 연합해 적화통일되는 것은 시간문제였던 시절이다. 김일성에 이끌려 적화통일 레일을 깔고 온 것이 아닌가?

해방 전후사는 마치 광시곡狂詩曲처럼 잔인하다. 1948년 당시 방북했다 귀환한 요인들은 피살된 김구 이외 대부분 6·25때 납북되었다. 김규식 1881~1950, 조소앙1887~1958, 조완구1881~1954, 엄항섭1898~1962, 김붕준1888~1950, 최동오1892~1963등 쟁쟁한 인물들은 실은 공산주의 정체를 몰랐던 순진한 사람들, 또는 욕심에 이끌려 미혹된 지식인들이었다. 이들은 평양의 공산주의 실상을 겪고도 실체를 파악치 못하고, 비극적 최후를 맞았다.

세상의 지식과 경륜은 영적인 분별과 다른 차원이다. 대한민국의 행운은 지성과 영성을 갖춘 이승만이라는 인물이 건국의 키를 잡았던 점이다. 카리스마란 신神이 부여한 권능을 말한다. 또한 성경속의 모세처럼 초인적 권능을 가진 인물을 뜻한다. 카리스마는 역사에 돌연 나타나 새로운 문화를 만든다. 개인적 욕심이 아니라 신이 내린 명령이라는 소명의식으로 그 같은 일을 해낸다. 한국사에 나타난 이승만 역시 해방공간에서 활동했던 김구, 김규식, 여운형, 박헌영 등 군웅群雄 가운데 가장 탁월했던 인물이었고 카리스마적 인물이었다.

하지만 상실된 마음에 처한 자들, 하나님을 마음속에 두기 꺼려하는 이들의 눈에는 이승만은 그저 고집불통 독재자로만 보인다. 기도해야 한다. 대한민국에 행하신 하나님의 기이한 행적을 지우고 거짓과 허구로 역사를 날조해 이 땅을 지배하려는 세력, 그렇게 예수 다시 오실 날을 막으려고 발악하는 어둠과 흑암이 예수 그리스도 이름으로 깨어질 수 있도록 말이다.

"거짓 증인은 패망하려니와 확실히 들은 사람의 말은 힘이 있느니라 악인은 자기의 얼굴을 굳게 하나 정직한 자는 자기의 행위를 삼가느니라 지혜로도 못하고, 명철로도 못하고 모략으로도 여호와를 당하지 못하느니라 싸울 날을 위하여 마병을 예비하거니와 이김은 여호와께 있느니라"잠언 21:28-31

8천 만 욥이여 일어나라

《25시》라는 책을 쓴 루마니아 작가 게오르규 Constantin Virgil Gheorghiu, 1916~1992는 "빛은 동방에서 온다"며 이렇게 말했다.

"그리스도의 빛이 무명의 아주 작은 마을에서 온 것처럼 지금 인류의 빛도 작은 곳에서부터 비쳐올 것입니다. 내일의 빛이 당신네 나라인 한국에서 비쳐온다 해서 놀랄 것은 조금도 없습니다." 강연집 '25시를 넘어 아침의 나라로'에 실려 있는 게오르규가 제시한 이유는 사뭇 비장하다.

"왜냐하면 당신들은 수없는 고난을 당해 온 민족이며 그 고통을 번번이 이겨낸 민족이기 때문입니다. 당신들은 고난의 수렁 속에 강제로 고개를 처박힌 민족이지만 또다시 고개를 처든 이들입니다. 당신네 한국 사람들은 내게 있어 젊은 시절에 읽은 성서의 욥과 같은 존재입니다."

"세상의 어느 민족도 당신네 한국인처럼 많은 고난을 당한 민족은 없습니다. 지금 당신네 나라는 산 사람의 몸을 톱으로 썰어 두 동강을 내듯 두 조각으로 갈라져 있습니다. 마치 예언자 이사야의 몸이 톱으로 썰려 두 동강이 난 것처럼 당신네들의 사랑하는 조국은 지금 세계지도 위에서 두 조각으로 갈리어진 비극을 겪고 있습니다. 그래서 나는 당신네 한국 국민과 조국 앞에 머리를 숙여 경의를 표하는 인사를 드립니다."

루마니아의 시인이며 추방당한 사제였던 게오르규는 누구보다 스스로 고난을 많이 겪었던 인물이다. 칼의 형벌을 이겨낸 시인은 한반도를 아시아 대륙의 귀고리, 보석에 비유했다. "이 세상을 아름답게 만들기 위해 달려진 귀고리, 보석처럼 정교하게 만들게 하려고 가꿔진 3,400개의 섬, 레이스처럼 수놓은 1천 800km의 칠보·자수·보석"이라는 것이다.

"아시아를 아름답게 만들기 위하여 이 세상을 아름답게 만들기 위하여 하나님은 그 자리에 한국이라는 귀고리를 달아 놓은 것 같습니다. 한국은 보석처럼 정교하게 깎여지고 만들어지고 가꾸어진 것입니다. 그 해안은 레이스로 되어 있습니다. 칠보로 되어 있습니다. 그것은 자수刺繡입니다. 오직 보석만이 그러한 식으로 재단됩니다."

그랬다. 슬픔은 에너지energy다. 우리 인생이 겪어 온 온갖 상처와 쓴 뿌리, 패배감, 상실감, 억울함, 원통함 이 모든 부정적 경험에 기초한 독한 감정의 죄성도 예수 그리스도 안에서 녹아질 때 타인의 영혼을 살리는 영약이 된다. 숱한 침략과 전란과 가난에 시달린 이 민족의 고난 역시 평화를 전하는 한민족, 팍스 코리아나Pax-Koreana의 충전 배터리였다. 한恨은 고고한 힘이 되어 이 백성을 정情과 흥興이 넘치게 했다.

한민족은 5천 년 우상을 섬겼고, 그로 인해 눈물 골짜기를 신음하듯 걸어왔다. 하지만 초월적 텡그리Tengri, 하늘을 경외한 여린 마음의 백성을 하나님은 지켜보셨을 것이다. 그리고 예수를 몰랐을 때조차, 여호와께서는 언젠가 이 땅에 교회가 가득 찰 것이고, 열방의 구원을 위해 뻗어갈 내일이 올 것을 아셨을 것이다. 그렇게 말갈·흉노·여진·거란 숱한 족속이 사라진 역사의 불구덩이 속에서, 그 분은 이 민족을 보호해주셨다. 그리고 130여 년 전 예수 그리스도 안의 새로운 피조물로 변화되어 70여 년 전 대한민국이라는 이름으로 새롭게 되었다.

지금 들리는 흉흉한 소식들, 절망과 침체, 혼란과 무질서, 힘겨운 믿음의 훈련을 마치는 날, 한민족 교회는 정금 같이 연단되어 대륙과 초원을 향해 뻗어갈 것이다. 복음 안에서 통일된 한국은 무력과 폭력의 제국주의가 아닌 사랑과 연민에 터 잡은 제사장 나라로 달려갈 것이다. 중국 교회의 해체와 미국 교회의 쇠락은 오히려 한민족 교회의 막중한 사명을 웅변해준다.

상상해 보라. 링컨의 50만 노예해방은 전 세계 노예해방의 물꼬를 텄다. 2,400만 동족 노예해방은 수많은 버림받은 이방의 잡족을 온전히 자유케 할 첫 새벽이 될 것이다. 새벽이슬 같은 이 땅의 청년이 열방을 치유할 위대한 비전vision을 품고 평양을 지나 베이징, 케라코럼을 거쳐 사마르칸트,

아랄해와 카스피해, 볼가강을 지나 파리와 마드리드 그리고 예루살렘을 향해 행진할 것이다. 이 놀라운 성취를 위해 한국은 피눈물 속에서 고난을 겪었고 또 얼마는 겪어야 할지도 모른다. 그러나 예수 안에 평안하라. 고난과 복음은 한 사람과 한 민족을 이끄는 사명의 열쇠다. 그것이 역사다. 예수 그리스도 안에서 새로운 피조물, 거듭난 우리네 인생이다.

"그러므로 너는 내가 우리 주를 증언함과 또는 주를 위하여 갇힌 자 된 나를 부끄러워하지 말고 오직 하나님의 능력을 따라 복음과 함께 고난을 받으라"디모데후서 1:8

고난 가운데도 이 민족을 지켜주시어 여기까지 인도해주신 하나님 은혜에 감사드립니다. 저희로 생명 가운데 회복되어 하나님 오실 길을 예비하는 주의 백성 되게 하옵소서.

2
기도가 뉴스를 바꾼다

"구해주세요" 2,300통 생명의 편지

역사 속 각인된 하나님의 광대한 위엄을 보라. 그 분의 기이한 행적을 보라. 영의 눈을 열어 보면, 한민족은 복음을 받아들이기 이전과 이후로 갈라질 것이다. 마르틴 루터가 이끌어낸 변혁의 불은 칼뱅을 거쳐 유럽을 태우고 영국에 번졌고, 잉글랜드 존 웨슬리의 경건운동은 메이플라워호를 타고 온 청교도들을 통해 미국에 퍼졌다. 신대륙 풍요에 젖어간 미국인들은 남북전쟁의 시련과 1·2차 대각성 운동을 거치며 복음을 전하는 새벽이슬이 되어 전 세계로 흩어졌다. '완전하신 말씀'으로 돌아간 남은 자들은 중국, 인도, 일본과 함께 조선을 찾았다.

종교개혁의 불을 품은 믿음의 영웅들인 선교사들은 가난, 질병, 전쟁의 절망 속에 빠져 있던 조선에 소망의 씨앗을 심었다. 나라가 기울던 때 "영원

永遠을 구하라" 말했다. "예수를 만나면, 쇠락한 조선도 일어날 것"이라 말했다. 예수 그리스도 안에서 새로운 민족이 될 수 있다고 외쳤다.

마포삼열로도 불리는 마펫Samuel Austin Moffett, 1864~1939 선교사는 1910년 6월 스코틀랜드 에딘버러에서 열린 세계선교대회World Missionary Conference, the Edinburgh Missionary Conference에서 이렇게 말했다.

"조선은 비기독교 국가 가운데 복음화되는 첫째 국가가 될 가능성이 있습니다. 하나의 기독교 국가, 하나의 영적 강대국强大國이 되지 않을까 생각합니다."

두 달 뒤 한일합방으로 현실의 나라가 없어질 무렵, 거듭난 자들은 영적인 강대국 한국을 예언한 것이다!

언더우드Horace Grant Underwood, 1859~1916 선교사가 1902년 2월 학생자원운동SVM Student Volunteer Movement for Foreign Mission 대회에서 설교한 내용은 이랬다.

"지나온 발자취를 통해 우리는 약속된 미래의 환상을 봅니다. 나는 오늘 우리 앞에 놓여 있는 새 한국, 완전히 해방된 나라 곧 기독교 한국A Christian Korea을 분명히 볼 수 있습니다. 저는 이 나라가 강력하고 신명나는 영향력의 손을 펴서 한편으로 중국으로 뻗고 다른 한편으로 일본으로 뻗어서 한국이 주변 나라와 손잡고 세 나라가 하나의 그리스도 국가 권역을 형성해 영원히 어린양 예수를 높이기를 소망합니다. 만일 그때 우리가 여기에 없다면 천국에서 그 모든 것을 끊임없이 바라볼 것입니다. We, if not here, from there shall see it all. I shall be constantly watching."

마찬가지다. 을사조약 3년 전. 늑대 같은 열강에 침탈되던 시절, 경건한 이들은 완전히 해방된 새 한국, 기독교 한국을 외쳤다. 믿음의 영사英士는 보이는 것에 따라 행하지 않는다. 하나님이 주신 감동을 따른다. 언더우드 역시 그의 편지에 나오듯 '아무것도 보이지 않고 보이는 것은 그저 고집 스럽게 얼룩진 어둠뿐이던' 조선에 1886년 고아학교를 세웠다. 이 학교는 경신학교를 거쳐 1915년 연세대학교 전신인 연희전문학교로 발전했다.

그는 삶의 마지막 해인 1915년 4월부터 1916년 4월까지 1년여 동안 2,300통이나 되는 엄청난 양의 편지를 썼다. 1916년 11월 57세의 나이 로 소천하기 몇 달 전까지 하루에 6.3통의 편지를 손으로 썼다는 것이다. 모두 조선의 영혼을 살려야 한다는 내용들로 혈서 같은 편지들이었다.

야음夜陰은 역사 속 하나님의 자취를 끈질기게 지우려 한다. 이를 위해 카리스마로 행했던 인물을 하이에나 떼처럼 물고 늘어진다. 인본주의자들 이 이승만을 못 잡아먹어 안달복달하는 이유, 구한말 선교사들의 기록을 교과서에서 부득불 빼려는 이유가 여기에 있다. 한민족 역사에 하나님의 기이한 행적 자체를 지우기 위함이다. 그런 면에서 언더우드 동상의 지속 적 훼손은 상징적이다.

연세대학교 내 세워진 언더우드 동상은 1926년 7월 29일 처음 세워졌 다. 우상이 아니다. 그를 통해 하나님의 역사를 잊지 않으려는 기독교 후학 의 소박한 노력의 결과다. 그러나 이 조그만 동상은 두 차례 파괴된 후 다 시 세워졌다. 첫 번째는 일제, 두 번째는 6·25 당시 좌익 모두 우상을 섬 기는 자들이었다. 대한민국을 하나님의 나라로 만들려 한 언더우드를 악신 들린 자들이 저주한 꼴이다.

첫 번째 사고는 이랬다. 일제는 1942년 전쟁물자로 충당하기 위해 언 더우드 동상을 무너뜨려 그 자리에 흥아유신興亞維新 기념탑을 세웠다. 태 평양전쟁을 찬양하는 의미를 담아 대리석으로 깎아 뿌리를 박았다. 그 후

1948년 10월 16일 이승만 대통령과 김구, 김규식 등이 참석한 가운데 새로운 동상의 제막식이 열렸다. 첫 번째 동상보다 크기는 작아졌지만, 모양은 같았다.

동상의 두 번째 파괴는 6·25전쟁 중이다. 김일성은 미 제국주의와의 전쟁을 천명하며 연희전문학교를 서울의 중요 기지로 사용했다. 그리곤 남한 내 좌익을 동원해 '미 제국주의 주구의 상징'이라며 언더우드 동상을 밧줄로 묶어 쓰러뜨렸다.

6·25전쟁 직전엔 이런 참극도 있었다. 1949년 3월 17일 언더우드 선교사의 며느리이자 당시 연희전문학교 명예총장 호러스 호턴 언더우드 H.H.Underwood,원한경의 부인 와그너 여사Mrs. Ethel Van Wagoner Underwood 가 좌익 청년들에게 피살당했다. 공산주의라는 증오의 악령이 들린 결과가 이러했다.

한반도 내 교회를 없애려 발악해 온 흑암은 언더우드와 그 제자 이승만을 저주하며 끝없는 거짓과 선동을 벌였다. 지금도 북한 교과서에는 언더우드를 학살자로 회칠하고 주사파 좌익들도 틈만 나면 언더우드 동상 훼손을 시도한다. 어둠의 속성은 언제나 그렇다.

"이 운동의 주모자는 하나님이시다"

하나님은 140여 년 전 복음과 함께 고난을 주셨다. 예수를 믿게 된 우리의 아버지, 또 그 아버지의 아버지 세대는 허다한 시련을 견디며 하나님의 임재와 권능을 체험했다. 일제시대 민족지도자 중 한 명인 월남月南 이상재 1850~1927 선생은 1903년 한성감옥에서 이승만에 의해 개신교로 전도되었다. 이상재는 이듬해 2월 석방되었지만 얼마 되지 않아 다시 투옥되었다.

특별한 이유도 없었고 억울한 누명이 있었을 뿐이다.

옥에 갇힌 이상재는 멍석 밑에서 한자로 된 성경을 우연히 찾았고 괴로운 마음 중 거듭 거듭 읽어 나갔다. 요한복음을 21장까지 읽은 뒤, 그는 하나님께 간구했다. '주여 나의 눈을 열어주소서!' 당시 이상재의 체험은 선교사 게일James S. Gale의 기록에 자세히 나온다."Yi-Sang-Jai of Korea" Missionary Review of the World, 1928.

"오 진정 믿을 수 없는 일이 일어났다. 내가 요한복음을 읽고 있는데 예수님께서 내 앞에 서 계셨다. 거룩하고 위대하신 구원자이신(…) 나는 지금까지 예수님을 잘못 알고 있었다. 그는 바로 하나님이셨다. 내가 요한복음을 30번 정도 읽고 난 어느 날 아침, '석방이요!' 라는 말을 들었다. 석방이라니? 나는 간수에게 물었다. '왜 처음에 나를 감금했고 이제 와서 왜 나를 석방하는 것이요?' 간수는 '이유는 모르겠으나 석방입니다' 라고 했다. 그래서 출옥하여 집으로 가는 길에 자문했다. 누가 나를 투옥시킨 것이지? 나의 영혼이 조용히 대답했다! '하나님께서!' 왜 감금하셨지? '하나님이신 예수 그리스도에 대한 환상을 보게 하시려고!' 누가 감옥 멍석 밑에 요한복음을 숨겨두었나? '보혜사 성령께서!' 오 선하신 하나님을 찬양할지어다."

경건한 자들은 이해할 수 없는 고난을 겪으며 자문할 때가 많다. '하나님. 어찌하여? 어찌하여?' 하나님은 파란波瀾과 고초 속에 신음하는 당신의 자녀들에게 이렇게 말씀하신다.

"꿈꾸는 요셉은 팔려어 13년 감옥에 갇혔고, 경건한 다니엘은 사자 굴에 던져졌다. 사드락·메삭·아벳느고 세 친구는 용광로에 떨어졌다. 예수 역시 40일 금식 후 성령에 이끌려 광야를 향했다. 기다린 것은 형통이 아닌 사탄의 세 가지 시험이었다. 그러나 믿는 자는 시험이 와도 시험에 들지 않았다 do not yield to temptation. 승리한다."

일제 35년, 2천만 한민족 전체가 형극荊棘의 심판대 위에 올랐다. 그러나 선각先覺한 이들은 청년이 되어 흉악한 자들을 이겼다. 사막 같은 최악의 환경에서 '겉 사람'이 주는 낙심과 낙담, 걱정과 염려에 빠지지 않았다. 절대적 믿음을 가지고 심장 속 예수를 만났다. 생수의 강이 흘렀고 강하고 담대한 능력을 받았다.

3·1운동 직후의 일이다. 함께 운동을 주도한 월남 이상재도 일본 당국에 끌려갔다. 검사는 '누가 이 운동의 주동자냐?'고 호통을 쳤다. 이상재는 태연히 답했다.

"이 운동의 주모자는 하나님이시다! 그리고 우리 2,000만 국민이 그 뒤에 있다." 강덕상《현대사자료 25 조선朝鮮 I 》중

"그러므로 형제들아 더욱 힘써 너희 부르심calling과 택하심election을 굳게 하라 너희가 이것을 행한즉 언제든지 실족하지 아니하리라 이같이 하면 우리 주 곧 구주 예수 그리스도의 영원한 나라에 들어감을 넉넉히 너희에게 주시리라"베드로후서 1:10-11

우리가 이 땅에서 살아야 할 이유, 하나님의 부르심과 택하심을 굳게 한 이들은 실족치 않는다. 그들은 하나님이 맡기신 일을 위해 육신의 삶은 초개처럼 이슬처럼 여기며 살았다.

한민족 전체가 욥과 같이 애곡성哀哭城에서 티끌과 재 속에 던져진 일제 강점기에 기독교 선각先覺 중 한 명인 고당古堂 조만식 선생1883~1950도 그랬다. 그는 1946년 김일성에 의해 평양 고려호텔에 연금되었다. 김일성이 깔아놓은 죽음의 덫에 놓여있을 때 따르던 청년들과 미 군정청 브라운

소장이 병사를 데리고 고당을 구하러 왔었다. 그는 담담하게 대답했다.

"돌아가십시오. 나는 북쪽 일천만 동포와 운명을 함께 할 것입니다."

신사참배와 학도병을 거부했던 기개는 예수 그리스도 안에서 칼날처럼 서 있었다. 고당은 6·25전쟁 이후 김일성에 의해 살해되었다. 제사장 나라의 민족적 사명을 훼방해 온 사탄의 회, 공산주의란 그저 학살자, 살육자 집단일 뿐이다. 낙심할 필요는 없다. 원수의 공격이 거셌고 죽임을 당해도, 고당은 하나님이 맡기신 선하고 기쁘고 온전한 일을 행하며 십자가를 달게 졌고 많은 열매를 맺었다.

조만식이 교장을 맡았던 오산학교에서 주기철, 한경직 같은 이들이 나왔던 것은 우연이 아니다. 먹고 입고 마실 것을 구하며 천박한 땅의 생을 살지 않았던 결과다. 변하지 않는 것을 쫓았고 또한 그것을 이루며 살았던 결과다.

일제 치하 겨자씨처럼 남아 있던 복음의 선진先進은 하늘과 통했다. 하늘의 뜻을 이 땅에 이루려 하였다. 외세가 물러난 후에는 역경 가운데 연단된 이들이 일어나 건국의 기적, 풍요와 번영의 기적을 이루어냈다. 2022년 거룩한 남은 자들이 받는 이해할 수 없는 고난에는 답이 있다. 복음통일의 놀라운 기적의 실현을 앞두고 있는 탓이다. 하나님의 군대가 필요하기 때문이다.

교회는 불 속에서 크는 법이다. 일제 핍박 속에서 한국교회는 애국가 대신 찬송가를 불렀다. 땅의 나라가 없어진 상태니 하늘의 나라를 구했다. '오직 하나님만 믿으면, 아니 하나님만 믿어야 살 길이 생긴다'고 믿었다. 절대적 신앙, 절대적 믿음, 절대적 예수의 세대가 어둠의 불에서 오롯이 움텄다. 벽안碧眼의 선교사들은 복된 좋은 소식을 전했고, 그 제자들인 이승만, 이상재, 조만식, 주기철, 한경직 같은 걸출한 이들은 무덤 속 부활을 꿈꿨다. 죽음의 비가 그친 뒤 새롭게 태어날 민족의 미래는, 중국은 물론 자신을 침략한 일본마저 기독교로 인도할 것이라 담대히 말했다. 아시아 전역에 기독교 문명을 전하는 제사장 나라의 사명을 믿었다.

1920년대 '영계의 용사를 보내며'라는 시에서 작자 미상의 시인은 "마궁魔宮을 멸하고 화세火勢를 높여 온 세계를 태워 그리스도의 왕국을 건설하자"고 부르짖었다. 정치적 독립을 말할 수 없어도 그리스도 왕국이 조선에 임할 때 주께서 크고 비밀한 역사를 만들어 주실 것이라 믿었다. 1935년 《영과 진리》라는 잡지에 실린 '하나님이여 조선을 구원하옵소서'라는 시에서 이름 없는 시인은 '오직 당신의 권능이 이 백성을 구할 수 있다'며 '이적을 행하옵소서, 조선을 정복해 주옵소서'라고 적었다. 그렇다 그들은 약속을 믿었다.

"장작을 모아라. 불씨를 붙여라"

일제시대 박관준 장로 朴寬俊, 1875년 4월 13일~1945년 3월 13일 는 신사참배 거부운동을 주도했던 인물 중 하나다. 1939년 3월 24일 일본 의회에 잠입해 "여호와 하나님의 사명이다"며 단상을 향해 전단을 던졌다. 전단에는 이렇게 적혀 있었다.

"어느 종교가 참 종교인지 알기 위해 장작더미를 쌓아라. 신도神道, 불교 등 각기 종교 대표와 기독교 대표로 박관준 장로를 올려놔 불을 질러라. 어느 종교가 참 종교인지 시험하자."

엘리야가 바알을 섬기는 거짓 선지자 850명을 대항해 싸울 때와 같은 담대한 제안이었다. 박 장로는 이날 잡혀 1945년 3월 13일 광복을 5개월 앞두고 70세에 하나님의 부르심을 받았다. 그는 감옥 안 40일 금식 중 "1945년 8월 일본은 망하고 조선은 해방될 것"이라는 예언을 남겼다. 그는 조선의 엘리야라는 별명을 얻었다.

주기철 목사 역시 신사참배 거부운동을 이끌며 1944년 47세 나이로 순교했다. 투옥된 시간은 5차례에 걸쳐 5년 4개월, 1940년 9월 20일 투옥 직전 마지막이 될지 모를 설교를 이렇게 전했다.

"하나님을 위하여 오는 십자가를 내가 외면했다가 이 다음 하나님이 '고난의 십자가는 어쩌고 왔느냐'라고 물으시면 무슨 낯으로 하나님을 대하겠습니까? 내 주의 십자가만 바라보고 나아갑시다."

평소 일사각오—死覺悟의 신앙을 고백해 온 주기철 목사는 또 이렇게 말했다. "칼날이 나를 기다리고 있는 한, 내가 그 칼날을 향해서 나아가리다. 내 앞에는 오직 '일사각오'의 길만이 있을 뿐입니다."

시련은 영적인 용광로다. 한민족은 예수 그리스도 안에서 새로운 피조물이 되었다. 지식인 집단의 태생적 교만이 꺾이고 예수의 세대가 일어나 예수의 나라를 꿈꿨다. 광복 이후 이승만은 아시아 최초의 기독교 입국入國을 굳건하게 외쳤다. 말년에 미혹된 김구·김규식마저 이 거룩한 흐름을 거역할 순 없었다. 김구도 "경찰서 10개를 만드는 것 보다 교회 하나를 세워야 한다"고 외쳤고, 김규식은 "성경 위에 나라를 만들어야 침략받지 않는 강대국이 된다"고 말했다.1945년 11월 정동제일교회 집회 발언 중

영락교회를 세운 한경직 목사는 해방 직후 이렇게 예수의 나라를 말했다. "대한의 건국은 기독교의 혼으로 창조되어야 한다."1946년 '기독교와 한국문명', "조선시대 말 하나님이 기독교를 한국에 보내신 것은 장차 새로운 나라의 기초를 준비하려는 신神의 경륜이 분명히 있었다. 기독교는 새 한국의 기초

가 될 것이다. 한말 대원군의 버린 돌 곧 기독교는 반드시 새 한국의 영원한 머릿돌이 될지어다."1947년 '건국과 기독교'

예수의 세대는 1945년 8월 15일 광복을 하나님의 역사, 35년 쌓였던 기도의 열매로 보았다. 1948년 5월 31일 기도로 세워진 대한민국은 그 부르짖음의 결과라고 확신했다. 한강의 기적이라 불리는 근대화 또 그 그림자인 민주화는 이들이 심었던 거룩한 씨앗이 싹 트인 열매다.

하지만 가난과 싸우긴 쉬워도 풍요와 싸워 이기긴 어려운 법이다. 통일을 눈앞에 둔 역사의 갈림길 앞에서 예수로 살았던 아버지 세대는 이 땅을 떠났다. 질퍽한 번영의 단물을 마시며 자라난 자녀 세대는 언약言約을 잊었다. 세상을 쫓았다. 86세대라는 괴물의 동아리가 만들어졌다.

본질은 예수다. 다시 주께로 돌아가 오직 예수로 사는 세대가 나와야 우리가 살고 우리가 그들을 살리며 그들과 함께 열방을 섬긴다. 이 땅에 예수의 생명을 가진 자들만 있다면 나라는 망하지 않는다. 망할 것 같아도 역전될 것이고 망한다 하여도 다시 일어설 것이다. 결론은 예수. 예수의 세대다. 생명의 세대다.

예수 이름으로 세워진 유일한 나라

대한민국은 기도 속에 잉태되었고 기도하며 태어났고 수많은 위기, 위난, 난관을 하나님께 기도하며 극복해온 나라다. 건국, 근대화, 민주화 굵직굵직한 흐름 뒤에는 경건한 자들의 기도가 있었다. 시작점이 된 일제 강점기 독립운동의 흐름 자체가 기독교인 중심이었다. 새로운 문명이 유입된 통로가 서양의 선교사들이었고 깨달아 독립을 외쳤던 이들도 그들의 제자들이었다. 이승만, 이상재, 조만식 등이 그랬다.

1911년 105인 사건의 기소자 중 기독교인은 89명에 달했다. 1919년 3·1운동 민족대표 33인 중 기독교인은 16명이었다. 기독교인이 주도하고 타종교인이 참여해 구색을 갖췄다. 3·1운동부터 석 달간 투옥된 사람은 7천 8백여 명에 달하는데 그중 22%가 기독교인이었다. 평양의 3·1운동은 장대현교회에서 1만 명의 성도들이 모여 예배를 드리고 만세운동을 주도했다.*

만세운동은 순교를 각오한 기도운동이었다. 3·1운동 '독립운동조직위원회'의 '한국인들의 호소와 악한 일본 정부'라는 호소문 내용은 이렇다. "하나님, 귀 기울여 주시고 우리를 압제들로부터 구원해주소서. 주는 우리의 힘이요 구원이십니다. 우리를 도우시는 하나님 우리는 당신을 믿습니다. 아멘" 인류의 양심, 실은 하나님을 향한 호소였다.

고통 중에 부르짖을 때 하나님의 부르심은 분명해졌다. 이승만의 기독교입국론은 3·1운동 한 달 뒤인 4월 11일 작성된 대한민국 임시정부 헌장안에 수용되었다. 새로 세울 나라는 오직 하나님 뜻대로 가는 나라가 되어야 한다고 못을 박았다. 헌장의 0조는 "신인일치 神人一致로 중외협응하여", 제7조는 "대한민국은 신神의 의사에 의해 건국한 정신을 세계에 발휘하고"로 규정되었다.

같은 날 나온 '대한민국 임시정부 헌장 선서문'은 "신神의 국國의 건설에 귀한 기초이니라"고 밝혔다. 하나님 뜻에 따라 세워질 나라, 하나님 뜻을 이룰 나라를 꿈꿨다. 비슷한 시기 미국 필라델피아에 모인 한인 대표들은 미국 정부에 더 담대하게 선언했다. 우리의 목적은 세계 선교, 기독교의 범세계적 보급이라고 주장했다.

---

* '독립운동사편찬위(委)' 독립운동사 자료집 중 일부를 인용해 보면 이렇다. "그때 나는 기도 드렸다. 기도하면서 예수님을 본 것 같았다. 높은 곳으로부터 상당한 위안을 얻었다. 나는 하나님이 이때 위안을 주신 것을 감사한다."

"우리의 주장은 하나님이나 사람의 율법 앞에 떳떳한 것이며, 우리의 목표는 일본의 군정적 압박을 면하고 자유를 회복하는 것이며, 우리의 목적은 아시아의 민주화이며, 우리의 소망은 기독교의 범세계적 보급입니다." 1919년 4월 14일 필라델피아 '제1차 한인총대표회의 '미국을 향한 호소문' 중

수태된 기간이 길었다. 35년. 일제의 칼끝은 민족교회를 연단시켰다. 복음이 아니면 살 길이 없음을 알았다. 그렇게 1948년 5월 31일 대한민국 제헌의회는 기도로 시작되었다. 5천년 역사 이래 최초의 일이다. 아니 역사상 최초다. 198명의 초대 국회의원 전원이 일어나 "예수 그리스도 이름으로" 나라가 시작된 첫 번째 사례가 되었다.

임시의장 이승만은 하나님께 감사하며 개회사를 시작했다.* 사람의 힘으로 된 건국이 아님을 자백했다. 신앙의 자유를 찾아 이북에서 내려온 목사 출신 이윤영 의원은 이어서 기도했다.** 이 기도문은 세 가지 기도의 제목을 하나님께 올려드렸다. 첫 번째, "민생의 도탄은 길면 길수록 이 땅에 악

---

* 이승만의 당시 개회사 : "대한민국 자주독립 민주국 제1차 회의를 여기서 열게 된 것을 우리가 하나님께 감사해야 할 것입니다. 종교사상에 무엇을 가지고 있든지 누구나 오늘을 당해 가지고 사람의 힘으로만 된 것이라고 자랑할 수 없을 것입니다. 그러므로 하나님께 감사하지 않을 수 없습니다. 다 같이 일어나 성심으로 하나님께 감사기도 드릴 텐데 이윤영 의원은 나오셔서 기도해 주시기 바랍니다."
** 이윤영의 당시 기도문 : "이 우주와 만물을 창조하시고 인간의 역사를 섭리하시는 하나님이시여, 이 민족을 돌아보시고 이 땅에 축복하셔서 감사에 넘치는 오늘이 있게 하심을 하나님께 저희들은 성심으로 감사하나이다. 오랜 세월 동안 이 민족의 고통과 호소를 들으시고 정의의 칼을 빼서 일제의 폭력을 굽히시사 하나님은 이제 세계만방의 양심을 움직이시고 또한 우리 민족의 염원을 들으심으로 이 기쁜 역사적 환희의 날을 이 시간에 우리에게 오게 하심은 하나님의 섭리가 세계만방에 현시하신 것으로 믿나이다. 하나님이시여, 이로부터 남북이 둘로 갈리어진 이 민족의 어려운 고통과 수치를 신원하여 주시고 우리 민족, 우리 동포가 손을 같이 잡고 웃으며 노래 부르는 날이 우리 앞에 속히 오기를 기도하나이다. 하나님이시여, 원치 아니한 민생의 도탄은 길면 길수록 이 땅에 악마의 권세가 확대되나 하나님의 거룩하신 영광은 이 땅에 오지 않을 수 없을 줄 저희들은 생각하나이다. 원컨대, 우리 조선독립과 함께 남북통일을 주시옵고 또한 민생의 복락과 아울러 세계평화를 허락하여 주시옵소서. 거룩하신 하나님의 뜻에 의지하여 저희들은 성스럽게 택함을 입어 가지고 글자 그대로 민족의 대표가 되었습니다. 그러하오나 우리들의 책임이 중차대한 것을 저희들은 느끼고 우리 자신이 진실로 무력한 것을 생각할 때 지와 용과 모든 덕의 근원되시는 하나님께 이러한 요소를 저희들이 간구하나이다. 이제 이로부터 국회가 성립되어서 우리 민족의 염원이 되는 모든 세계만방이 주시하고 기다리는 우리의 모든 문제가 원만히 해결되며 또한 이로부터 우리의 완전 자주독립이 이 땅에 오며 자손만대에 빛나고 푸르른 역사를 저희들이 정하는 이 사업을 완수하게 하여 주시옵소서. 하나님, 이 회의를 사회하시는 의장으로부터 모든 우리 의원 일동에게 건강을 주시옵고, 또한 여기서 양심의 정의와 위신을 가지고 이 업무를 완수하게 도와주시옵기를 기도하나이다. 역사의 첫걸음을 걷는 오늘의 우리의 환희와 감격에 넘치는 이 민족적 기쁨을 다 하나님에게 영광과 감사를 올리나이다. 이 모든 말씀을 주 예수 그리스도 이름 받들어 기도하나이다. 아멘."

마의 권세가 확대될 것"이니 민생의 복락福樂을 구했다. 그리고 남북통일과 세계평화를 허락해 달라고 구했다. 한성감옥 이승만의 회심回心에 담겼던 꿈이 그대로 실렸다. 대한민국이 만들어진 목적이 담겼다.

"하나의 영적 강대국", "하나의 기독교 한국"을 예언한 마펫과 언더우드 선교사의 영적인 환상이 실재가 되기 시작했다. 이 민족의 부르심과 택하심은 국회 속기록 맨 앞 페이지 실려 이마의 인印처럼 대한민국 머릿돌에 비석처럼 새겨졌다. 그리고 다른 어떤 나라에도 없는 독특한 헌법 조항이 만들어졌다.

헌법 제3조 "대한민국의 영토는 한반도와 그 부속도서로 한다." 헌법 제4조 "자유민주적 기본질서 입각한 평화적 통일정책을 수립한다." 무슨 뜻인가? 남북은 둘이 아니다. 하나다. 북한은 대한민국의 영토이며 그 땅의 주민들은 대한민국 국민이다. 둘이 아닌 하나의 영적 강대국, 기독교 한국이 되어 세계평화, 여호와 샬롬의 평화를 전하는 나라가 이 나라의 갈 길이다. 민족적인 부르심을 분명히 하였다.

파리의 기도가 UN을 흔들다

기도로 세워진 나라는 사명을 갖는다. 사명을 가진 나라는 망하지 않는다. 망하지 않기 위해 위기의 순간마다 경건한 자들이 앞다투어 부르짖었다.

1948년 8월 15일 대한민국 건국 이후 제3차 유엔총회가 프랑스 파리에서 열렸다. 그 해 12월 UN의 승인을 받기 위해 한국대표단 단장:장면, 김활란, 장기영, 모윤숙, 정일형, 조병옥이 파견되었다. 소련의 방해가 심했다. 실은 결사적이었다. 비신스키 소련 대표는 회의 진행을 집요하게 방해했다. 몇 시간씩 발언을 이어가며 회의를 지연시켰다. 회의는 춤추었고 12월 12일 UN총회

종료가 하루 앞으로 다가왔다.

그날 새벽, 한국대표단 일행은 프랑스 한 교회를 향했다. 금식하며 하나님께 간절하게 호소했다. 장면 일행은 '뭔가 잘 될 것 같다'는 마음만 품고 회의장에 들어갔다. 비신스키 소련 대표가 또다시 연설에 나섰다. 15분 정도가 지났다. 갑자기 목이 메더니 발언을 중단하고 퇴장해 버렸다.* 기회가 왔다. 그가 퇴장한 틈을 타서 신속히 표결했다. 찬성 68표, 반대 6표, 기권 1표. 대한민국은 UN총회에서 한반도의 유일한 합법 국가로 승인되었다.

기적이었다. UN의 승인이 없었다면 훗날 나라를 살릴 수 없었다. 당장 6·25전쟁 후 UN의 참전은 불가능했다. "너희가 애굽에서 나올 때에 내가 너희와 언약한 말과 나의 신이 오히려 너희 중에 머물러 있나니 너희는 두려워하지 말찌어다"학개 2:5 하나님이 행하신 일이다. 일제로부터 해방되었을 때 믿음의 선조가 언약한 말과 성신聖神이 이 땅에 머물러 있음을 나는 여전히 믿는다.

하나님은 6·25전쟁 중에 역사 속에 분명하게 현현顯現하셨다. 1950년 6월 25일 북한의 남침 소식을 들은 트루먼 대통령은 한국시간 27일 유엔 안전보장이사회를 소집했다. 찬성 9표, 기권 1표로 유엔군 파병을 결의했다. 상임이사국 소련이 불참해서 가능했던 결의였다. 이 결의로 16개국이 파병됐고, 68개국이 의약품 구호물자 지원에 나섰다. 모든 것이 하나님의 개입이었다.

"동포여 희망을 버리지 마시오"

인천상륙작전 역시 기도의 열매다. 3일 만에 수도 서울이 함락된 후 낙동

---

* 훗날 밝혀진 바로는 갑작스런 치통과 성대결절이 일어났다고 한다.

강 전선만 간신히 지키던, 말 그대로 풍전등화風前燈火였다. 죽은 자를 다시 살리신 하나님 외에는 믿을 분이 없었다.

이승만 대통령 요구로 피난 온 250여명의 목사들과 장로들은 부산 초량 교회에 모여 기도회를 시작했다. 1950년 8월 하순 당시 집회 강사로는 한 상동 목사, 박형룡 목사, 박윤선 목사가 맡았다. 이내 울음바다가 되었다. 초량교회에 모인 목사들은 성도들을 버리고 부산까지 흘러온 죄책감, 일제 강점기에 신사참배를 했던 죄악, 그리고 생각, 감정, 기분에 뿌리내린 죄성 들을 통회하기 시작했다.

통곡, 애곡, 비명이 터졌다. 목사로서, 장로로서, 집사로서 위선과 탐심, 교만의 죄를 회개했다. 집회는 두 주 동안 밤낮없이 계속되었다. 당시 초량 교회는 한강 이남에서는 가장 큰 교회였다. 주기철 목사를 거쳐 한상동 목 사가 시무하던 교회였다. 교회엔 의자도 없었다. 목사들은 마룻바닥에 꿇어 앉아 울부짖었다. 평양 대 부흥회 이후 처음 있는 일이었다.

부산 초량교회당 기도회 3일 뒤 국가 차원의 인천상륙작전이 성공했다. 성공확률 1/5,000로 기적이었다. 그 나라와 의를 구했던 자에게 주께서 행하신 기이한 일이다. 선택할 여지가 없는 벼랑 끝에 선 이들의 간절한 기도는 응답을 받는다. 필자의 지인인 90대의 한 노권사는 6·25당시 대구 의 아버지 교회에서 경험한 체험을 이렇게 말한다.

"전쟁 나고 대구까지 국군이 밀리자, 대구에 있던 저희 교회에선 매일 밤 부흥회를 열었어요. 기도 말고는 할 수 있는 게 없었어요. 먹을 것이 많지 않아 금식인지 단식인지도 모르겠습니다. 살려달라고, 용서해 달라고 부르 짖는 것 말고는 할 게 없었습니다. 헌데 얼마나 기적이 많이 일어났는지 전쟁터에서 거의 죽게 된 병사가 일어나고 죽을병이 고쳐지고 하나님의 기적들이 정말 많이 일어났습니다."

하나님의 심판 앞에서 회개 외에는 길이 없다. 그러나 미쁘신 하나님은 우리가 죄를 자백할 때 불법을 돌아보지 않으시고 용서하시며 이 땅을 고치신다. 아프게 하시나 싸매어 주시며, 상하게 하셔도 고치실 것이요, 애통을 길한 날로 변하게 하신다. 하나님이 우리를 위해서 싸워 주신다. "내 이름으로 일컫는 내 백성이 그 악한 길에서 떠나 스스로 겸비하고 기도하여 내 얼굴을 구하면 내가 하늘에서 듣고 그 죄를 사하고 그 땅을 고칠지라"역대하 7:14

인천상륙작전 성공 이후 6·25 판세가 바뀌고 연합군은 북진하기 시작했다. 서울 수복 다음 날인 9월 29일 12시, 수도 서울 환도식에서 이승만 대통령은 "하나님의 은혜로 인류의 가장 큰 희망의 상징인 UN의 깃발 아래 싸우는 우리 군대는 한국의 수도 서울을 해방하게 되었습니다."라고 감격했다.

전쟁이 끝나고 정전협정이 조인되었다. 이승만 대통령은 북한의 동포들을 향해 연설했다. "당분간 공산압제에서 계속 고생하지 않으면 안 되게 될 우리들의 동포들에게 우리는 다음과 같이 외친다... 동포여 희망을 버리지 마시오. 우리는 여러분을 잊지 않을 것이며 모른 체 하지도 않을 것입니다. 한국 민족의 기본 목표 즉 북쪽에 있는 우리의 강토와 동포를 다시 찾고 구해내자는 목표는 계속 남아 있으며 결국 성취되고야 말 것입니다."1953년 7월 27일 정전협정 조인 당시 연설

이 민족의 가야 할 길, 해야 할 일, 수많은 순교의 피를 통해 확인된 부르심을 다시 확인하였다. 강토와 동포를 다시 찾고 구해내는 것. 하나의 영적 강대국, 기독교 한국이 되어 선교하는 것. 예수님 다시 오실 길을 예비하는 그것을 외쳤다.

역사는 확률과 통계로 이루어지지 않았다

2022년 여름, 정권교체에도 불구하고 한국의 민낯은 6·25 전란에 필적할 파열과 균열의 시기다. 피 흘리지 않는 정치적 내전은 평양이 무너질 날까지 거세질 것이다. 부인하고 싶지만 인정하지 않을 수 없는 것이 있다. 기독교 가치로 건국된 '1948년 대한민국 체제'는 2016년 박근혜 대통령 탄핵을 거치며 이미 사형선고를 받았다. 그러나 2022년 3월 촛불권력 패배로 사형의 집행은 유예가 되었다. 남은 시간은 5년. 마지노선은 2027년 대선이다.

동성애, 낙태, 젠더와 온갖 반성경적 해일海溢은 김일성 망령과 결탁해 우리들 자녀의 영혼을 빼앗고 있다. 그러나 이 치열한 영적 전장에서, 잊지 말아야 할 승전 지침이 있다.

첫째, 우리의 주장은 정치가 아닌 종교요, 교회를 지키기 위한 신앙의 고백이다.

둘째, 마지막 때는 피하고 숨고 도망쳐 버리는 때가 아니다. 적그리스도는 이미 성경 기록 당시 나타나 있었고 또 나타날 것이다. 그러나 오직 하나님을 아는 백성이 되어 강하여 용맹을 발하는 나라가 될 것인지, 아니면 사탄의 전령이 될 것인지는 우리의 선택이다. 오른 손에 일곱 별을 잡으시고, 일곱 금 촛대 사이를 운행하시는 예수 그리스도는 어제나 오늘이나 동일하시며, 한 사람이라도 구원받기 원하시기 때문이다.

셋째, 역사는 확률과 통계로 이루어지지 않는다. 역사의 변곡점, 결정적 꼭짓점 위에서는 더욱 그렇다. 대한민국도 그러한 상황에서 탄생했다. 1946년 8월 13일 미 군정청 여론국이 8,953명을 상대로 여론조사를 벌였다. 어떤 경제체제의 나라를 원하느냐는 질문이었다. 답변은 사회주의 70%, 공산주의 7%, 자본주의 14%로 나왔다.

이듬해 7월 6일 조선신문기자회가 서울시민 2,495명을 상대로 한 정권형태에 대한 질문에서도 이른바 인민위원회가 71%로 가장 높았다. 자본주의, 사회주의에 대한 이해가 낮았던 탓도 있었다. 하지만 계급적 모순과 민족적 모순이 겹쳐진 식민지 시대를 거친 후여서 더욱 그러했을 것이다. 적화되어야 기득권 친일세력을 척결할 수 있다고 봤을지 모른다.

그러나 실제는 달랐다. 이승만의 자유민주주의·자본주의 체제로 대한민국이 건국되었다. 속임수, 거짓의 미혹을 거둬낸 민중의 진심은 달랐던 것이다. 이것은 폭발적 교회의 부흥과 국가적 부흥을 동시에 이뤄냈다.

유물론에 터 잡은 좌익 계열은 항상 연대하고 연합하며 강한 것처럼 보인다. 반反좌익의 흐름은 숫자는 많아도 항상 밀리고 탐욕과 교만에 찬 개똥같은 버러지도 많은 법이다. 소위 보수정당, 보수언론이 그렇다.

실망할 필요는 없다. 통계와 수치는 거짓과 선동에 휩쓸린 여론일 뿐이다. 역사는 미혹된 대중이 토해낸 통계와 수치, 확률로 결정되지 않는다. 사형이 유예된 금쪽같은 5년 안에 꺼지지 않는 국가기도제단, 회개와 부흥의 불길이 터질 때 판은 뒤집어진다. 하나님의 신에, 하나님의 영에 잡힌 카리스마적 인물이 나오면 역사는 뒤집어졌다.

모세와 다윗과 요셉처럼. 루터 역시 비텐베르크 수도원 시절 수도원 탑 속의 골방에서 '탑의 체험tower experience, Turmerlebnis'을 한 뒤 암흑의 중세를 끝냈다. 대한민국 탄생도 이승만 한 명의 놀라운 회심에 있었다. '감방이 빛으로 가득 채워지는 것 같았던' 한성감옥의 평안은 한민족 기적의 서막이 되었다. 대한민국은 결코 망하지 않는다.

3
무덤을 거쳐야 부활이 있다

정치목사 K 민족을 살리다

16세기 스코틀랜드 종교개혁가 존 낙스John Knox, 1513~1572는 역사가 토머스 칼라일Thomas Carlyle, 1795~1881이 말한 청교도의 창시자이다. 그는 시민운동 지도자로서 로마 가톨릭을 따르는 스코틀랜드 왕권과 싸웠다. 존 낙스는 '정치하는' 목사였다. 하지만 정확한 언어로 말하면, 그는 신앙을 지키기 위해 정치와 싸웠다. 모세가 바로와 싸웠던 것처럼 정교분리란 얼마나 어리석은 말인가?

당시 로마 가톨릭 세력인 스코틀랜드 왕실은 프랑스와 결탁해 교회를 밟았다. 북·중·러와 결탁해 온갖 반反기독교 정책과 입법을 밀어붙여 온 문재인 세력과 닮았다. 핍박받던 스코틀랜드 개신교 세력은 종교개혁을 결단한 아래 동네 잉글랜드와 교감했다. 존 낙스 역시 1546년 그의 동지 죠지

위샤트George Wishart, 1513~1546가 화형을 당하자 시민운동 지도자로, 또 설교자로 권력에 맞섰다. 그러나 프랑스 함대에 함락된 낙스와 그의 일행은 1년 7개월간 갤리선 노예로 끌려갔다. 무덤 같은 선실에 갇혔고 족쇄와 사슬에 매여 노를 저었다. 구더기같은 인생이 되었다.

하지만 마흔 무렵 풀려난 낙스는 다시 종교개혁을 부르짖었다. 교황이 아닌, 사람이 아닌 성경으로 돌아갈 것을 외쳤다. 그러나 이웃 잉글랜드의 메리 여왕Mary Tudor, 재위1553~1558, 악명 높은 '피의 메리'Mary the Blood가 즉위하자 스코틀랜드 신교도에 대한 박해 역시 거세졌다. 1554년 3월 낙스는 다시 망명길을 떠나 스위스 제네바에 정착했다. 진흙 속에 던져진 욥과 같은 신세가 되었다. 그러나 그곳에는 만남의 축복이 있었다. 하나님은 또 다른 경건한 거인, 칼뱅을 만나게 하셨고 낙스의 마음속 불씨는 강렬한 불길이 되었다.

그 무렵 스코틀랜드에서도 변화의 조짐이 일었다. 귀족들 가운데 신교로 개종한 이들이 나왔고 정치 세력을 이루어갔다. 그러나 스코틀랜드 현실 권력은 여전히 로마 가톨릭에 종속된 또 다른 메리 여왕Mary Stuart, 재위 1542~1567이 잡고 있었다. 신교도는 설교자 존 낙스를 중심으로 저항했고 내전은 혈전과 냉전을 오가며 이어졌다. 존 낙스는 마지막 날까지 세상 권세에 겁먹지 않았다. 오히려 그의 숙적 메리 여왕Mary Stuart은 "스코틀랜드의 모든 군사보다 존 낙스의 기도가 더 무섭다"며 떨었다. 당시 총리 격인 모턴Morton 백작 역시 낙스의 무덤에서 "여기 어떤 육체도 두려워하지 않은 이가 잠들다"라는 말을 남겼다.

존 낙스는 일평생 죽음을 왼편에 끼고 살았다. 풀무불 속에 던져진 조각쇠 같았다. 그러나 믿음을 버리지 않았던 장군이었다. 그는 평소 "스코틀랜드의 부흥이 아니면 죽음을 달라"며 "기도하는 한 사람이 기도 없는 한 민족보다 강하다"고 말했다. 유언으로는 "타락한 적도 없었고, 속인 일도 없었으며, 이익을 취한 적도 없었다."라는 말을 남겼다. 영국의 평론가 토마스 칼라일은 '영웅숭배론'에서 낙스를 루터와 함께 '성직자로 나타난 영웅'이라 칭하며 이렇게 평했다.

"그는 근대의 어떤 사람보다도 고대 히브리의 예언자를 닮았고, 신의 진리에 대한 엄격하고 편협한 애착, 진리를 저버리는 모든 것에 대해 신의 이름으로 하는 엄한 힐책, 실로 그는 16세기 에딘버러의 목사의 모습으로 태어난 히브리 예언자였다. '내가 누구의 소를 빼앗았느냐'라고 물은 사무엘의 모습이고 동시에 '내가 선한 싸움을 싸우고 나의 달려갈 길을 마치고 믿음을 지켰으니'라는 바울의 모습이다."

스코틀랜드를 위해 울었던 낙스의 기도는 마침내 가톨릭 국가인 스코틀랜드를 개신교 국가로 바꾸어 놓았다. 또 스코틀랜드 메리 여왕Mary Stuart의 아들인 제임스 스튜어트 6세James Charles Stuart*가 잉글랜드와 아일랜드 왕을 겸할 수 있는 영국의 영적인 통합의 길을 열었다. 결국 1707년 잉글랜드 의회와 스코틀랜드 의회가 통합해 대영제국이 탄생했다. '해가 지지 않는 제국'의 등장은 기독교의 전 세계적 확산을 불렀고 노예제도와 같은 견고한 인습의 놋 성벽이 전 세계에서 무너지기 시작했다. 무엇보다 낙스가 지켜낸 영국 청교도 전통은 그의 사후 50여 년 뒤인 1620년, 메이플라워호에 실려 신대륙에 번져갔다.

사람을 두려워하지 않는 기도의 용사 한 명이 만군의 여호와, 승리한 하

---

* 1567년 스코틀랜드 왕으로 재위를 시작해 1603년에서 1625년까지 잉글랜드, 아일랜드 왕국을 겸직했다.

나님의 팔을 깨운다. 역사 속 은혜의 때를 부른다. "자녀들아 너희는 하나님께 속하였고 또 저희를 이기었나니 이는 너희 안에 계신 이가 세상에 있는 이보다 크심이라" 요한1서 4:4

우리가 하나님께 속하였고 또 세상을 이기었나니 우리 안에 계신 이가 세상에 있는 이보다 크시다. 공산주의 귀신보다 우리가 모시는 하나님이 백만 배 강하신 분이다. 말씀을 믿는 자의 기도는 역사의 바퀴를 굴린다. 하나님의 사람은 사랑의 부드러움과 전쟁의 잔인함이 공존한다. 사람이 아니라 사람 뒤 악령과의 전쟁에서 존 낙스처럼, 골리앗을 쳐 죽이는 다윗처럼 싸우는 믿음의 영웅이 나오면 모든 것은 뒤집어 질 것이다. 대한민국에는 여전히 소망이 있다.

여섯 집 중 한 곳이 술집이던 런던

무덤을 거쳐야 부활이 있다. 칠흑 같은 어둠은 부흥의 전조다. 루터가 붙인 부흥의 불길은 칼뱅을 거치며 유럽의 죄악을 태웠고 다시 존 낙스에 의해 영국을, 그리고 미국을 향해 '말씀'이 달렸다. 하지만 인간은 타락한 존재다. 가난과 싸워 이기긴 쉬워도 풍요와 싸워 이기긴 어렵다. 하나님의 은혜로 꽃피운 영국의 번영은 껍데기 제국의 밑밥이 되었다. 식민지에서 달콤한 쾌락이 밀려올 무렵, 저 멋진 신사의 나라엔 음탕한 풍조, 불결한 바람이 번졌다.

존 낙스 사후 한 세기가 지날 무렵의 기록은 이렇다. '런던은 여섯 집 중한 곳이 술집이 되었고 사형은 축제 중 하나로 즐겼다.' 윙키 프래트니,《기독교부흥운동사》중

지옥의 독연 毒煙이 런던을 채울 무렵, 하나님의 눈에는 또 다른 인물이

보였다. 존 웨슬리John Wesley, 1705~1791였다. 웨슬리도 말씀으로 기도했다. 35세이던 1738년 5월 24일 런던의 한 예배당 안 루터의 로마서 주석서 서언을 읽으며 '가슴이 뜨거워지는' 성령 체험을 했다. 예수 안에 새로운 피조물로 거듭나는 회심, 구한말 이승만, 이상재와 같은 격렬한 떨림이었다.

기록에 따르면, 회심 이후 웨슬리는 4만 2천 번의 설교를 했다. 매일 100km 가까이 말을 타고 여행하며 전도했다. 환영받고 존경받는 자리들이 아니었다. 말씀을 전하는 곳마다 불량배가 테러하고 음탕한 청중은 야유를 보냈다. 루터, 칼뱅 그리고 바울처럼 죽는 날까지 환란과 곤고함, 수고하는 노역 중에 살았다.

몸도 약했다. 병에 걸려 있는 시간도 많았다. 하지만 설교하기 직전까지 머리가 어지러워 몸이 휘청댈 때도 이 악물고 강단에 올랐다. 그리고 불을 뿜었다. 또 하나의 가시는 부인이었다. 거칠고 사나운 아내는 남편의 머리채를 낚아채 때리는 일조차 있었다. 그러나 웨슬리는 모든 환경에 감사하고 기뻐했다. 자신을 둘러싼 사람과 상황을 바꾸기 전 자신의 죄와 싸우며 하나님께 충성을 다했다.

웨슬리 한 명의 변화는 음란한 방국邦國 전체의 변화를 불렀다. 토마스 칼라일은 "웨슬리의 영적 각성운동이 영국을 폭력혁명에서 구출해 주었다."고 평했다. 당시의 기록은 이렇게 전한다. 웨슬리의 경건운동이 영국을 휩쓸며 '술주정뱅이는 60%가 줄었고 죄수는 40%가 줄었다'고 말이다. 사람과 상황을 바꾸는 사회혁명이 아니라 내 안의 죄와 싸워 이긴 예수혁명. 프랑스혁명이나 러시아혁명 같은 파괴적 반反기독교 혁명이 아닌 선교의 열심이 온 나라를 덮었다.

코쟁이 노예상인들 경제적 자살을 택하다

웨슬리가 일궈낸 영적인 옥토에 열매를 맺은 새로운 열쇠는 바로 '노예 해방'이다. 경건한 분위기 속에서 영국인들은 심령에 찔림이 있었다. "너희는 범한 모든 죄악을 버리고 마음과 영을 새롭게 할지어다"에스겔 18:31-32 '똑같은 인간인 아프리카 흑인을 노예로 파는 것은 마땅한 일인가? 이것을 하나님이 기뻐하시는가?' 1781년 '종Zong호 사건'은 전환점이 되었다.

당시 리버풀에서 자메이카로 가는 노예무역 선박에서 보급과 위생에 문제가 생겼다. 선장은 133명의 노예를 바다로 던졌다. 법적인 분쟁이 생겼고 법원은 판결을 내렸다. "화물을 버렸을 뿐이다. 사람을 죽인 건 아니다" 피도 없는 판결, 잔인한 결정이었다. 구령救靈의 열정에 불타기 시작한 영국인 스스로 회의에 빠졌다. '우리는 스스로 구원받을 만한가?'

7년 뒤인 1789년, 드디어 그 유명한 윌버포스William Wilberforce, 1759~1833는 '노예무역폐지협회'를 발족하기에 이른다. 말년의 웨슬리도 이를 격려했다. 그러나 여전히 녹록치 않았다. 16세기 이래 영국의 가장 큰 사업 중 하나는 노예무역이었다. 250년 간 300만 명 이상의 흑인을 노예로 팔았다. 신대륙 일대에 커피와 설탕 생산에 필요한 인력을 대줘야 했던 탓이다. 18세기 이후엔 전 세계 거래 노예 40%를 공급해 온 나라가 영국이다. 산업혁명 이후 돈을 벌기 위해 뭐든 다하던 때였다.

레닌은 '혁명의 성공을 위해서는 일관된 논리와 헌신적 운동가, 두 가지 요소가 있어야 한다.'고 외쳤다. 성공의 원리는 예수혁명 역시 유사하다. 성경을 성경대로 믿는 헌신적 의인의 선포는 세상을 바꾼다. 1807년, 드디어 영국에서 노예무역奴隷貿易이 폐지되었다. 의인의 세대에 계시는 하나님이 허락한 역사적인 쾌거였다. 영국은 노예무역 폐지 이후 아예 해군이 앞장서 노예무역 단속을 시작했다. 1850년 브라질에서 노예무역을 중단시켰고, 6년 뒤 영국 해군의 노예무역 단속함대는 '대서양 노예무역 종식'을 선언한 뒤 공식 해산했다.

더 놀라운 통계도 있다. 1807년~1867년 사이 영국 해군이 노예무역 단속을 위해 사용한 비용은 GDP 2%에 달했다. 감시활동에 투입된 군함만 전체 함정 수의 1/4에서 1/6. 엄청난 수였다. 그리고 드디어 1833년, 노예무역에 이어 노예제도奴隷制度 자체가 폐지되었다. 그리고 30여년 뒤인 1863년 신대륙 미국에서도 대통령 링컨에 의해 노예제도가 사라졌다. 조선에서는 백성을 당나귀 가격에 사고 팔던 시대였다.

일부 사회주의자들은 영국의 도덕적 결단이 위선僞善일 뿐이라고 비판한다. 장사가 잘 안 되는 노예무역을 그럴싸한 명분으로 중단한 것이란 요지다. 그러나 당시 영국은 전 세계 노예무역을 독점한 상태였다. 영국의 이순신, 넬슨 제독Horatio Nelson, 1758~1805이 1805년 트라팔가르 해전에서 프랑스를 격퇴한 결과다. 통계에 따르면, 노예무역을 통한 이익도 영국 GDP 10%를 넘었다. 노예가 생산한 설탕과 커피에 대한 수요도 여전히 높았다. 세이무어 드레셔Seymour Drescher같은 학자는 영국의 노예무역 폐지를 일종의 스스로 가해진 경제적 학살self-inflicted econocide이라 부른다.Seymour Drescher, 'Econocide: British Slavery in the Era of Abolition' 국가적 자살로 볼 정도로 막대한 손실을 각오한 결단이라는 지적이다.

당장의 손실을 각오한 배경엔 복음이 있었다. 이 세대를 본받지 않고 마음을 새롭게 함으로 변화를 받아 하나님의 선하고 기쁘고 온전한 뜻을 쫓아가는 선한 마음이 있었다로마서 12:2. 실제로 1807년 영국 맨체스터 거주

남성 2/3가 노예무역 종결 청원서에 서명했고 1814년에는 영국인 75만 명이 노예제 폐지에 서명했다. 가련한 자의 눌림, 궁핍한 자의 탄식에 마음이 찔렸던 것이다.

빅토리안 밸류 섬을 넘어 세계로

기독교 가치에 입각한 도덕적 위신威信은 또 다른 정치적 목적을 정당화하는 수단이 되었다. 영국에서 노예제 폐지가 이뤄진 뒤 재위에 오른 빅토리아 여왕Queen Victoria, 재위 1837~1901은 영국의 황금기를 성취한다. 빅토리아 여왕 역시 말씀으로 기도했던 인물이다. 18살에 여왕 자리에 오르며 먼저 기도했고 성경책을 끼고 살았다.

분명 150여 년 전은 서구 열강의 제국주의 시대였다. 그러나 예수님이 노예제 철폐를 말하지 않았다고 비난할 수 없고, 다윗 왕을 독재자로 비난할 수 없는 것처럼, 빅토리아 여왕은 그 시대 속에 임재한 하나님의 뜻을 구하며 통치한 선한 지도자 중 하나였다. C.S.루이스는《순전한 기독교》에서 빅토리아 여왕 시절 성적인 흐름을 다른 시대와 비교될 "거룩한 문화"의 대표적 사례로 언급한다.

실제로 빅토리아 여왕 당시, 이른바 '빅토리안 밸류Victorian value'라는 도덕적 가치가 지배했다. 사랑 없는 강퍅한 율법질서나 위선적 성리학 체제가 아니라 복음을 전하는 제사장 나라. 나의 유익이 아닌 남의 유익을 구하는 성경적 비전이 이루어낸 도덕 국가와 유사했다. 여호와를 자기 하나님으로 삼은 나라 곧 하나님의 기업으로 선택된 백성은 복이 있도다!' 시편 33:12

물론 감출 수 없는 진실은 있다. 온 세상을 달궜던 제국주의 광풍狂風은 분명 '미친' 바람이었다. 전갈 채찍을 직접 맞은 한국인 입장에서는 더욱 그렇다. 그러나 이 흑암의 모래폭풍 속에서도 영국의 선교사들은 땅 끝을 향해 달려갔다.

영국의 과거는 한국의 미래에 선한 영감을 준다. 워크 프리 Walk Free 재단이 발표한 자료에 따르면, 북한은 세계노예지수 Global Slavery Index 1위인 체제이다. 전체 주민 10분의 1인 265만 명이 노예로 분류된 곳, 전 세계 노예 4,030만 명 중 6.5%의 노예가 살고 있는 곳이 북한이다. 21세기인 2022년, 동족 절반의 참상을 저대로 두고도, 한국이 무언가 성취할 수 있다는 것은 착각임을 말해주는 수치이다.

2,500만 동족을 노예 상태로 버려둔 이기적 집단, 700만 민족을 학살한 김일성 일가를 높이는 음란한 백성. 그들이 어떠한 의로운 일, 하늘의 축복을 논할 수 있겠는가? 기독교인에게 이것은 구원과 관련된 절박한 일이다. 하나님이 이르듯, "나더러 주여, 주여 하는 자마다 다 천국에 들어갈 것이 아니요 다만 하늘에 계신 내 아버지의 뜻대로 행하는 자라야 들어갈 것"마태복음 7:21이기 때문이다.

북한 구원은 그래서 남한 생존의 길이다. 복음주의evangelism가 빚어낸 노예해방이 맘몬이 지배한 섬을 사회주의socialism에서 구출한 것처럼, 북한해방은 한국을 친북·친중 좌익적 쓰나미에서 구출할 것이다. 19세기 영국이 제국주의라는 한계 속에 복음을 전했다면, 21세기 통일한국은 폭력과 완력이 아닌 복음의 제사장 나라가 되어 열방을 살리게 될 것이다.

우리의 다음 세대 가운데 이 음란한 세대를 본받지 않고 마음을 새롭게 함으로 변화를 받아 하나님의 선하고 기쁘고 온전하신 뜻을 감당하는 새벽

이슬 같은 청년들이 일어나게 하옵소서. 저희로 먼저 거룩한 옷을 입고 즐거이 헌신하게 하옵소서.

멀쩡한 대낮에 마녀가 들끓던 시대

지금 이 나라에 절실한 개혁은 종교개혁, 그를 위한 나의 회개, 겉사람의 죽음이다. 루터의 종교개혁이 일어난 때를 생각해 보라. 중세 천 년은 분명 도덕적인 시대였다. 그러나 엄숙함에 가려진 응달에서는 기독교의 이름으로 온갖 악행이 저질러진 때이기도 했다.

"그러므로 너희는 크게 힘써 모세의 율법 책에 기록된 것을 다 지켜 행하라 그것을 떠나 우로나 좌로나 치우치지 말라"여호수아 23:6

우로나 좌로나 치우치지 말라. 우파도 되지 말고 좌파도 되지 말라? 아니다. 진리를 모르는 왼편으로 치우쳐선 안 되지만, '진리를 안다'며 사랑 없는 율법으로 치우치는 것도 옳지 않다. 바리새인, 서기관이 될 뿐이다. 그들은 예수 그리스도를 십자가에 못 박았던 저열한 악인이다. 멸망하는 짐승이다. 완고한 중세 시대는 느릿느릿 그렇게 사망의 진토처럼 변해갔다.

십자군 전쟁을 다룬 '킹덤 오브 헤븐kingdom of heaven'이라는 영화를 본 적이 있다. '성지 회복'의 그럴싸한 명분 아래 저질러진 유럽인의 우행愚行을 그린 서사시다. 책으로 기록된 실제의 역사는 더욱 놀랍다. 11세기에서 13세기까지 진행된 십자군 전쟁*은 잔혹극 자체였다. 십자군은 성지 회복 대신 하나님의 이름으로 무슬림과 함께 유대인 학살을 되

---

* 1095년부터 1291년까지 간헐적으로 일어난, 예루살렘을 중심으로 한 레반트 지역의 지배권을 놓고 일어난 전쟁

풀이했다. 1212년엔 어린이를 중심으로 십자군이 만들어져 아프리카 노예 상인에 팔려 가는 어처구니없는 일까지 벌어졌다.

철학자 버틀란트 러셀Bertrand Arthur William Russell, 1872~1970은 이렇게 말한다. "십자군 이전 유대인은 유럽 전역에서 동양 물품의 무역을 거의 독점했지만 십자군 이후 유대인을 박해한 결과 무역의 대부분은 그리스도교도, 즉 로마 가톨릭이 장악했다." 러셀의 《서양철학사》 중 요컨대 십자군은 소박한 중세인의 종교적 열정을 악용해 애꿎은 이들을 죽이고 교황의 탐심을 채웠던 끔찍한 연극이었다.

기독교 깃발을 날리며 저지른 깡패 짓은 유대인을 예수 그리스도로부터 멀어지게 만들었다. 또한 그들로 프리메이슨 같은 반反기독교 인본주의 흐름에 천착케 하는 배경이 되었다. "네 하나님 여호와의 이름을 망령되이 일컫지 말라" 신명기 5:11 교황은 정욕을 위해 하나님의 이름을 망령되이 일컫고 갈수록 사탄에 부림을 받았다.

중세의 종교재판 역시 교황 눈에 보기 싫은 이들을 죽이는 '피 묻은 칼'이 되었다. 교황 권력에 반대하는 자, 그리고 돈은 있지만 나라가 없었던 유대인 등이 고문되고 살해되었다. 이 음습한 재판은 공산주의 인민재판처럼 끔찍했다. 역사책에 나온 기록은 이렇다.

"물 끓는 솥에서 돌멩이 반지를 꺼내고 상하지 않으면 무죄, 상하면 유죄. 뜨거운 쇠를 들고 걷고 나서 다치면 유죄, 안 다치면 무죄. 양손을 묶어 물속에 던진 뒤 물에 뜨면 무죄, 가라앉으면 유죄로 인한 즉결 처형"

중세의 종교재판을 통해, 하나님의 이름으로 살해된 이들은 통상 150만 명에서 200만 명 이상으로 추정된다. 1,000만 명 이상으로 추정하는 학자들도 있다. 말 그대로 제노사이드, 대량학살 수준이다. 죽어간 사람 중

열에 두셋은 마녀라는 딱지가 붙었다. 마녀처럼 행동하는 괴팍한 여인도 있지만 방언을 하거나, 환상, 계시, 예언의 은사가 있거나 괴짜 과학자 등이 불태워졌다.

가증한 일들을 주도한 로마 가톨릭은 철저하게 썩어갔다. 교황들 가운데 정부情婦를 두는 일도 많았다. '스페인의 건달'로 불리는 교황 알렉산더 6세Pont 1492~1503는 여러 애인을 통해 사생아를 낳았다. 수도원도 동성애 소굴로 타락해 갔다는 기록이 넘친다. 세월이 흐른 뒤 중세 수도원을 발굴하면 어린아이 유골들이 발견되곤 했다. 파계, 음란, 낙태와 살육의 증거들이다. 피 흘리기를 즐겼고 속이는 자들이 넘쳤다. 급기야 교황은 돈을 받고 죄를 사해 주는 면죄부를 팔기 시작했다.

'탑의 체험' 세상을 바꾸다

악에 대한 저항은 대개 두 가지 형태를 취한다. 하나는 인간의 방식, 다른 하나는 하나님의 방식이다. 로마 가톨릭 타락은 14세기경부터 그리스·로마의 인본주의를 통해 기독교를 극복하려는 르네상스 운동을 끌어냈다. 하나님 간판을 내걸고 빚어진 타락을 없애려 하나님 이름 자체를 지우는 시도다.

하나님의 방식은 달랐다. 젊은이 루터Martin Luther, 1483~1546를 택했다. 1517년 34세의 루터는 95개조를 발표해 로마의 권력에 맞선다. 핍박과 탄압이 따랐다. 교황과 결탁한 자들은 4년 뒤 보름스Worms 의회를 열었다. 루터에게는 이단의 낙인이 찍혔다. 사회적 매장, 세상에서 거세되었다. 이 끔찍한 칙령은 다시 8년 뒤 스파이어Speyer 의회에서 강화되었다. 사망의 올무가 두르고 죽음의 줄이 둘렀다. 보이는 건 의인의 참혹한 패배,

절망이었다.

이때다. 제후와 제국의 도시 대표 14인의 궐기는 멈춰진 역사의 바퀴를 다시 돌리는 계기가 되었다. 저항하는 자 '프로테스탄트Protestant가 탄생하는 순간이었다.

루터가 외친 것은 무엇인가? 솔라 스크립투라Sola Scriptura, '오직 성경'이다. 성경은 그 자체로 충족, 자족, 명확, 명료하다. "여호와의 율법은 완전하여 영혼을 소성시키며 여호와의 증거는 확실하여 우둔한 자를 지혜롭게 하며. 여호와의 교훈은 정직하여 마음을 기쁘게 하고 여호와의 계명은 순결하여 눈을 밝게 하시도다"시편 19:7-8

루터는 잡다한 인위적 논리 이전에 완전한 말씀으로 돌아갈 것을 외쳤다. 그리고 솔라 피데Sola fide, '오직 믿음'이다. 하나님 그 자체인 말씀을 믿어야 한다는 것이다. 말씀이 육신이 되어 이 땅에 오신 예수를 죄를 사해주시는 그리스도로 믿어야 한다는 것이다. 이 믿음으로 죄인인 우리가 의인이라 칭함을 받는다. 이신칭의以信稱義!

완전한 말씀으로 돌아갈 것을 외쳤던 루터의 시작은 젊은 날의 체험이다. 비텐베르크Wittenberg 성당에서 이른바 '탑의 체험tower experience'을 통해 로마서 1장 17절 말씀이 칼처럼 마음에 박혔다. 역시 말씀으로 기도했다! "복음에는 하나님의 의가 나타나서 믿음으로 믿음에 이르게 하나니 기록된바 오직 의인은 믿음으로 말미암아 살리라 함과 같으니라"로마서 1:17 예수 그리스도를 통해 의롭다 칭함 받은 죄인은 하나님과 직접적 관계를 갖는다. 교황과 사제의 중재는 더 이상 의미를 갖지 않는다.

모든 이는 제사장 사명, 하나님의 선하고 기쁘고 온전한 뜻을 이룰 수 있고 또 이뤄야 한다. 거듭난 자들은 그렇다. 저주받던 죄인의 인생은 가고 없다. 예수 안에 새롭게 태어난 우리만 남는다. 하나님의 일은 더 이상 교황, 사제 '주의 종'만 하는 게 아니다. 루터는 성경에 기록된 그대로 말했다. 학자들은 이것을 '성속聖俗의 중세적 2분법을 거부했다'고 말한다. '세속世俗 영역이 신성화되었다'고도 평한다. 어려운 말을 인용할 필요도 없다.

"너희 안에서 착한 일을 시작하신 이가 그리스도 예수의 날까지 이루실 줄을 우리는 확신하노라"빌립보서 1:6 성령께서 심령 안에 오시는 날부터 모든 이는 사명을 받는다. 착한 일! 그것이 하나님이 우리를 이 시대, 이 역사 속에 부르신 뜻이다. 루터는 외쳤다. "보카치오vocatio, 소명은 '수도사만이 갖는 게 아닙니다. 당신에겐 부르심이 있습니다. 주께서 그리스도 예수의 날까지, 심판의 그 날까지 이루실 겁니다."

주의 종의 거룩한 일이건 하찮아 보이는 허드렛일이건 하나님의 시선은 똑같이 머문다. 형통하건 막혀있건 주어진 환경은 기도의 응답이다. 환경의 극복은 하나님이 맡기신 사명의 길이다.

칼뱅Jean Calvin, 1509~1564은 이것을 다시 정리해 말했다. 하나님의 부르심, 콜링calling이 있다고 외쳤다. 주의 영을 받은 모든 이는 웃음이건 눈물이건, 시련이건 성공이건, 각자의 다른 빛깔 인생에서 하나님의 사명, vocatio, calling을 받는다. '이 부르심에 최선을 다하세요!'

성경에서 이끌어 낸 '부르심'의 사명감은 열심히 일하고, 열심히 벌어서, 열심히 복음을 전하는 자본주의의 정신적 토대를 닦았다. '청빈淸貧'을 넘어선 '청부淸富'의 정신이 근대의 통로를 통해 유럽으로 유입되었다. 루터가 없었다면 대大격변의 원천은 소멸했을 것이다. 미국도, 대한민국도 태어나지 않았을지 모른다.

선교하는 통일한국의 거룩한 길을 터야 할 남은 자들에게 역사는 명확한 가르침을 전달한다. 지금 한국에 절실한 것은 무엇인가? 촛불혁명 이전에 종교개혁이다. 우리 각자가 루터가 되는 일이다. 하나님의 부르심을 깨닫고 말씀으로 기도하며, 죄와 피 흘리기까지 싸워 이기는 것이다. 항상 기뻐하며 모든 일에 감사하며 쉬지 않고 기도하는 것이다. 먼저 하나님의 성소를 찾아야 한다.

"내가 기도할 때에 기억하며 너희로 말미암아 감사하기를 그치지 아니하고. 우리 주 예수 그리스도의 하나님, 영광의 아버지께서 지혜와 계시의 영을 너희에게 주사 하나님을 알게 하시고 너희 마음의 눈을 밝히사 그의 부르심의 소망이 무엇이며 성도 안에서 그 기업의 영광의 풍성함이 무엇이며 그의 힘의 위력으로 역사하심을 따라 믿는 우리에게 베푸신 능력의 지극히 크심이 어떠한 것을 너희로 알게 하시기를 구하노라"에베소서 1:16-19

조선왕조실록에 실린 식인(食人)의 기록들

세상 사람들은 정치 개혁, 경제 개혁, 조세 개혁, 국방 개혁 등 수많은 개혁의 필요성을 말한다. 하지만 진정한 개혁의 본질은 언제나 종교개혁, 예수혁명이었다. 종교개혁, 예수혁명 없는 변혁은 세상 군왕의 성쇠에 불과했다. 신라가 고려로, 고려가 조선으로 바뀌었다고 민초들의 삶이 달라졌는가? 풍년이 왔을 때 잠시의 평화가 있었을 뿐이다. 틈만 나면 야인들이 식량을 빼앗고 가옥을 태웠다. 국가는 또 다른 약탈자였을 뿐 피할 바위도, 환난 때 산성도 되어주지 못했다. 태평성대라 해도 절대다수 백성들은 상놈 신세였다. 가난과 굶주림은 숙명과 같았다.

조선왕조실록을 보면 세종 당시 왕의 아들 영응대군 노비 수가 1만 명에 달했다고 나온다. 통상 고위직 관료의 노비 수는 500~600명, 하위직 관료는 200~300명에 달했다. 17세기 윤선도는 노예가 700여 명이었다. 양반들이 음풍농월吟風弄月할 때 백성들은 사망의 잠을 자야 했다. 인구 대비로 따지면, 조선이 태평성대였을 때조차 국민의 30~40%가 노예였다.

가난한 자들은 초근목피草根木皮 수준이 아니었다. 조선왕조실록에는 굶어죽는 아사餓死가 아니라, 사람이 사람을 먹은 식인食人의 기록이 자세히 나온다. "현종실록 19권 현종 12년 1671년 3월 21일. 충청도 연산 순례의 인육 먹은 사례. 숙종실록 30권 숙종 22년 1696년 2월 5일. 평안도 이어순의 인육 먹은 사례. 숙종실록 31권 숙종 23년 1697년 4월 29일. 평안도 금춘·예합의 인육 먹은 사례"

현종실록을 좀 더 인용해 보자. "집에 조금이라도 양식이 있는 자는 곧 겁탈의 우환을 당하고 몸에 베옷 한 벌이라도 걸친 자도 강도의 화를 당하고 있습니다. 심지어 무덤을 파서 관을 부수고 시체의 염의를 훔치기도 합니다. 감영에 가 봐도 그늘에서 얼어 죽은 사람이 190명이 되고 갓난아이를 도랑에 버리고 강물에 던지는 일이 없는 곳이 없습니다."
현종실록

도덕과 명분을 앞세운 자들이 뽐내던 조선. 틈만 나면 '개혁'을 이유로 사화, 당쟁이 벌어진 땅이지만, 국민의 삶은 짐승과 귀신의 중간에 있었다. 가혹한 처지의 가련한 인생들. 벌레요 사람이 아닌 버려진 사람들. 나라가 나라가 아니었다. 그러던 구한말, 드디어 벽안碧眼의 전도자들이 새로운 도道를 전하기 시작했다. 진정한 개혁, 예수혁명의 시작이었다. 누구나 맛볼 수 있는 달콤한 실과實果, 바로 자유를 전했다.

역사책을 펼쳐보면 명쾌한 성쇠成衰의 공식, 그러나 하나님이 주시는 지혜의 영靈이 없다면 인정치 않는 진실이 있다. '교회가 있는 나라냐 없는 나라냐' 복음이 강했던 나라는 번영을 이루고 그렇지 않은 나라는 가난에 먹혔다는 사실이다. 무엇보다 교회다운 교회, 진정한 회개의 불이 붙은 교회가 있을 때 의인 10명을 보시고 변화를 만들어 주셨다.

선교하는 통일한국, 민족적 부르심을 이루기 위한 지금도 마찬가지다. 철저한 회개와 자기 부인을 한 겸손한 자들이 연합해 기도할 때 하나님께서는 놀라운 변혁을 일으키실 것이다. "상황을 탓하지 마십시오. 환경을 탓하지 마세요. 한국교회가 썩었다고 실망하실 필요도 없습니다. 중요한 것은 나 자신, 여러분입니다."

한민족 교회를 향한 부르심

한국이 이 지경이 된 것은 교회가 저 지경이 되어 버렸기 때문이다. 종교개혁의 불을 받아 대한민국으로 거듭난 한민족은 세계 선교를 향한 민족적 부르심calling이 있다. 사명을 가진 자들이 길을 잃으면, 하나님은 매를 드신다. 유대 백성에 그랬듯 칼과 기근, 염병을 푸시고 때로는 온 민족을 흩어 이산離散케 하신다. 한국이 혹독한 시련의 때, 잔해와 포학을 겪게 된다면, 하나님을 기쁘게 할 사명의 회복, 다시 "여호와께 돌아오라"는 한국교회를 향한 사랑의 표현일 것이다.

제사장 나라를 향한 민족적인 부르심은 140여 년 전 선교사들의 피와 눈물, 숱한 순교자들의 부르짖음 가운데 맺었던 하나님과의 언약이다. 동방의 예루살렘으로 불리던 평양을 회복해 만주와 연해주, 숱한 이방의 족속에 복음을 전하는 것은 대한민국을 세우신 하나님의 섭리이다. 북한의 구원과 해방은 선택이 아니다. 선교하는 제사장 나라로 가기 위한 한민족의 일차적인 사명이다. 평양의 우상정권이 무너진 뒤, 사막 같은 이북을 선교의 기지로 삼아 땅 끝까지 뻗어갈 것이다.

보수와 진보, 좌파와 우파의 대립 같지만, 갈등의 본질은 아니다. 한민족을 향한 하나님의 부르심calling을 아는가, 그렇지 않은가? 하나님의 마음을 아는가, 그렇지 않은가? 그것이다. 하나님의 마음을 아는 자, 한민족의 부르심calling을 아는 자는 북한 문제에 단호해진다. 김일성 일가를 신격화한 3대 세습은 우상숭배 체제, 주체사상 정권이니 해체와 붕괴의 대상으로 인식한다. 수단은 전쟁이 아니다. 평화적 해체와 붕괴를 위해 북한을 짓누른 어둠과 흑암의 진을 예수 그리스도 이름으로 대적한다. "그가 말씀하시매 이루어졌으며 명령하시매 견고히 섰도다. 여호와께서 나라들의 계획을 폐하시며 민족들의 사상을 무효하게 하시도다. 여호와의 계획은 영원히 서고 그의 생각은 대대에 이르리로다"시 33:9-11. 하나님이 말씀만 하시면 평양의 바알의 제단은 먼지처럼 무너질 것을 알고 있다.

북한에 대한 지원 역시 체제 붕괴, 정권 해체를 위한 목적으로만 가능하다. 정치범 수용소 폐쇄, 탈북자 강제송환 및 공개처형 중단 등 북한의 근본적 변화가 없다면 모든 지원은 중단되어야 한다. 그간 한국교회와 7천여 디아스포라 교회가 매진해 온 소위 인도적 지원은 우상숭배 체제와 주체사상 정권 지원일 뿐이다. 그것이 평양에 짓는 병원이건, 대학이건, 지방의 영아원·고아원, 빵공장·국수공장, 봉수교회·칠골교회 기타 등등 어떠한 형태건 무조건·무작정·무차별 지원은 비인도적 지원이다. 북한의 동족 노예를 영원한 결박상태로 버려두는 패역이다. 돌고 돌아 평양정권에 흘러갈 뿐이다.

영아원이건 고아원이건, 북한에 돈을 주는 창구로 쓰인다. 여름철 냉방비, 겨울철 난방비, 운영비 어쩌고저쩌고 하면서 빳빳한 현찰이 해외 선교사 계좌를 통해 김정은 사금고로 들어간다. 결국 핵무기, 미사일 구매와 체제유지 비용으로 전용된다. 놀랄 일도 아니지만, 선교사 직함을 가지고 북한을 오가는 숱한 거간들은 이 모든 감춰진 진실을 알고도 관행을 바꾸지 않는다. 평양 정권과 동업자 그 이상도 이하도 아니기 때문이다.

한민족 교회가 버려진 민족 절반에 대한 연민이 남아 있다면, 북한의 해방과 구원을 위한 기도, 우상 체제 붕괴와 주체정권 해체를 위한 담대한 선포에 나서야 한다. 목사와 장로와 권사와 청년이 설교로 기도로 간증을 통해 부르짖어야 한다. "예수 그리스도 이름으로 명하노니 북한 정권은 평화적으로 무너질지어다."

한국교회와 7천여 디아스포라 교회는 평화, 용서, 사랑 등 화려한 어휘를 동원해 북한 우상 체제와의 공존, 북한 동족 노예에 대한 폭압을 정당화해왔다. 북한구원과 세계선교의 민족적 사명을 포기해 버렸다. 나만의 평화, 남한만의 평화를 위해 사탄의 예표적 인물과 결탁해왔다. 그 결과 교회는 힘을 잃고 한없는 쇠락을 스스로 불렀다. 세상에 대한 정욕과 탐심이 찌끼가 되어 세속적 인본주의 세력들이 만들어 낸 미혹과 거짓에 속아온 것이다.

가짜 평화는 강력한 주술과 같다. 소위 보수 성향 교회, 우파 성향 목회자 중에도 미혹된 이들이 태반이다. '북한붕괴론'은 극우나 수구, 소위 정치적 주장인 것처럼 치부하고 자신들은 건전한 보수, 온건한 우파, 복음적인 연然한다. 소위 '인도적 지원'에는 지갑을 열자고 하면서, '김정은 회개'를 위해 향방 없이 기도하며, '한반도 평화'를 향한 대화와 협력의 재개를 지지한다. 여전히 햇볕정책 망령에 끌려 다닌다.

안타깝지만 한국교회 가운데 동성애, 음란과 낙태의 문제에 깨어 기도하는 곳은 열 곳 중 한두 곳에 불과할 것이다. 한 걸음 더 나아가 북한의 구원과 해방을 위해 기도하는 교회는 천 곳 중 한두 곳도 되지 않아 보인다. 실제로 필자가 아는 범위로 보자면, 교회 차원에서 북한 붕괴를 위해 기도하는 곳은 손가락으로 꼽을 정도다.

한국과 7천여 디아스포라 교회가 '복음통일', '북한구원', '지하교회' 등 번지르르한 말만 하며, '인도적 지원'으로 상징되는 가짜 평화 거짓에서 벗어나지 않는다면, 하나님은 회초리를 드실지 모른다. 그 마지막은 교회의 해체와 촛대의 이동이다. 먼 훗날 중국에 자유와 민주가 퍼지고 복음이 곳곳에 전해질 때, 북한도 봄 눈 녹듯 녹아내릴 것은 자명하다. 그러나 그날이 올 때까지 한반도와 전 세계 동포사회는 잿빛 우상에 눌리게 될 것이다.

주여, 저희들이 회개합니다. 주께서 주시는 평화와 평강과 안락에 감사치 못했고 우리처럼 육신을 가진 자들이 학대 받는 것과 갇힌 자들의 눈물을 보지 못하였습니다. 나만의 평화, 나만의 평강, 썩어 없어질 육신의 안락을 구했습니다. 그것을 '한반도 평화'라 말하고 하나님께 더 많은 것을 달라며 정욕적 간구를 하였습니다. '이쩌一猪, 알쩌二猪, 싼쩌三猪, 쓰저四猪' 짐승처럼 중국에서 팔려가는 수십 만 동족 처녀·누이들의 고통에 눈

감았습니다. '뽐쁘질'·'비둘기' 등 온갖 고문으로 죽어가는 강제송환 탈북자의 피눈물을 보지 못하였습니다. '강제낙태'·'영아살해', 저주 속에 죽임당한 탈북 여성 아이들의 무덤 산을 외면하였습니다. 주여. 이 지긋지긋한 이기와 탐심을 회개합니다. 주의 백성이라 말하며 주 뜻대로 살지 못한 저희의 죄를 사하여 주옵소서.

주여, 원컨대 하늘을 가르고 강림하사 수용소 쇠빗장을 부수어 주옵소서. 북한 땅을 덮고 있는 우상숭배 체제, 주체사상 정권의 정사와 권세를 예수 그리스도 이름으로 깨뜨려 주옵소서. 죄 없는 자들의 피를 땅에 쏟는 북한의 우상숭배 체제를 이제는 끝내 주옵소서. 3만 8천 김일성 동상이 무너진 자리에 교회가 서게 하시고 김일성·김정일 사진이 걸린 자리에 십자가가 걸리게 하소서. 지하 기독교인의 도살장이 되어버린 정치범수용소가 해체되고 공개처형이 중단되며 저 땅에 하나님을 부를 신앙의 자유를 허락해 주소서. 북한 동족의 흉악의 결박을 풀어주고 멍에의 줄을 끌러주며 모든 멍에를 꺾어주소서. 북한의 문을 열고 빛을 내려주소서. 하나님의 나라가 저 땅에도 서게 하옵소서.

낙심하고 낙망했던 이 땅의 청년들이 북한 재건의 꿈을 꾸며 전진하게 하옵소서. 절망하고 포기했던 아비들이 선교한국의 비전을 향해 뻗어가게 하옵소서. 소망 없던 노인들이 초원과 대륙의 여러 민족을 구하며 하나님께 여생을 헌신케 하옵소서. 이 민족을 5천 년간 오래 참아주시며 마지막 때 선교하는 제사장 나라를 꿈꾸며 대한민국을 세우게 하신 하나님의 기쁘신 뜻을 이루어 주옵소서. 아직도 성경을 접해본 적이 없는 1억 1천만 열방의 백성과, 반쪽짜리 성경만이 유통되는 15억 이방의 족속을 향해 복음 통일된 한민족이 진리를 전하며 하나님 오실 길을 예비하게 하소서. 한국교회와 7천여 디아스포라 교회가 한민족의 부르심calling을 깨닫고 기도하게 하옵소서. 아버지 예정한 그 일을 속히 이루어주옵소서.

4
김일성 망령이 떠돌고 있다

좌익은 흘러간 옛 노래가 아니다

"그러므로 내가 이 세대에게 노하여 이르기를 그들이 항상 마음이 미혹되어 내 길을 알지 못하는도다 하였고"히브리서 3:10

좌파 이념은 지식인 집단의 유전병 같은 것이다. "열심히 책을 읽어라! 당신 마음에 성령이 없다면, 인생이 꼬여갈 때마다 불평의 입술을 막을 수 없다. 있는 자, 가진 자, 잘 풀린 인생에 대한 시기·질투·미움·증오와 분노가 공정公正과 정의의 너울을 걸친다. 좌익 이념의 춤을 추기 시작할 것이다."

사랑이 식어진 시대가 될수록 엉터리 사상이 발호跋扈한다. 유물론唯物論 사회주의는 20세기 중국에서는 '모택동주의'로, 러시아에서는 '레닌·스탈린주의'로 그리고 북한에선 '김일성주의'로 가면을 바꿨다. 죽음의 노래를 불렀다. 열매라고는 쌓여 있는 백골白骨뿐이다. "이것은 이상한 일이 아니라 사탄도 자기를 광명의 천사로 가장하나니"고린도후서 11:14

한 세기가 바뀌며 사탄은 새로운 망토를 걸치고 다닌다. 사회주의도 젠더주의의 날개를 달았다. '혐오와 차별 없는 세상'의 철 지난 구호를 외치며, 좌익은 음탕한 노래를 부른다. 깨어있는 지성인 흉내를 내며 서구 기독교 사회의 심장을 찌른다. 그렇게 21세기 젠더주의는 20세기 사회주의가 못 이룬 악마의 사명, 교회해체를 이루는 중이다.

한국은 더욱 그렇다. 좌익은 80년대를 풍미한 흘러간 노래가 아니다. 젠더gender의 음풍淫風을 타고 더욱 악을 쓴다. 그리고 온 나라에 범람한 이들 붉은색 곰팡이 중앙엔 정치를 종교로 만든 자칭 민족주의자들이 있다. 김일성 일가를 따르는 주사파들이 진보의 장구를 쳐댄다. 그리스도인들에게 저 패역한 자들의 가면을 하나쯤은 보여줄 이유가 여기 있다.

민족과 통일 그리고 평등·평화·정의·인권의 미끈한 얼굴에 얼마나 많이 미혹되어 있는가? 북한 딱지가 붙은 크고 작은 기독교단체는 마치 주사파 아지트, 흡사 벌레의 소굴이 되어 있지 않은가? 나는 20년 넘게 말과 글로 쉼 없이 진실을 알렸다. 그 결과 주사파·사이비·이단 등 별의별 단체로부터 13억 원에 가까운 소송을 당했다.

그들은 언론을 가장한 선동가, 실은 악신 들린 혁명가들이다. 하지도 않은 일을 "했다!"며 온갖 비방·조작·날조를 서슴지 않는다. 거짓을 일삼는 데에는 명분이 있었다. 해방된 북부 조국의 힘을 빌려 외세에 예속된 남부 조국의 해방, 그를 통한 모든 차별·혐오·모순의 혁파, 지상낙원의 건설이다.

얼마 전 복음통일을 한다는 한국교회 통일 기도모임이 있었다. '평화적 통일'을 목표로 초대형 교회가 주관한 전全세계적 네트워크. 유명한 목사와 유명한 인물을 망라한, 말 그대로 복음통일 기도모임이다. 특이한 것은 이상할 정도로 애매한 메시지다. 설교자들은 피 흘림 없는 통일을 말하며 평화적인 복음통일은 북한체제가 무너지지 않는 통일이라고 설교한다.

좌우左右 간의 공존, 남북南北 간의 화해. 이를 위해 평양에 병원 짓고, 대학 짓고, 고아원·영아원, 빵공장·국수공장 운운하며 체제 지원·정권 지원하는 것을 인도적 지원이라 분식한다. 심지어 스피커들은 김일성 신당에 불과한 "봉수교회·칠골교회가 진짜 교회"라거나, 학살자 김정은이 "이스라엘의 요시아 왕王처럼 되게 해 달라고 하나님께 기도하자"거나 "북한인권문제는 언급하지 말라"던 전력을 가진 이들이다.

'뭐가 뭔지 잘 모르는 순진한 사람들'인 양 생각할 수도 있지만 오판이다. 이런 조직의 실세들, 입만 열만 '복음'·'평화'·'통일'을 말하는 경건한 목사들, 겉옷을 벗으면 80년대 주체사상 세례를 받았던 운동권 훈장이 주렁주렁 달려 있다. '대한민국은 친일파가 만들었고 인민공화국은 항일투사가 세웠다'는 공갈 칩이 여전히 머릿속에 박혀 있다.

주체사상 찌꺼기가 남아 있는 평화의 사도들, 한국교회 주류가 되어버린 진보적 또는 중도적인 양 하는 이들 목사, 장로, 권사, 집사, 청년들은 "북한 정권이 망해야 동족의 구원과 해방이 있다"는 단순한 진실을 부정한다. 투명하고 투박한 이런 주장은 마치 욕설보다 못한 악담인 양 경악한다.

그들은 변화할 여지가 없지만, 긴가민가 동조해 온 평범한 성도가 분별할 수 있도록 첨언하면 이러하다.

조선로동당에 입당한 어느 국회의원

북한의 김일성주의, 주체사상主體思想은 1980년대 이후 한국의 운동권 주류가 되었다. 도식화하자면 한국의 운동권 주류는 곧 주사파다. 그렇지 않다 해도 주사파에 동조하는 세력이다. 흔히 NLNational Liberation과 PDPeople's Democracy가 있다고 하지만, 1990년대 소련의 붕괴는 한국의 운동권 주류를 주사파로 만들어 버렸다. 북한은 안 망하고 버티고 있으니 이들의 주장이 맞는 것처럼 보였다.

주사파는 "위수김동 위대한 수령 김일성 동지", "친지김동 친애하는 지도자 김정일 동지" 운운하며 신념을 고백했다. MT때는 김일성·김정일 사진 앞에 충성을 맹세했다. 장난삼아 한 것이 아니다. 이들 중 북한 조선로동당의 남한 내 지하당 입당이 삶의 목적이 된 이들이 나왔다. 남한 내 지하당 입당은 '현지現地입당'이라 부른다. 주사파는 평양의 지령을 따르니, '현지입당'만 하면 운동권 내에서 출세할 길이 단번에 열렸다.

남한 주사파의 북한 로동당 입당은 가설이 아니라 실재요, 팩트다. 2014년 12월, 당시 한국의 여당인 열린우리당 소속 국회의원 A씨의 조선로동당 입당 기사가 한 주간지를 통해 보도되었다. 과거 운동권 시절에 조선로동당의 남한 내 지하당을 통해 입당한 인물이 훗날 여당의 국회의원이 되었다는 요지다. 또 지하당 입당은 곧 중앙당 입당을 뜻함을 상세히 적었다. 보도가 나가자, A의원은 조선로동당 입당 사실을 완강하게 부인했다. 여당은 촛불시위에 나섰다.

A의원은 해당 기자를 상대로 소송을 걸었고, 진실은 법원의 손으로 넘어갔다. 결과가 나올 때까지 오랜 시간이 걸리지 않았다. 조선일보 등 주요 매체가 앞다퉈 A의원의 과거 행적을 다뤘다. 13년 전 법원 판결도 언론에

실렸다. 판결에 명기된 내용은 이랬다. '92년 대둔산 820호라는 당원부호를 받고 조선로동당 입당!' 주간지에 보도된 내용은 사실로 확인되었고, 결과적으로 해당 기자는 소송에서 승리했다.

실은 A의원의 조선로동당 입당 기사는 필자가 2014년 당시 한 주간지 기자로 일하던 시절 작성한 글이다. 도서관 등에서 공안자료를 읽거나, 복사해 자료로 보관해 놓는 것이 취미 아닌 취미였던 시절이 있었다. 평소처럼 한 주간의 기사를 끝내고, 자료를 읽으며 쉬는데 우연히 1992년 간첩사건 자료들이 눈에 띄었다. 알만한 이름이 보였다. 한참을 인터넷으로 뒤져보니 문제의 인물은 십여 년 뒤 여의도 국회에 진출해 있었다!

그날 밤 여기저기 전화를 돌리며 추가 취재에 나섰고 일필휘지로 기사를 써냈다. 다음 날 온 나라가 발칵 뒤집혀 있었다. 진실은 쉽게 드러났지만, 소송은 지루하게 흘러갔다. 하지만 당시 취재와 재再취재, 법적인 공방 등 1년여 논란을 거치며 나는 고위직 탈북자, 주사파 출신 등 많은 인물을 만나 분단 과정의 몇 가지 감춰진 진실도 확인할 수 있었다.

첫째, 주사파는 소위 윗동네 손님, 흔히 말하는 북한의 간첩을 겁내기보다는 반겼다. 그들에게 한국은 정통성 없는 체제고 북한이야말로 사상의 조국이었으니 당연한 일인지 모른다.

실제로 1995년 남파 무장간첩 2명이 부여에 나타났다가 1명이 경찰에게 사살되고 1명이 검거된 사건이 있었다. 검거된 간첩 김동식은 자신이 포섭을 시도한 명단을 경찰에 밝혔다. 특이한 것은 운동권 출신인 이들 7명 모두 간첩을 보고도 놀라지 않았고, 신고도 하지 않았던 점이다. 김동식은 전향해 2013년 '아무도 나를 신고하지 않았다'라는 제목의 책까지 냈다. 김동식이 포섭하려 했던 이들은 훗날 남한의 고위직에 진출했다.

둘째, 주사파 중에는 조선로동당 입당절차를 밟는 경우가 있었다. 이것은 위에 언급한 국회의원 A씨 사건에서 확인된다. 로동당 입당은 평양에 직접 가서 이뤄진 경우도 있지만 대부분 남한 내 지하당 입당인 '현지입당' 절차를 거쳤다. 황장엽과 함께 탈북한 김덕홍1938~은 나에게 이렇게 말한 적이 있다. 그는 로동당 자료연구실 책임자로 일했다.

"남한 내 지하당 입당 시 북한 중앙당에 입적入籍됩니다. 북한은 대개의 사회주의 국가가 그렇듯 문건文件국가입니다. 이 문건 중 가장 소중한 문건은 조선로동당 입당문서인데 그 중에서도 남한 출신들의 남한 내 현지 입당 문서는 보배 중 보배로 여깁니다. 북한은 이를 올무로 삼습니다. 평생의 약점이 되어 북한에 끌려다닐 수밖에 없습니다."

김 씨의 주장을 액면 그대로 신뢰하지 않는다 해도 합리적 의문이 생긴다. 운동권 출신의 행태, 특히 남한 내 고위직에 올라간 뒤에도 계속되는 '이해할 수 없는' 친북親北·종북從北·용공容共적 언동의 배경엔 이런 내막이 있는 것은 아닌가? 그들이 다른 어떤 비판보다 이념적 공세에 격렬하게 발끈하는 것도 이것 때문은 아닌가? 도둑이 제 발 저리는 것처럼?

셋째, 아마도 로동당 입당을 한 이들의 사명은 소위 조선민주주의인민공화국의 수호에 있을 것이다. 그들의 이데올로기 때문만은 아니다. 북한 붕괴는 모든 것, 자신이 따랐던 가치, 신념, 이상은 물론 사회적 사망을 뜻한다. 어떤 면에서 적화나 통일은 이들의 확고한 목표는 아닐 수 있다. 가장 절박한 과제는 북한이 망하지 않게 하는 것이다. 이를 위한 최선의 해법을 한미 동맹 해체·주한 미군 철수·연방제 통일로 잡는다. 그들이 살아온 삶처럼, 남한을 북한의 인질로 삼아 돈·쌀·비료를 마음껏 퍼주는 숙주로 삼는 것이다. 그 대가로 남한 내 자신의 안전은 물론 권력을 보장받을 수 있다고 볼 것이다.

넷째, 로동당 입당자가 가장 많은 곳은 정치권 뿐 아니라 종교계일 가능성이 높다. 이것은 물론 추정이지만, 팩트에 터 잡은 논리적 추론이다. 필자의 선배들 중 신학을 전공한 이들이 여럿 있다. 그들은 주체사상이 기독교인 입장에서 접근성이 높았다고 강조한다. 노골적인 유물론인 막스·레닌주의보다, 민족감정을 자극하고 마음속 상처와 쓴 뿌리를 건드리는 주체사상은 신학생을 의식화하기 좋았다고 증언한다.

특히 1980년대 이후 주사파는 신학생들의 통일담론을 지배하기 시작했고 2000년대 이후 북한선교 영역은 이들 주사파 출신이 장악했다고 증언한다. 소위 남북 교류·협력 과정에서 북한을 오가며 북한과 더 엮이게 되었다고 말한다. 이것은 기독교계 안에 많은 로동당 입당자가 있을 수 있음을 뜻한다.

다섯째, 남한의 자체적 정화는 사실상 어렵다. 그러나 평양정권이 무너질 때 입당자 등 남한 내 주사파 세력도 무너질 것이다.

공작원 명단을 전해준 오길남 박사

평양정권이 무너지는 날 남한 내 로동당 입당자 명단도 확인될 것이다. 97년 한국에 망명한 황장엽 전 조선로동당 비서는 간첩 5만명설을 이야기했다. 김정은만 알고 있겠지만 이들은 직파간첩, 즉 북한이 직접 내려보낸 간첩이 아니라 남한 내 로동당 입당자 숫자가 아닐까 추측해본다. 수년 전 오길남 박사를 찾은 적이 있다. 그는 독일서 북한에 넘어가 대남공작, 즉 간첩부서에서 일을 했다. 다시 북한에 아내와 두 딸을 두고 탈출한 비극적 사연을 안고 사는 인물이다.

늦은 밤, 오 박사는 술김인지 한풀인지, 자신이 알고 있는 남한 출신 소위 간첩 몇 명의 이름을 말한 적이 있다. 평양 간첩부서에서 확인했던 명단이다. 사적으로 말한 것이라 나 또한 외부에 발설한 적은 없었다. 그러나 그 중에는 한국 사람이라면 알 만한 유명한 인사도 있었다. 아마도 운동권 활동을 하다가 남한이나 제3국에서 현지입당을 한 사람일 것이란 추측만 할 수 있었다. 대개 그렇듯 그런 이들은 그럴싸한 '평화운동가'나 '인권운동가' 교수·박사·목사 등 제법 화려한 직함을 달고 있었다.

한국 상황을 볼 때 머리가 더 지끈거리는 것은 이들 입당자를 주사파가 두텁게 둘러싸고 있다는 것이다. 통합진보당 이석기 전 의원과 그 세력도 그렇다. 그들이 로동당에 들어갔는지 여부는 알 수 없다. 다만 들어갔건 안 들어갔건 뼛속깊이 김일성주의로 무장한 자들이 집단을 이루고 세력을 이루고 있다는 것은 부인할 수 없는 사실이다.

헌법재판소의 통합진보당 정당 해산 판결 결정문과 관련자 판결문 등에 따르면, 이석기 조직에 가입한 자들은 "우리는 주체사상을 지도이념으로, 남한 사회의 변혁운동을 전개한다", "우리는 주체사상을 심화 보급, 전파한다." 등 조직의 강령을 외웠다. 또 김일성·김정일에 대한 충성忠誠과 혁명가로서의 삶을 결의하며 '장군님을 지키는 것이 조국을 지키는 것'이라며 북한 혁명가요를 제창했다. 이석기 조직원 130여 명은 외부 눈을 피해 회합을 가졌다. 스터디 모임이 아니다. 밤마다 모여서 결정적 시기를 노렸다.

즉 핵으로 무장한 북한이 국지적·비정규전을 벌여나갈 때, 그들 표현대로라면 "후방을 교란하기 위한 무장과 파괴"의 예비를 했다. 이들은 전화·철도·지하철 시설 및 가스·유류 차단과 파괴, 송전탑과 레이더기지

등을 타격할 것을 결의하고 차곡차곡 준비했다. 법원의 판례를 보면, 회합 당시 조직원들은 "우리가 조사를 다 해 놨다"는 등의 멘트가 나온다. 말로만 그친 게 아님을 확인할 수 있는 대목이다.

특히 "철도는 통제하는 곳을 파괴해야 하고", "파이프라인 중 오래되거나 혼재되고 그런데 잘 알아놔야 한다"거나 "적들에게 심대한 타격을 입힐 수 있는 전기·통신 분야 공격"을 강조했다. 또 "80만 원짜리 모형총을 사서 가스쇼바를 개조하라"거나 "당사黨舍 2층에서 폭약 만드는 방법을 공부 중"이라는 등 "후방교란을 위한 무장과 파괴"의 구체적 방법들을 모의했다.

이석기는 이런 조직원들에게 이렇게 연설 아닌 연설에 나섰다. "철탑을 파괴하는 것이 군사적으로 중요하다(…) 보이지 않는 곳에 엄청난 폭파를 시켜놔도 쟤들 보면 귀신이 곡할 노릇일 것이다(…) 도처에서 동시다발로 전국적으로 그런 세력이 전쟁해야 한다(…) 인터넷 사이트 보면 사제폭탄 사이트가 있다(…) 보스턴 마라톤 폭탄 테러 당시 압력밥솥 사제폭탄 매뉴얼도 공식 떠 있다."

이석기는 또 "볼세비키 혁명 당시 엄청나게 죽었지만 나중에 혁명이 승리하는데 결정적 계기가 된 것"이라며 "총공격 명령이 떨어지면 무궁무진한 창조적 발상으로 한순간에"라며 선동했다. 판결문에 나오는 녹취가 이 정도니 실제는 더 했을 것이다. 혁명의 신념에 붙잡힌 조직원들은 육체적으로도 훈련하고 훈련했다. 2013년 겨울 설악산 관리인 모 씨는 이런 일도 관측했다. 법원에서 나온 증언이다. "영하 8.7도에 무릎까지 눈이 쌓였는데 건장한 청년 20여명이 행군을 하더군요. 이런 날씨에 단체 등반을 본 것은 처음입니다." 바로 이석기 일당이었다.

이석기는 내란선동죄로 징역 9년형이 선고되었다. 하지만 만기 출소를 1년 5개월 앞둔 2021년 12월 24일, 당시 대통령 문재인은 이석기를 석방했다. 이석기 구속 당시 "민주주의 근간을 위태롭게 하는 행태들"이라고 비판했던 문재인이었다. 2022년 현재 이석기 세력은 남한의 특정 정당, 특정 노조는 물론 그해 대선 당시 특정 대선 후보 진영에 잔뜩 포진해 있다. 대한민국에 남아 있는 골든타임은 5년 정도다. 평양이 무너지지 않는다면 상황은 더욱 나빠질 것이다.

"나는 진보세력입니다"

2022년 4월말 국군 현역 대위 한 사람이 북한의 간첩 활동을 벌이다 잡혔다. 북한 공작원인 해커로부터 가상화폐를 받고 군사기밀을 빼돌리다가 구속된 것이다. 공교롭게도 그는 북한 지휘부 제거 작전을 수행하는 육군 제13특수임무여단特任旅團 소속이었다. 2017년 12월 창설된 이 특임여단은 유사시 김정은을 비롯한 북한 전쟁 지휘부를 제거하는 임무를 맡고 있다. 일명 '참수부대'로 불린다.

그다지 놀라운 일도 아니다. 한두 명 간첩의 문제가 아니다. 주사파라는 널찍한 모판에서, 대한민국 해체, 실은 한국교회 해체를 꾀하는 가짜 평화주의자, 가짜 민족주의자, 거짓 인권운동가들은 쉴 새 없이 양산된다. 평양은 입당入黨의 올무를 던진다. 여기에 기름기처럼 엉겨 붙은 자칭 진보 '깨시민' 집단은 진홍빛 팬덤을 만든다. 거대한 좌익연합이다.

2020년 1월, 운동권 출신인 김문수 전 경기도 지사는 "대한민국은 이미 종북 주사파와 좌파연합에 넘어갔다"는 글을 SNS에 남겼다. 그는 "전대협1987-1992, 한총련1992-2007이 20년간 전국대학 학생회 조직과 학생운동을 신속하고 완벽하게 장악했다"며 "해마다 수십만의 학생운동권 출신들이 자연스럽고도 필연적으로 사회 각계각층으로 투신한다. 입법, 사법, 행정, 교육, 문화, 방송, 예술, 경제계, 기업, 동네 구멍가게까지 완벽하게 붉은 혁명사상으로 물들였다"고 했다.

고故황장엽 선생의 말처럼 남한 내 간첩이 5만 명에 달한다면 주사파는 그 몇 배수에 달할 것이다. 여기에 김문수 전 지사가 언급한 것처럼 이른바 좌파연합 수백만 명을 더하면 대한민국 성한 곳이 많지 않을 것이다. 당연히 군대 역시 안전할 수 없다는 논리가 나온다. 참수부대 간첩 사건 역시 빙산의 일각일 것이다. 기무사령부, 국가정보원의 공안기능은 심정지 상태로 빠진지 오래다. 이것은 몸으로 겪었던 일이다.

나는 과거 이명박·박근혜 정부 당시 군부대 강연을 400여회 가까이 했다. 많은 간부들과 식사하며 교제했고 이야기 나눴다. 보수정권 시절이고 대한민국 장교임에도 불구하고, 군 장성과 장교들 특히 단기장교 중에는 좌파·좌익 성향이 적지 않았다. 아예 종북적 이념을 내비치는 장교도 있었다. 긴장 풀고 식사하다 보니 속 성향이 얼핏얼핏 드러났다.

한 번은 북한과 주사파 실체에 대한 강연을 마친 뒤 고급 장교 계급장을 단 인물과 격론을 벌였다. "우리 진보세력을 왜 비판하느냐?"는 요지였다. 북한 체제의 평화적 붕괴를 말하면 극우적 주장에 동의할 수 없다거나 이른바 한반도 평화를 위하는 진보임을 자처하는 장군도 있었다.

박근혜 대통령 탄핵을 거치고 다시 문재인 5년을 지나며 이런 흐름은 군대 안에서 더 심해졌을 것이다. 주사파 입장에서도 군대 내 자기세력을 심으려 더 집요한 노력을 전개해 왔을 것이다. 6·25직전 여수·순천 반란 사건도 군부대 안에서 벌어진 반체제 세력의 봉기였다. 1975년 월남의 공산화 당시 무너진 결정적 스모킹 건도 군대의 좌경화였다.

필자가 과거 군부대 강연을 '신나게' 돌아다닐 무렵엔, 적어도 청년 초급 장교단은 조국 통일의 화랑도 같았다. 젊은이들일수록 오히려 선과 악을 분별할 능력이 있었다. 종교집회가 아님에도 비전의 불씨를 받으면 북한의 해방과 구원을 위해 한 목소리로 구호를 외쳤다. 그렇게 산산 골골, 육군, 해군, 공군을 돌면서 통일교육, 안보강의를 했다.

돈을 벌기 위한 목적도 아니다. 두메산골 대대급 교육에 나서면 하루 강연료가 당시 돈으로 13만원이었다. KTX라도 한 번 타면 교통비가 더 들었다. 그래도 청년들 눈빛을 살리는 게 재미나 온 마음과 힘을 다해 전국을 누볐다. '2,500만 노예 동족을 살려야 한다'며 그일라를 구하는 다윗처럼 타올랐던 청년들이 지난 수년간 반일反日 같은 엉뚱한 적개심 교육만 받았을 생각을 하면 답답해진다.

다른 어떤 곳보다 정상화할 곳이 있다. 나라를 구하는 방패와 간성干城인 국군 장교단이다. 국가 생존의 전제요, 필수조건이다.

하리수씨를 만나셨군요

문재인 민주당 정권은 운동권 출신이 주류를 이뤘다. 이들의 정체正體는 2022년 4월 30일 검찰 수사권 박탈을 위한 검찰청법 개정안, 소위 검수완박 법안 본회의 통과 당시 확인된다. 당시 민주당 의원 중 표결에 참석한 161명 전원은 찬성표를 던졌다. 단 한 명도 이탈표 없이 100% 찬성이 나왔다. 민주당 의원들은 당 지지층과 다른 생각을 입 밖에도 내기 어렵고, 반대 표결은 꿈도 꾸기 어렵다는 것을 뜻한다.

개헌이 필요한 반反자유·반反민주·반反법치의 검수완박 법안을 강행하는

데 이견을 낼 수 없는 정당, 김씨 왕조의 입장을 100% 뒷받침하는 북한 노동당 닮은 조직이 되어 버린 셈이다. 이런 전체주의 정당이 절반을 훌쩍 넘는 의석수를 점하고 앞으로도 2년간 우리나라 국정을 쥐락펴락할 것이다.

이것은 이념의 열매다. 80년대 운동권은 민주집중제民主集中制 : Democratic centralism를 따랐다. 민주주의와 중앙집권제를 합친 말로, 부르주아 기득권 세력의 혁파를 위해선 당분간 프롤레타리아 독재가 필요하다는 사회주의 이론에서 나온 것이다. 쉽게 말해 혁명의 성공을 위해선 반대 의견이 허용될 수 없다는 것이다. 북한과 중국의 99.9% 거수기 투표가 그렇고 지금 민주당 모습이 그렇다.

혁명이 성공할 때까지 그들의 말로는 소위 적폐가 청산될 때까지 내부의 반대를 인정할 수 없다는 그들의 신념 내지 관행이 빚어낸 지난 5년은 섬뜩했다. 문재인은 2017년 5월 10일 '국민께 드리는 말씀'이라는 취임사에서 '야당을 동반자로 여기며 손을 맞잡고 갈 것, 지지 여부와 상관없이 유능한 인재를 삼고초려, 보수와 진보의 갈등을 끝내기 위해 직접 나서 대화할 것, 거짓으로 불리한 여론을 덮지 않을 것' 등을 약속했다.

약속은 반대로 갔다. 국민을 철저하게 갈라쳤다. '내로남불'의 불공정·불정의, 불의와 부정을 거듭했다. 조국 전 장관 일가 비리, 문재인 친구를 당선시키려는 울산시장 선거 공작, 월성 1호기 경제성 조작, 라임·옵티머스 펀드 사기, 환경부 블랙리스트, 김학의 전 법무차관 불법 출국 금지, 유재수 전 부산 부시장 비리 등 정권 차원의 각종 비리가 쌓이고 쌓였다. 적폐 청산 이름으로 전 정권 관계자 200명 이상을 구속했지만, 문 정권 자체가 적폐였다.

문재인 민주당 정권은 자신을 향한 수사도 막았다. 노골적이었다. 법에 명시된 청와대 특별감찰관을 임명치 않았다. 김오수 검찰총장은 원전 경제성 조작으로 국민 돈 7,000억원을 날린 산업부 장관에 대한 배임 혐의 기소를 끝까지 미뤘다. 울산시장 선거 공작은 수사를 뭉개고 재판은 열리지 않았다. 유례없는 일이었다. 라임·옵티머스 펀드 사기 사건도 유야무야 되었다. 윤석열 검찰이 문재인 수사에 나서자 수사팀은 공중 분해되었다.

180석의 힘을 휘둘러 '공수처법'과 '대북전단금지법'을 일방 처리하는 등 온갖 악법이 통과되었다. '국가정보원법'을 개정해 국정원의 대공수사권, 즉 북한의 간첩을 수사하고 검거하는 기능도 없앴다. 이른바 '5·18 가중처벌법'은 압권이다. "5·18민주화운동을 부인·비방·왜곡·날조한 자는 징역 5년 이하, 5천만 원 이하의 벌금에 처한다"고 규정했다. 학문과 연구 차원에서 제기되는 5·18에 대한 비판적 의사표시도 원천 봉쇄되었다.

'임대차 3법'과 '중대재해기업처벌법'등 반反시장·반反기업 법률들도 강행되었다. 여기서 그치지 않는다. 좌파를 비판한 언론에 막대한 배상을 강제해 감히 비판할 수 없게 하자는 요지의 '언론중재법 개정안'을 비롯해 '1가구 1주택법', '임대료 멈춤법' 심지어 '윤석열 출마금지법'까지 추진되었다. 이재명이 대통령이 되었다면 하나같이 통과되었을 법들이다.

2022년 여름 민주당은 '차별금지법' 제정을 다음 번 타깃으로 삼고 있다. 좌파 진영도 윤석열 정부를 흔들기 위한 강력한 도구로 차별금지법 제정을 요구하고 있다. 지방선거를 앞둔 같은 해 4월 28일 차별금지법제정연대는 비상시국선언에 나섰다. 트랜스젠더 하리수는 "살면서 겪은 차별이 너무 많았다"며 민주당 의원들을 만나 법제정을 호소했다.

구체적 입법 외에 헌법적 차원에서 문재인 민주당 세력의 행태는 더욱 심했다. 2018년 9월 김정은 정권과 합의한 9·19군사합의는 안보 자해 행위였다. 이 합의에 따라서, 군사분계선과 NLL 인근에서 비행·정찰이 금지되었다. 포사격과 기동훈련도 전면 금지되었다. 2018년 이후 한미韓美 연대급 이상 실기동 훈련은 중단했고, 3대 한미연합 훈련도 모두 없앴다. 나라의 안전판을 껍데기로 만들었다.

군사분계선 및 NLL 인근에서 남북은 각각 GP철거에도 합의했다. 60여 개를 보유한 남한, 160여 개를 보유한 북한이 같은 수의 GP를 철거했다. 결국 11개까지 철거해 결과적으로 우리 측만 불리해졌다. 여전히 북한이 군사분계선과 NLL 인근에 1,000여 문의 방사포·장사정포, 수백 문의 해안포로 무장해 있는데 벌어진 일이다.

심지어 문재인 정권의 국방부는 '군사력 아닌 대화로 나라를 지킨다'고 선언했다. 김정은과 정상회담 쇼에만 매달려 왔다. 갈수록 정밀화·고도화되는 북한의 핵무기·미사일 역량 앞에 안보 역량을 스스로 포기해버렸다. 급기야 김정은은 2022년 4월 27일 "북한 체제유지에 위협이 될 만한 모든 행위가 핵무기 사용 대상이 될 수 있다"며 한국을 겨냥한 핵사용 공갈에 나섰다.

문재인 민주당 5년을 요약하면 반反헌법·반자유·반민주·반문명·반시장·반기업, 곧 반反교회이다. 자유민주주의에 대한 질식이자, 북한과 중국을 닮은 감시와 통제 사회를 여는 방아쇠, 트리거를 당겼다. 이 폭압의 칼끝은 종교의 자유, 신앙의 자유를 향한다. 곧 교회의 해체다. 그럼에도 많은 기독교인들이 이런 악취 나는 권력을 맹목적으로 지지한다. 어이없는 일이다.

하만이 장대에 달리는 기적은 유대인 멸절의 위기 앞에 모든 유대인이 금식하며 기도할 때 이뤄졌다. 교회마저 자유를 억누르는 이런 폭정을 지지하고 또 대부분의 교회마저 기도하지 않는다면, 결국 한국은 중국을 넘어 북한의 길을 걸어야 할지 모른다.

"내 형제들아 너희 중에 미혹되어 진리를 떠난 자를 누가 돌아서게 하면 너희가 알 것은 죄인을 미혹된 길에서 돌아서게 하는 자가 그의 영혼을 사망에서 구원할 것이며 허다한 죄를 덮을 것임이라"야고보서 5:19-20

하나님. 먼저 한국 교회, 그리스도인들이 미혹에서 벗어나게 하옵소서.

지역감정으로, 민족 정서로, 목회자들의 눈과 귀를 가리고 있는 미혹의 미늘이 예수 그리스도 이름으로 벗어지게 하옵소서. 교회들이 하나님의 몸 된 교회를 지키고 나라와 민족을 지키기 위해 부르짖게 하옵소서. 불 속에서라도 진정한 하나님의 교회가 일어서게 하옵소서.

그녀가 죽을 때까지 목을 잘랐다

한국의 독특한 운동권 집단인 주사파는 일조일석에 나온 건 아니다. 조선왕조 500년 어두운 뿌리가 있었다. 그 시대의 허탄한 저주 중 하나는 끝도 없던 당쟁黨爭이었다. 시기·질투·원망, 남 잘 되는 꼴 못 보는 집단적 죄성은 위선적 명분론 아래 창궐했다. 조선왕조실록을 보면, 500년 간 역모逆謀와 고변告變만 천 번이 넘었다. '하지도 않은 반역을 했다'고 날조해 반대파를 모함해 죽였다. 일상이 그랬다. 17세기 효종 사후에는 조대비장렬왕후·莊烈王后 상복을 1년을 입을지 3년을 입을지 여부로 갈라져 무려 16년을 싸웠다! 3년만 싸워도 되었던 것 아닌가? 역사는 이것을 서인과 남인 사이 1·2차 예송논쟁으로 기록한다.

당시의 형벌은 가혹했다. 죄인의 오장육부가 있는 등을 치는 태배형笞背刑, 몸을 마구 치는 난장亂杖, 무릎뼈를 바스러뜨리는 압슬壓膝, 쇠막대기를 달

귀서 발가락 사이 넣는 포락炮烙. 곤장으로 정강이뼈를 치거나 볼기 가죽을 벗기거나 급소를 치거나 잿물을 콧구멍에 부어 넣는 형벌도 있었다. 청나라 사신도 조선에 와 잔인한 형벌을 질타했다는 기록이 나온다. 서양인 눈으로는 더욱 그랬다.

17세기 네덜란드 출신 하멜1653~1666 조선 체류은 자신의 책에서 이렇게 적고 있다. "한 여인이 남편을 죽였다. 관아에서는 이 여인을 사람들이 지나다니는 한길 가에다가 어깨까지 파묻었다. 그 여자 옆에는 나무 톱을 놓아두었는데 이곳을 지나다니는 사람들은 양반을 제외하고 누구나 그 톱으로 한 번씩 그녀가 죽을 때까지 목을 잘라야 한다." 헨드릭 하멜《하멜표류기》중

인권은 서구적 개념, 좀 더 정확히 말하면 성경적 가치다. 신을 닮아 창조된 인간은 존엄과 가치를 누린다. 예수 그리스도께서 주시는 부흥revival이 없다면 '인간을 귀하게 여긴다'고 입술로 고백은 하지만, 말로만 그친다. 자신의 정욕을 채우는 데 방해가 된다면, 적으로 만들어 제거해 버린다. 인민의 적, 민중의 적, 적폐로 청산해 버린다. 언제나 그랬다.

마르크스가 정리한 공산주의는 이 증오의 논리를 더욱 정교한 형태로 바꿨다. 복음이 빗겨간 조선의 저주도 공산주의와 엉기며 더 악랄한 모습을 취했다. 김일성은 6·25전쟁 당시 수많은 가련한 인생을 죽음으로 내몰았다. 이른바 인민군 점령 당시 인민재판은 5천 년 역사에 없었던 학살극이었다. 좌익들은 주민들의 손을 만져보고 굳은살이 없으면 착취자 부르주아라며 대나무 창으로 살인했다.

김일성은 아들 김정일과 김정은에 이르며 정치범수용소에서 100만 명 이상을 죽였고, 90년 대 중·후반 적대계층에 배급을 중단해 300만 명을 굶

겨죽였다. 조선조 봉건적 인습과 공산주의를 섞어 만든 죽음의 비수를 민족의 심장에 찔렀다.

이재수·변창훈·조진래 사라진 이름들

지난 5년 문재인 시대도 사망의 악취가 독하다. 많은 이들이 죽었고 억울한 이들도 많았다. 2017년 12월 2일 소위 적폐 청산 수사 과정에서 변창훈 검사가 스스로 목숨을 끊었다. 국정원 파견 검사로 '현안 태스크포스 TF'에서 법률 보좌관으로 근무했던 인물이다. 혐의는 국정원 댓글사건 수사방해 혐의였다. 바로 일주일 전에는 변 검사와 함께 일한 정모 변호사가 검찰 조사를 앞두고 스스로 목숨을 끊었다.

2018년 12월 7일, 역시 검찰 수사를 받던 이재수 전 국군기무사령관이 투신자살했다. 그는 기무사령관 재직 중 세월호 유족을 불법 사찰한 혐의를 받았다. 유서에는 "세월호 사고 시 기무사와 기무부대원들은 정말 헌신적으로 최선을 다했다. 5년 전에 했던 일을 사찰로 단죄하는 게 안타깝다."라는 말을 남겼다.

2019년 5월 25일, 홍준표 전 경남지사의 측근인 조진래 전 의원이 목숨을 끊었다. 이들의 죽음은 모두 공통점이 있다. 적폐청산 과정에서 1년 넘게 검찰과 경찰의 수사, 소환, 재수사, 재소환. 소위 언론의 취재를 가장한 과장된 음해와 조작에 가까운 비방, 미확인 의혹을 사실로 전제한 여론몰이가 가해졌다. 나라 위해 일해 온 긍지 높은 이들이라면 더욱 견디기 어려운 마녀사냥이었다.

이재수 장군의 죽음은 2018년 7월 23일 노회찬 의원의 자살과 비교되곤 한다. 노 의원은 드루킹 일당의 뇌물을 받은 혐의를 받았다. 유서에는

"2016년 3월 두 차례에 걸쳐 모두 4천 만 원을 받았다."고 적었다. 끔찍한 것은 우파의 자살과 좌파의 자살에 대한 인터넷 반응이다. 노 의원 기사에는 "지켜드리지 못해 죄송하다."는 댓글이 주를 이뤘다. 이재수 장군 등의 기사에 달렸던 고인故人에 대한 원색적 비난과 대비되었다.

문재인 정권 5년 간 의문의 죽음이 끊이지 않았다. 2021년 12월에는 대장동 사건의 핵심적 인물인 유한기 전 성남도시개발공사 개발사업본부장이 극단적 선택을 했다. 그는 '시장님의 명命'이라며 황무성 전 성남도시개발공사 사장을 14번이나 찾아가 사표를 받아낸 인물이다.

그보다 두 달 전인 같은 해 10월, 이재명 전 경기도 지사는 대장동 사건의 주범인 유동규가 "체포 당시 자살한다고 약을 먹었다."고 말했다. 유동규는 유한기와 함께 소위 대장동 사건의 '윗선' 실체를 알고 있는 핵심 인물이었다. 핵심 두 명이 극단적 선택을 했거나 시도한 셈이다.

대장동 게이트뿐이 아니다. 문재인 정권 5년 동안 권력형 비리와 극단적 선택의 악순환이 되풀이되었다. 주요 사건만 인용하면 이러하다. (ⅰ) 조국 사건 : 사모펀드 대출 알선 혐의 상상인저축은행 피의자 의문사 : 조국 사모펀드 운용에 가담한 수사 주요 참고인 모텔에서 자살 (ⅱ) 울산시장 부정선거 사건 : 청와대 민정수석실 소속 검찰 출신 행정관 숨진 채 발견 (ⅲ) 옵티머스 사건 : 펀드에 연루되어 수사받던 이낙연 당 대표실 부실장 자살 (ⅳ) 정의기억연대 윤미향 사건 : 위안부 쉼터 '평화의우리집' 손모 소장 자택서 숨진 채 발견 / 윤미향 재판 담당 이모 부장 판사 식당 화장실에서 의식 잃고 쓰러져 의문사 (ⅴ) LH 부동산투기·사건 : LH 경기본부장 투신자살.

소위 적폐청산은 조선조 난장亂杖처럼 억울한 이들을 사지로 몰았다. 부패 사건 뒤 실체적 진실은 온데 간데 없고, 주요 인물의 주검만 남았다.

"도둑이 오는 것은 도둑질하고 죽이고 멸망시키려는 것뿐이요 내가 온 것은 양으로 생명을 얻게 하고 더 풍성히 얻게 하려는 것이라"요한복음 10:10. 사단과 그에 부림 받는 귀신들이 하는 일이라곤 도둑질하고 죽이고 멸망시키는 것뿐이다. 정욕과 탐심, 이 땅과 육의 것만 탐내는 사신邪神들은 정의를 팔면서 인간을 도구로 삼는다.

생명의 영이신 하나님은 우리를 살리고 구하는 분이다. 마지막 때 하나님께 쓰임 받을 부르심이 있는 대한민국의 정치권에 생명이 아닌 죽음이, 지옥의 영들이 들끓는다. 정치권은 불결한 곳이나, 건국과 근대화, 국가적 부흥의 때엔 이 음녀의 소굴도 선한 자, 의인이 있었다. 미국도 그랬고 부흥의 봄비를 맞았던 나라는 그랬다.

구하자. 두드리자. 찾아내야 한다. 만군의 여호와께서 거룩한 이들을 일으켜 마지막 때 민족적 부르심을 이뤄주실 수 있도록 부르짖자.

"그들이 모여 의인의 영혼을 치려 하며 무죄한 자를 정죄하여 피를 흘리려 하나 여호와는 나의 요새이시요 나의 하나님은 내가 피할 반석이시라 그들의 죄악을 그들에게로 되돌리시며 그들의 악으로 말미암아 그들을 끊으시리니 여호와 우리 하나님이 그들을 끊으시리로다"시편 93:21-23

압살롬의 길을 가는 민주화 세대

탐욕에 가득 찬 것은 세상 권력만 그런 게 아니다. 그들을 욕하며 등장한 이른바 운동권 출신의 생각과 마음을 잡고 있는 것도 음란이다. 이 땅에 대한 욕망, 정욕, 탐심이다. 정의·공정·평등·평화·인권은 앞에 내건 간판, 정크푸드junk food를 감싸는 포장지일 뿐이다. '정의正義'를 팔려면 기존의 것들은 모두 '불의不義한 것'임을 강변해야 한다. 아버지 세대의 부정否定.

그 첫 번째는 이승만의 건국建國과 박정희의 부국富國에 대한 훼손이다.

파더리스fatherless, 아비없음, 다윗을 반역한 압살롬 세대가 휘두르는 '전가의 보도傳家의 寶刀'는 반일反日, 한국인의 한恨의 정서다. 대중의 마음속 잠재된 집단적 상처를 들쑤셔 권력의 단물을 뽑는다. 소위 좌파는 아직도 친일잔재 청산을 절박한 국가적 과제로 꼽는다. 문재인은 2019년 3월 1일 "친일잔재 청산은 너무나 오래 미뤄둔 숙제"라며 "잘못된 과거를 성찰할 때 우리는 함께 미래를 향해 갈 수 있다"고 주장했다.

오래 미뤄둔 숙제인 친일잔재 청산을 한다는 것은 무엇을 뜻하나? 남아 있는 보수 잔당의 청산을 말하나? 대한민국의 티끌에 대해선 현미경을 들이대고 북한의 절대적 악에 대해 눈을 감는 문재인식 외눈박이 역사관은 사실이 아니다. 왜곡이다. 놓치지 말아야 할 포인트가 있다. 대한민국을 '잘못 태어난 나라'로 모는 왜곡 뒤엔 맘몬과 함께 김일성이 있다. 요컨대 소위 운동권 권력의 배후엔 패역한 압살롬의 영靈과 김일성 망령亡靈이 혼재되어있다.

반일 문제를 앞장서 제기해 온 민족문제연구소라는 곳이 있다. 이 연구소 소장 임헌영은 '친일청산이 현재 대한민국 모든 문제의 근본해법'이라고 말한다2021년 11월 8일 라디오인터뷰 중. '북한해방이 현재 대한민국 모든 문제 근본 해법'이라는 나의 말과 정확하게 상치된다.

임헌영 같은 이는 그저 진보연然하는 풋내기 운동권과 결이 다르다. 그는 1979년 적발된 공안사건 '남조선민족해방전선'남민전사건에 연루되었다. 대검찰청 공안부가 1981년 10월 20일 발간한 《좌익사건실록》중 제12권에 이 남민전 사건에 대한 자세한 기록이 나온다. 과거 필자가 국회도서관에서 복사해 온 숱한 자료 중 하나가 이런 실록들이었다. 남민전 사건의 특징은 82년 서울대에서 주사파가 만들어지기 전 이미 주체사상을 추종한 점이다.

남민전은 김일성에게 바치는 서신과 보고문도 수차례 작성했다. 1977년 9월, 당시 이 초안을 작성한 인물이 바로 임헌영이다. 초안은 "남조선 인민들이 자신의 손으로 혁명을 완수하기 위하여 지식인, 학생노동자 등 광범위한 각계각층의 세력이 모여 민족해방전선을 결성했다"며 "사회주의국가 건설을 지향하는 이 투쟁을 당의 이름으로 굳게 유대 맺어줄 것을 당부한다"고 나온다.

여기서 당은 당연히 북한 조선로동당이다. 남민전 조직원들은 임헌영 초안을 기초로 10여 페이지에 달하는 서신을 만든다. 요지는 대한민국 역대 정권이 "괴뢰 내지 팟쇼 정권"이며 현재 미美제국주의에 의한 식민지 상태인 남한을 북한의 수령 김일성이 해방시켜야 한다는 것이다. 많이 들어본 논리 아닌가? 소위 친일세력이 미제국주의 힘을 빌려 만든 정통성 없는 체제가 대한민국이라는 것이다.

정신 차려야 한다. 반일反日은 단순한 감정이 아니다. 이데올로기다. 평양에 뿌리박은 독한 이념이다. 이 남민전 서신은 "피로 물들인 투쟁 속에서 자라온 남조선 혁명가들은 평양으로부터 울려오는 주체사상 강의에서 혁명이론을 배우고 각계각층 대중과 손을 잡고 싸우는 마당에 대중공작과 지도의 실천을 익히고 있다"고 적는다.

또 "조선에서 외래 제국주의자와 그들의 앞잡이를 쓸어버리고 남조선 인민들을 착취와 억압에서 해방하고 강산을 뒤흔드는 만세의 함성과 함께 경애하는 수령 김일성 원수님께옵서 인도하는 조선민주주의 인민공화국의 품 안으로 안기는 영광스러운 조국통일의 그날을 앞당기기 위하여 목숨을 걸고 투쟁하고 있다."고 주장한다.

이 편지는 "위대한 수령 김일성 원수님 만세! 조선노동당 만세! 조선민주주의 인민공화국 만세!"라는 내용으로 끝을 맺는다. 기도해야 한다. 거짓이 한반도의 북쪽과 함께 남쪽을 지배하는 그 날이 오면 분명한 것은 한국의 교회 또한 북한을 닮아 철저하게 무너지게 될 것이다. 예수 그리스도 이름으로 명하노니 역사를 날조해 대한민국을 지배하려는 모든 어둠과 흑암이 예수 그리스도 이름으로 깨어질지어다.

"거짓 증인은 패망하려니와 확실히 들은 사람의 말은 힘이 있느니라 악인은 자기의 얼굴을 굳게 하나 정직한 자는 자기의 행위를 삼가느니라 지혜로도 못하고, 명철로도 못하고 모략으로도 여호와를 당하지 못하느니라 싸울 날을 위하여 마병을 예비하거니와 이김은 여호와께 있느니라"잠언 21:28-31

이병헌·유지태·조승우의 나쁜 배역

"과거를 지배하는 자가 미래를 지배한다. 현재를 지배하는 자가 과거를 지배한다."

조지 오웰의 《1984》에서 오세아니아 진실부眞實部, Ministry of Truth 기록관리원 윈스턴Winston이 고문을 당하며 되뇌인 구호다. 남한의 자칭 진보는 과거의 '불의'를 교정해 미래의 '정의'를 실현할 것이라 말한다. 그렇게 '역사의 심판자' 자리에 오르려 한다. 이들에게 대한민국은 친일파가 세운 태어나지 말았어야 할 나라다. 인민공화국은 항일투사가 세운 가난한 주체의 나라다.

영적인 눈이 멀어 버린 불결한 자들은 우선 과거의 인물을 재해석한다.

항일抗日의 잣대에 이념을 덧입혀 사회주의자들에게 호감을 비친다. 문재인이 집권 기간 높이고 기렸던 김원봉, 홍범도 같은 이들은 독립운동의 업적 이전 사회주의 계열이란 공통점을 갖는다. 그가 일제에 목숨 바쳐 맞섰던 이상재, 조만식, 주기철, 박관준 같은 이들을 평가한 것을 들어본 적이 없다.

가령 문재인은 2019년 6월 6일 현충일 추념식에서 의열단을 이끌었던 김원봉을 지칭하며 "조선의용대가 편입되어 마침내 민족의 독립운동 역량을 집결했다. 광복 후 대한민국 국군 창설의 뿌리가 되었다"고 평가했다. 김원봉은 최근 미디어에서도 전설적 영웅인 양 분석되는 인물이다. 1,000만 관객을 동원했던 영화 '암살'에서 조승우가 김원봉을 연기했다. 짧은 등장이지만 강렬한 인상을 남겼다.

2019년 5월 방송된 MBC드라마 '이몽'에서는 유지태가 김원봉으로 분해 활약했다. 소개 글에는 '불같은 가슴과 불같은 행동력을 가졌던 행동주의 독립운동을 주장하는 캐릭터'로 소개되었다. 또 다른 영화 '밀정'에서도 배우 이병헌이 연기한 캐릭터 정채산이 김원봉을 모티브로 했다는 사실이 알려졌다.

문재인은 2015년 영화 '암살'을 관람한 뒤에도 "약산 김원봉 선생에게 마음속으로나마 최고급 독립 유공자 훈장을 달아드리고 술 한 잔 바치고 싶다"고 했다. 숱한 독립운동의 거목들을 제쳐놓고 김원봉을 기렸다. 고약한 일이다. 역사적 진실은 이렇다. 김원봉은 광복 이후 북한에 넘어가 김일성 밑에서 일했고 6·25 남침에 함께 했다.

팩트는 명확하다. 그런데도 좌익의 김원봉 옹호 논리는 대체로 이렇다. 1948년 월북한 이유는 해방 직후 귀국한 남한 땅에서 친일 경찰 노덕술에 체포되는 등 수모를 겪었기 때문이란 변명이다. 노덕술은 일제시대 친일경찰로 악명이 높았는데, 광복 이후 다시 경찰이 되어 친일파 청산을 외치는 김원봉을 체포하고 고문했다는 주장이다.2019. 3. 27 한겨레 인용

코웃음 칠 일이다. 김원봉 월북은 대한민국 정부 수립 전인 1948년 4월의 일이다. 당시는 미군정 치하였다. 친일청산을 할 공권력도, 이를 막을 공권력도 제대로 없던 사실상 무정부 시대다. 미군정 아래 경찰이 있기는 했지만, 공산당 계열의 암살과 테러를 막는데 급급했다. 조선 정판사 위조지폐사건, 9월 총파업 사건, 대구 10월 폭동사건, 여순반란사건 등 공산폭동은 끊이지 않았다. 정부가 없으니 친일청산을 하자고 요구할 대상도 없었고, 그런 김원봉을 핍박할 주체도 없었다. 그런데 친일경찰에 체포되어 수모를 겪어 월북을 했다고? 거짓 점괘를 들고 부채를 흔드는 꼴이다.

김원봉은 정부 수립을 위한 1948년 5·10선거가 확실시되자, 말 그대로 북으로 뛰었다. 북한 최고인민회의 제1기 대의원을 시작으로 북한 정권수립에 자발적이고 적극적으로 참여했다. 2년 뒤엔 김일성과 6·25 남침에 함께 했다. 이때의 공로로 '조국해방전쟁6·25에서 공훈을 세운 정권기관 지도일꾼'이라며 김일성에게 노력훈장까지 받았다. 전쟁이 끝난 뒤에도 김일성대학 초대 총장을 지냈다. 1956년 소위 '8월 종파사건'으로 숙청될 때까지 승승장구했다. 김원봉은 민족 분단, 남침, 학살에 가담한 전범戰犯이자 학살자다.

문재인은 이런 자에게 "술 한 잔 바친다"며 심지어 "국군 창설의 뿌리"로 추켜세웠다. 그가 말하는 국군의 국가는 도대체 어디일까? 문재인은 2019년 3·1절 기념사에서도 "'빨갱이'는 일제가 모든 독립운동가를 낙인찍는 말이었고 지금도 정치적 경쟁 세력을 비방하고 공격하는 도구로 사용

되고 있다"고 격분했다. 모든 독립운동가를 빨갱이로 낙인찍었다니? 새빨간 거짓말! 김구의 '백범일지'를 보았는가? 많은 부분 임시정부를 공격하는 빨갱이에 대한 비판이다. 백범마저 가장 격렬하게 싸웠던 대상이 문재인이 말한 빨갱이였다! 주여. 거짓 입술로 벙어리가 되게 하소서!

"여호와께서 이와 같이 말씀하시되 유다의 서너 가지 죄로 말미암아 내가 그 벌을 돌이키지 아니하리니 이는 그들이 여호와의 율법을 멸시하며 그 율례를 지키지 아니하고 그의 조상들이 따라가던 거짓 것에 미혹되었음이라"아모스 2:4

독립군 살해에 연루된 공산당원 홍 장군

문재인의 홍범도 장군 숭앙崇仰 역시 같은 흐름이다. 홍범도 장군 유해는 2021년 8월 18일 국립현충원에 정식 안장됐고 문재인은 그에게 건국훈장 1등급 '대한민국장'을 수여했다. 당시 문재인은 "장군의 불굴의 무장투쟁은 강한 국방력의 뿌리가 되었다"며 "장군을 이곳에 모시며, 선열들이 꿈꾸던 대한민국을 향해 끊임없이 전진할 것을 다시 한 번 다짐한다"고 열변을 토했다.

문화권력 자체가 왼쪽으로 기울어진 상황이니 홍범도에 대한 비판적 고찰은 쉬운 일이 아니다. 박근혜 정부 시절인 2016년 4월에도 홍범도를 추모하며 1,800톤급 잠수함 '홍범도 함'을 진수하기도 했다.

역사적 진실은 이렇다. 우선 홍범도 장군이 일제시대 만주 대한독립군 총사령관으로서 1920년 '봉오동 전투'를 승리로 이끈 장본인인 것은 사실이다. '청산리 전투'에서도 제1연대장으로 활약했다. 하지만 홍범도의 실체는 1920년 '봉오동 전투' 다음 해의 '자유시 참변'에서 드러났다.

자유시 참변은 1921년 6월 28일 소련 스보보드니자유시에서 소련 공산당인 적군赤軍이 한국 독립군을 포위해 학살한 사건이다. 당시 홍범도를 비롯한 한인 독립군은 한인사회당 이동휘의 선전·유도에 따라 자유시에 집결해 있었다. 모인 수는 4,500여명. 이동휘는 잘 알려진 것처럼 대한민국 임시정부를 집요하게 공산화하려 했던 인물이다.

이동휘는 소련으로부터 금화 100만 루블을 받았고 한인 무장독립군을 소련 적군赤軍에 편입시키려 작정한 상태였다. 금화 100만 루블이면 그 무렵 화폐가치로 1,200억 원에 해당하는 천문학적 액수였다.

당시 한국 독립군은 악랄한 음모를 까맣게 모르고 자유시에 집결해 있었고, 민족주의·공산주의·무정부주의 등 다양한 성향의 조직이 혼재되어 있었다. 이들 조직 중 상당수가 소련군 편입을 거부하면서 사달이 났다. 급기야 소련군은 1921년 6월 28일 기관총과 대포, 장갑차 등을 앞세워 무자비한 학살극을 시작했다.

좌익 이념은 피도, 눈물도 보이지 않는다. 홍범도는 소련군에 가세해서 독립군을 공격했다. 홍범도는 자신의 동료요, 동지요, 형제였던 용사들을 그렇게 색色스런 신당의 제물로 헌납해 버렸다. 당시 죽임당한 한국 독립군 숫자는 700~800여명. 자유시 참변 이후 항일 무장 독립군은 시베리아, 만주 등지로 흩어져 버렸고 항일 무장 독립운동 역시 막을 내린다.

홍범도의 이후 행적은 더욱 역겹다. 자유시 참변 이듬해인 1922년 소련 모스크바에서 제1회 극동 제諸민족대회극동인민대표대회가 열렸다. 온 세상을 공산화해 단일정부로 만들자는 취지였다. 홍범도는 한인 대표 56명 중 일원으로 선출되어 참석했다. 장세윤의《봉오동 청산리 전투의 영웅 홍범도의 독립전쟁》에 따르면, 홍범도는 레닌과 단독 면담을 가졌고 금화 100루블, 자신의 이름이 새겨진 권총을 선물로 받았다. 예수를 로마에 판 가롯 유다의 불결한 은화 30냥이었다.

언제나 그렇듯 공산주의자들은 달면 삼키고 쓰면 뱉는다. 소련 입장에선, 독립군 궤멸 이후 홍범도의 이용가치도 사라져 버렸다. 홍범도는 소련 공산당에 버림을 받는다. 홍범도와 생존자 2,000여 명은 적군에 흡수되어 뿔뿔이 흩어져 버렸다. 홍범도 역시 1923년 8월 시베리아 황무지의 집단농장으로 추방되었다. 1927년 소련공산당에 정식으로 입당했지만 다시 10년 뒤인 1937년 스탈린의 명령으로 중앙아시아로 추방되었다.

시베리아 지역을 여러 번 가본 적이 있다. 한인 디아스포라의 눈물이 곳곳에 배어 있는 땅이다. 1930년대 연해주 땅에서 중앙아시아로 강제 이주된 한인은 확인된 숫자만 17만 1,781명. '일제日帝와 내통할 우려가 있다'는 이유로 삶의 터전이 뿌리째 뽑혔다. 당시 강제이주 열차는 냉동고 같았다. 기차 안에서 얼어 죽고 굶어죽고 병 걸려 죽은 이들의 시체는 달리는 차 안에서 던져졌다. 그렇게 죽어간 아이들, 노인들, 여인과 장정의 숫자는 2만 5천명에 달했다고 전해진다.

소련군은 우수리스크와 블라디보스토크의 중간 길목에 위치한 라즈돌리노예 역驛에서 기차가 출발하기 직전 수천 명의 한인 지도자를 살해했다. 지금도 하바로프스크 시립공동묘지 내 '기억사원'에는 신원이 확인된 4,302명의 고려인을 추모하는 비석이 세워져 있다. 수년 전 러시아를 다시 찾았을 때에도, 이 허름한 러시아 기차역 앞에는 여전히 선조들의 세미한 신음 소리가 들리는 듯 했다.

불행 중 다행이었을까? 홍범도는 공산당원에다가 소련 협력자라 목숨을 건졌다. 그가 버려진 곳은 카자흐스탄의 시르다리야강 근처 사막지대였다.

1938년 무렵에는 남부의 한 도시 내 조선인 극장 수위장으로 임명되었고, 1943년 10월 광복을 2년 앞두고 사망했다. 한때는 굵었고 말년에 가늘어질 대로 가늘어진 삶이었다.

타인의 인생에 대한 평가는 조심스러울 수밖에 없다. 당시 소련 땅 연해주에서 살기 위해 공산당에 협력하고 목숨을 부지한 것에 대한 평가 역시 마찬가지다. 눈보라 몰아치는 혹독한 시베리아에서 화물열차를 타고 있을 노인 홍범도를 생각하면 짠해진다. 그러나 마찬가지의 연민은 일제시대 한반도, 살기 위해 저항치 못했던 수많은 조선인에게 적용될 수밖에 없다. 그러나 문재인 같은 비류非類는 공산당 계열엔 한없이 관대한 눈길을 보내고 자유를 위해 싸웠던 이들에 대해선 가혹한 심판의 칼날을 겨눈다.

목사님 아직도 신영복을 존경하시죠?

김원봉·홍범도와 함께 과거 문재인이 자주 언급했던 인물 중 하나가 신영복1941~2016이다. 허탄한 일이지만, 신영복은 한국 개신교 목사들 설교에도 자주 인용된다. 신념의 상징인 양, 또는 깨어있는 지식인의 표본인 양, 대형교회 목회자들 설교까지 심심찮게 등장한다.

물론 이렇게 된 배경엔 운동권 세력의 집요한 선동이 있다. 문재인이 2012년 대선에서 선거 슬로건으로 사용한 '사람이 먼저다'의 서화는 신영복의 작품이다. 더불어민주당의 당명은 신영복의 글 '더불어 숲'에서 따왔다. 문재인은 2018년 2월 9일 김영남이 참석했던 '올림픽 개회식 사전 리셉션 환영사'에서 신영복을 "존경하는 한국의 사상가"라 언급하며 신영복의 글을 인용해 연설했다.

신영복을 존경하고 문재인을 두둔하는 대형교회 목사님들 입장에서는 서

운할지 모른다. 그러나 신영복은 간첩間諜 출신이다. 그는 육군사관학교 교관으로 근무하던 1968년 통일혁명당이하 통혁당 사건에 연루되어 무기징역을 선고받았다. 통혁당은 북한 노동당의 지하당, 평양의 지령과 자금을 받아 움직였다. 신영복은 1988년 전향서를 쓰고 수감생활 20년 만에 가석방되어 성공회대학교 교수로 재직했다. 출소 후에도 사상이 바뀐 흔적은 보이지 않는다.

1998년 8월 《월간 말》과의 인터뷰에서는 "사상을 바꾼다거나 그런 문제는 아니고 밖에서 사회활동을 하는 가족들이 좋겠다고 권해서 한 것"이라며 사상전향 자체를 부인했다. 2003년 인문교양계간지 《황해문화》를 보면, 신영복은 북한 체제를 옹호하고 한국을 비난한다. "북한의 경우에는 주체성을 강화했고", "남한의 경우는 개방을 통해서 문화적, 물질적으로 성장한 반면에 민족의 주체성을 잃고 종속화되어 있다"라는 것이다.

자본주의를 비판하고 사회주의를 옹호하는 발언들은 출소 후에도 계속되었다. "사회주의의 긍정성에 대한 많은 사람들의 공감이 있는 한 그 장점은 역사 속에서 계속 살아남을 것입니다. 새로운 조건에서 새로운 시도가 필요합니다... 역사적으로 사회주의적 이념은 자본주의를 수정해 내고 규제해내는 역할을 훌륭하게 해냈습니다... 성장에 대한 어떤 환상, 이것이 바로 자본의 이데올로기입니다."신영복, 1996년 8월 《월간 말》인터뷰 중

1993년 5월 《월간 길》과의 인터뷰에서는 혁명투쟁을 선동하는 듯한 표현도 나온다. "교도소에 들어가서 일제하, 만주 팔로군, 대구 10·1사건, 구빨치산·신빨치산… 그분들을 만나면서 단순히 역사로서 이해하던 해방 전후의 정치 상황을 피가 통하고 살이 통하는 것으로 이해하게 되었습니다. 나로서는 감동적인 경험이었지요.···그런 힘들이 우리 사회의 저변에 잠재

해 있습니다. 그렇기 때문에 패배는 없고 언제나 승리라는 말이 있는 거지요. 혁명세력이 집권하지 못했다고 해서 프랑스혁명은 실패했다고 한다든지, 관군에게 패배했다고 동학혁명이 실패했다고 하는 말이 어리석은 이유가 여기에 있다고 봅니다."

신영복은 죽는 날까지 혁명세력의 집권을 꿈꿨을 것이다. 하지만 만주 팔로군, 구빨치산·신빨치산 등이 꾀했던 혁명은 그저 한반도 공산화 혁명일 뿐이다. 그럼에도 알만한 목회자 가운데 이런 인물을 사숙私淑하는 이들이 여전히 적지 않다. 굳이 진보·좌파로 부르기도 어려운 자칭 보수·우파 중에도 그렇다. 단순한 무지로 보기 어려운 영적인 미혹의 판이다.

북한이 끝까지 집착한 남한의 어느 혁명가

신영복은 북한이 집요하게 데려가려 했던 인물이기도 하다. 2016년 외교부가 비밀해제한 '베트남 억류공관원 석방교섭 회담뉴델리 3자회담'이라는 제목의 외교문서가 있다. 1978년 12월 인도 뉴델리에서 열린 3자회담 내용을 담은 것이다. 당시 북한 측 대표단 표현에 따르면, "이 회담은 남선南鮮·남조선의 약자 혁명가와 월남에 억류되어 있는 남선 인원과의 교환을 위한 것"이었다.

문제의 외교문서에는 북한이 남한의 한 혁명가를 애타게 데려가고 싶어 했다는 내용이 나온다. 당시 조선일보 보도에 따르면, 그 혁명가가 바로 신영복이었다. 좀 더 설명하면 이렇다. 남南베트남이 패망한 1975년 4월 30일 우리 외교관 9명도 공산화된 베트남에 억류되었다. 결국 1978년 인도 뉴델리에서 '베트남 억류 공관원 석방 교섭을 위한 뉴델리 3자회담'이 극비리 열렸다. 한국과 북한, 북베트남 공산정부의 3자 비밀협상이었지만, 사실상 한국과 북한의 양자兩者 대화로 진행되었다.

헌데 북한은 한국 외교관 9명 인도의 대가로 통혁당 관련자 3명 등 남한 내 지하당 사건에 연루된 이들을 인도해달라고 생떼를 부렸다. 우리 측은 '자국민 북송은 안 된다'는 원칙 아래 남한 출신 복역자 송환을 거부했다. 대신 북한 출신 간첩 및 재일교포 출신 간첩의 명단을 제시했다. 하지만 당황스런 일이 벌어졌다. 북한은 이런 한국 요구를 무시한 채 남한 출신 복역자 인도만을 끈질기게 고집했다. 이는 김일성이 남파간첩보다 남한 내 김일성추종자들을 더 소중하게 여기고 있었다는 뜻이었다.

당시 북한이 끝까지 송환을 요구한 남한출신 11명 중 한 명이 신영복이다. 이것은 남한 내 지하당 입당자에 대한 북한의 특별한 관심을 보여주는 대목이기도 하다.

도서관에서 신영복의 책을 읽으려 한 적이 여러 번 있다. 마음이 불편해 끝까지 책장을 넘기지 못했다. 대한민국에 대한 뿌리 깊은 반감도 그렇지만, 예수 없는 인본주의, 세상 냄새가 강렬해 흥미를 느낄 수 없었다. 목사들 중에 신영복을 존경한다고 말하거나 설교 시간에 인용하는 이들을 보면 의아해진다. 세상을 보는 영안이 가려진 그리스도인들이 그만큼 많다는 뜻일 것이다.

경건해 보여도 세상 얘기만 나오면 눈빛이 바뀌는 사람들. 정의·평등·평화·인권을 앞세워 실은 마르크시즘이나 네오 마르크시즘, 또는 가장 악질적 형태의 사회주의인 주체사상에 경도된 목회자들이 많은 시대다. 이데올로기. 자기 의를 위해 하나님을 도용하는 인간의 고질적 죄악이 넘치는 때이다.

하나님을 대적하여 높아진 견고한 '이론'은 언제나 선善을 가장한 위선僞善, 설익은 정의를 앞세워 인간을 죽음으로 내몰았다. 정욕에 굶주린 교만한 자들은 비린내 나는 주검들 앞에서 겸손해지지 않는다. 역사 속 하나님의 기이한 행적을 지우며 오늘도 왜곡을 서슴지 않는다. 내일의 권세를 탐하는 탓이다. 뒤틀어지는 작금의 대한민국 역사가 하나님의 시각에서 온전히 다시 세워질 수 있기를 기도한다.

"우리가 육체에 있어 행하나 육체대로 싸우지 아니하노니 우리의 싸우는 병기는 육체에 속한 것이 아니요 오직 하나님 앞에서 견고한 진을 파하는 강력이라 모든 이론을 파하며 하나님 아는 것을 대적하여 높아진 것을 다 파하고 모든 생각을 사로잡아 그리스도에게 복종케 하니 너희의 복종이 온전히 될 때에 모든 복종치 않는 것을 벌하려고 예비하는 중에 있노라"고린도후서 10:4-6

하나님. 저희 안에 강력으로 임하신 하나님의 말씀으로 하나님 앞에 견고한 진, 모든 이론, 하나님 아는 것을 대적하여 높아진 것을 다 파하여 주옵소서. 온갖 인본주의 이데올로기, 거짓과 위선에 터 잡은 어둠의 영들이 예수 그리스도 이름으로 깨어지게 하시어 모든 생각이 그리스도에게 복종케 된 이들, 예수의 제자들이 일어나게 하옵소서. 그렇게 하나님의 선하고 기쁘고 온전하신 뜻을 이루는 자들이 저희가 되게 하옵소서.

목사 좌경화 교회 좌경화의 현실

이념은 결국 마음의 문제다. 상처와 쓴 뿌리, 절망감·상실감·원통함, 해결되지 않은 숱한 마음의 질병은 세상을 보는 시선을 뒤틀어 버린다. 감사와 희락, 기쁨 대신 미움, 증오, 분노는 이 세상, 이 나라가 소위 모순에 가득 차 있다는 확신을 갖게 만든다. 나아가 이런 세상을 이끄는 가진 자, 있는 자, 형통한 자를 없애는 것이 정의라는 결론을 내리게 만든다. 유복한 삶을 누리게 된 뒤에도 재벌, 극우, 적폐 그리고 친일파 등 가상의 적들을 소위 '절대 악惡'으로 만든다. 사회주의는 이런 심장병 환자의 수요에 맞춤형 논리를 제공해준다. 증오의 철학인 탓이다.

기독교인과 목회자 중에도 이른바 진보·좌파 성향이 의외로 많은 것은 이 때문이다. 도덕적 자부심, 영적인 허영심. 자신을 세상과 다른 순결한 자로 여기는 종교인들은 돈과 권력, 힘 있는 자들에 대한 본능적 경멸감을 갖고 있다. 세상 살며 받은 상처가 클수록, 더 많이 갖고 더 많이 누리는 자들을 깔보는 마음이 시기와 질투를 넘어 분노와 증오로 쌓여 있곤 한다.

이런 그리스도인들에게 필요한 것은 사회적 정의의 실천이 아니다. 회개悔改다. 하나님을 사랑하지 못하고 이웃들을 사랑하지 못하게 하는 내 안의 죄를 버리는 것이다. 정작 죽여야 할 것은 미움·증오·분노, 절망감·상실감·원통함, 교만한 목이다. 거만하며 삐죽대는 입술이다. 그러나 진정한 회개가 없으니 천국은 임하지 않는다.

하늘로 통하는 심령의 천국이 없으면, 인간은 지상의 천국을 꿈꾼다. 그를 위해 가진 자, 있는 자, 잘 풀린 인생에 대해 정의의 칼을 휘두른다. 선지자가 아니라 심판자가 되고 만다. 아무리 성경을 잘 알고, 신령해 보여도 사람과 세상을 볼 땐 왼쪽으로 치우쳐버린다.

사회주의·공산주의·민족주의 이데올로기는 나중에 들어간 논리다. 그들은 마음에 병이 들었다. 정의·공정·평등·평화·인권인 양 오진誤診되어 있지만, 실은 시기·질투·미움·증오·분노의 암이다. 영적인 나병에 걸린 이들의 눈에는 가련한 북한의 동족이 보이지 않는다. 열방의 족속과 이방 여러 민족의 탄식도 들리지 않는다. 개혁의 복면을 쓴 이기적 한恨 풀이만이 의미를 갖는다. 상처와 쓴 뿌리, 자신의 죄를 죄로 보지 않은 당연한 결과다.

우파나 보수는 병들지 않았다 말하는 게 아니다. 소위 혁명, 실은 파괴와 해체에 대한 반발로 2000년대 비로소 등장한 한국의 보수·우파는 구체적 이념, 틀을 갖춘 논리를 따르는 이들이 아니다. 스펙트럼도 다양하고 일반화하기도 어렵다. 그러나 이들도 미움·증오·분노에 잡혀 적대적 구호만 외치고 있다면 하나님의 기적은 영원히 이뤄질 수 없을 것이다. 죄와 피 흘리며 싸워 이긴 자들, 그들이 마귀를 대적해 이기는 하나님의 강력을 누린다.

다시 진보·좌파 목회자 문제로 돌아가 보자. 이들을 문제시하는 것은 집단적 세력을 이루는 탓이다. 그들을 잡고 있는 '견고한 진'이 개혁을 앞세워 실은 교회의 해체를 부르는 탓이다. 이들의 표면적 주장은 이렇다. "자본주의는 맘몬을 따르는 사악한 것이다. 그리스도인이라면 부익부, 빈익빈 불의하고 불평등한 세상을 정의롭게 만들려고 노력해야 한다. 진보 정치 세력은 부조리한 대한민국을 바로 세우려는 것이었다. 거친 방법을 쓰고는 있지만 목적은 공정과 평등과 평화다. 차별금지법 같은 것도 음란한 이 세태의 문제일 뿐 문재인과 민주당 탓으로 돌리긴 어렵다."

많은 그리스도인이나 목회자들의 생각이 그렇다. 세대가 젊을수록, 소위 지식인 기질이 강할수록 더욱 심하다. 선교단체나 신학교도 거기서 거기다. 별생각 없어 보이긴 하는데, 대화를 해보면, 실무자들은 자칭 진보인 경우가 태반이다. 이른바 '주의 종' 가운데 60세 이전 세대라면 자칭 진보가 다수를 차지할 것 같다는 느낌도 받는다.

본인들은 아니라고 손사래 친다. 정치에 관심 없는 '복음적' 시각 또는 '중도적' 입장일 뿐이라고 강변한다. 그러나 그들은 언제나 미디어의 좌파적 선동에 넘어갈 준비가 되어 있다. 촛불시위가 터지면 기다렸다는 듯 아이들 손목을 잡아끈 채 광화문을 찾는다. 정치적 유행을 따르며 이 세대를 본받기 바쁘다.

한국의 모습은 한국 교회의 모습, 한국 목회자의 모습이다. 한국 목사의 좌경화, 한국 교회의 좌경화, 실은 타락한 세상을 따르며 한국도 그렇게 흐르는 중이다.

붉은 용을 부르는 그람시의 후예들

한국의 상당수 목사가 집단적 죄악, 미움·증오·분노의 철학에 함몰된 이유는 세속화와 함께 80년대 이후 운동권 단체의 작정한 침투가 있다. 한국 교회가 풍요에 젖은 속물이 되면서 좌익혁명가들의 먹잇감이 되고 만 셈이다.

실제로 기독교계에는 잘 훈련된 사회주의자들이 스크럼을 짜고 있는 모습을 볼 때가 많다. 무슨 무슨 개혁, 무슨 무슨 윤리, 무슨 무슨 복음 등의 간판을 건 단체들이 한두 군데가 아니다.

정교분리政敎分離 논리에 함몰된 이들은 인정하기 싫겠지만 80년대 운동권은 안토니오 그람시1891~1937를 태두 삼아 기독교계에 조직적으로 파고들었다. '그람시' 하면 떠오르는 게 바로 '진지전' 개념이다. 힘이 약할 때는 진지에서 잠복하고 힘이 강해지면 진지를 나와 봉기하라는 논리다. 1980년대 운동권 그 중에서도 주사파는 이 진지전 이론을 잘 적용했다. 공안公安기능이 살아 있을 때니, 맹목적 궐기가 아니라 사회 각 영역에 소위 '투신投身'을 했다. 자기 생각을 숨기며 잠복해 세력을 키웠다. 하드파워가 아니라 소프트파워, 문화 권력을 먹어간 것이다.

주사파는 기회를 엿보다가 때가 왔다 싶으면 틈틈이 촛불을 들었다.

2002년 효순이·미선이 사건은 첫 번째 도화선 역할을 했다. 사회적 이슈가 있을 때마다 연합해서, 무슨 무슨 '범대위범국민대책위원회'를 구성했다. 합법과 반半합법, 비합법 투쟁을 번갈아 하면서 간헐적 궐기를 해왔다. 한국의 게으른 우파·보수가 조각난 분단의 평화에 젖어 있을 무렵, 마침내 주사파는 헤게모니 장악에 성공했다. 2016년 말 박근혜 탄핵은 결정적 계기가 되었다.

그람시는 자유진영의 반면교사다. 그는 1924년에서 1926년 사이에 이탈리아 공산당의 실권을 장악하게 되지만 결국 무솔리니에 의해 투옥되었다. 20년 형기 중 11년간 복역하던 중인 1937년에 옥사했다. 그람시 철학은 정통 마르크스주의자들의 관점에서 보면 수정주의 사상이다. 이 '수정'이 필요했던 것은 서구에서 자본주의의 발전이 마르크스의 예상과는 다른 방향으로 흘러갔기 때문이다.

서유럽 선진 자본주의는 마르크스의 생각보다 훨씬 유연했다. 혁명적 상황이 도래할 것으로 보이지 않으니, 한 번에 봉기해 단번에 승부를 내는 '기동전'에서 사회 모든 영역에 문화적 패권hegemony을 만드는 쪽으로 전략을 바꿔야한다는 것이다. 이른바 긴 호흡의 '진지전'. 한국의 운동권이 기동전에서 진지전으로 전략을 바꾼 배경이 이랬다. 환경이 바뀌니 전략을 바꿔야 할 필요가 생겨난 셈이다.

그람시 이론이 강력한 힘을 발휘한 곳은 이태리가 아니라 한반도였다. 80년대에 들어서자, 좌익들은 이전과 다른 형태로 꼴을 바꿨다. 주사파 등 운동권은 예전의 공산주의·사회주의·주체사상을 '그대로' 가지고 국가고시를 치렀다. 노동운동 현장으로 간 게 아니다. 그 사상과 이념을 가지고 사법시험 공부에 나섰다. 언론사, 학교, 대학에 자리를 잡았다. 평상시엔 교육하고 결정적 순간엔 혁명을 꿈꿨다. 마르크스·레닌 식 폭력혁명이 아닌 감성을 흔드는 촛불혁명을 고안했다. 총선과 대선 같은 민주적 절차는 촛불혁명의 민주적 외관일 뿐 이들이 싸우는 도구는 투표장 베일에 가려진 거짓과 선동이었다.

주사파 등 운동권에게 선거는 단순한 지도자 선출이 아니다. '체제'를 뒤집을 투쟁의 도구요 전쟁이다. 조작과 날조, 궤휼은 정당화된다. 죽느냐 사느냐 전쟁이니 당연한 것이다. 이들에게 1948년 건국된 대한민국이란 어차피 극복되어야 하는 가공可恐할 악이다. 기존의 법과 제도를 따라야 할 이유도 없다고 보았다. 이들이 원하는 것은 어차피 '대한민국 체제 내의 정의의 실현'이 아닌 '대한민국 체제 자체의 변혁'인 탓이다.

중요한 쟁점은 여기서부터다. 그람시는 서구 자본주의와 그 뒤의 기독교를 집요하게 공격했다. 자본주의 토대, 이 보이지 않는 무형의 정신적·문화적 요소를 깨야 한다고 말했다. 그리고 이것을 기독교로 통찰했다. 궐기하기 전에 먼저 잠복해서 교육하고 훈련하라! 정치, 사회, 문화, 예술, 언론, 교육 특히 종교 영역에 들어가 제자를 기르라 말했다. 3가지 장치 '학교', '언론'과 함께 '교회' 장악에 방점을 찍었다.

그람시가 기름 부은 어둠의 영감靈感은 1960년대 이후 서양에서 소위 네오 마르크시즘, 즉 문화마르크스주의Cultural Marxism라는 괴물을 출산했다. 사회주의 혁명의 완성을 위한 문화적 헤게모니 장악을 말하는 것이다. 실은 기독교 문명의 해체를 위한 음란한 '동성애' 혁명이었다. 목사와 신학자 명함을 박은 혁명가들은 교회 안에 든든한 진지를 만들어갔다. 기독교적 세계관을 뒤집고 그 안에 인본주의 이데올로기를 이식했다. 세상 끝의 조짐은 더욱 강렬해졌다.

네오 마르크시즘·문화마르크스주의가 한국에 건너올 때는 약간의 변형을 꾀했다. 유교적 전통이 견고한 한국에 '동성애' 이슈는 예리한 칼날이 될 수 없었다. 그 대신 잡은 것이 '통일'과 '평화'의 이슈다. 주사파 등 운동권은 이를 터 삼아 교회 안에 진지를 세웠다. 2000년대를 지날 무렵 한국 기독교계의 소위 북한선교 영역은 주사파 등 운동권의 놀이터가 되고 말았다. 교회는 인도주의를 한답시고 북한 체제 지원·정권 지원, 김씨 왕조의 보급 창고처럼 변해갔다. 북한선교가 오염되자 교회 전체도 급속도로 좌경화되어갔다.

말로는 복음통일 행동은 햇볕정책

영적으론 이해할 수 없는 현상이다. 좌경화된 그리스도인들은 부득부득 부정하지만, 공산주의 또는 그 변종인 사회주의 이념은 기독교와 양립할 수 없다. 사회주의·공산주의를 철학적으로 이해하기 위해 지면을 할애하는 것은 읽는 '자'와 쓰는 '나', 모두의 시간 낭비다. 공산주의에 사탕을 한 번 바른 것이 사회주의고 또 한 번 바른 것이 사회민주주의다. 하나같이 성경이 말하는 '자생적 질서'를 부정하는 인본주의 철학이다.

사회주의건 공산주의건 소유所有 대신 공유共有에 착안한다. 그래서 자유의 제한과 박탈을 가한다. 자유가 일그러지면서 가장 큰 내상을 입는 곳은 바로 교회다. 하나님 말씀을 믿는 사람이 사회주의·공산주의를 따라갈 수 없는 것은 이 때문이다. 그럼에도 한국은 물론 한민족 교회 내 북한과 통일을 말하는 이들 다수가 좌파로 기울어 있다. 1980년대 이후 그람시 이론을 지도 삼아 한국교회 내 빚어진 좌익의 전략적 침투가 얼마나 거셌는지 곳곳에서 확인된다.

주사파 등 운동권이 둥지를 튼 한국 교회가 '결코' 인정하지 않으려는 것이 북한의 체제 붕괴다. 북한과 통일 기도를 한다고 모이면, 겉으론 '복음통일', '북한구원', '지하교인' 구호를 외쳐도 결론은 '햇볕정책'을 지지한다. 소위 인도적 지원과 그를 통한 한반도 평화를 말한다. 이들이 즐겨 쓰는 또 다른 개념 중 하나는 '새로운 한국New Korea'이다. 통일의 주역은 남한도, 북한도 될 수 없으니 새로운 한국New Korea을 만들어야 한다는 것이다.

'새로운 한국'의 컨셉은 대한민국이라는 옛 한국을 버린 '연방제 통일' 논리로 이어진다. 북한 체제 붕괴를 말하는 이들은 극우極右나 전쟁세력으로 몰아간다. 전수조사를 해보진 않았지만, 한국 목회자 중 60~70%는 되지 않을까 싶다. 이들 남북한 양비론자들은 북한의 끔찍한 만행들 앞에서 "우리가 먼저 회개해야 한다."며 한국 사회 부익부·빈익빈의 양극화 문제를 거론한다.

또 교회개혁을 앞세워 세습 반대 등 이슈에 목숨을 건다고 말한다. 아주 의롭고 지적인 기독교인으로 보이지만 성경보다 신학과 철학 서적, 실은 이념 서적을 즐겨본다. 이데올로기 성취를 위해 복음을 도용한다. 결과적으로 그들이 원했건 아니건, 공산주의·사회주의와 복음을 뒤섞어 버린다.

한국 교회 주류가 되어 버린 남북한 양비론자들 내지 기독교 햇볕론자들은 "북한은 김일성을 섬기지만 한국은 돈과 물질을 섬긴다"고 말하거나 "김일성 우상숭배나 돈·물질 숭배나 다 나쁜 것 아닌가"라는 말한다. 실소할 일이다. 한국에서 돈·물질 숭배가 있을지 모르나 강제强制된 것이 아니다. 반면 북한에서 이루어지는 김일성 숭배는 강제强制된다.

김일성숭배를 안 하면 죽임을 당하는 곳이 북한이고 돈·물질 숭배는 조롱을 받는 곳이 한국이다. 김일성 숭배는 국가 차원에서 강요되고 돈·물질 숭배는 개인적 차원일 뿐이다. 신앙의 자유가 있는 한국과 그 자유가 완벽히 박탈된 북한을 동일시하는 것은 그 자체로 거짓이다. 상처라는 마음의 빈틈을 비집고 거짓 이데올로기와 감정·기분이 가스처럼 메워진 탓이다.

남북한 양비론자들은 남한은 자본주의로 돈·물질이 최고인 맘몬 Mammon·物神이 지배하는 곳이라고 비난한다. 그러나 당연한 진실은 이렇다. 지구 전체가 공중권세 잡은 자가 지배하는 맘몬의 땅이다. 가난과 굶주림이 만연하는 북한은 그중에서도 최악의 맘몬의 땅이다. 사회주의 필연적 몰락이 가져온 경제난은 북한주민의 삶을 돈·물질 위주로 바꾸어 놓았기 때문이다.

거래의 자유, 농사의 자유, 시장의 자생적 기능을 부정하는 사회주의 체제에선 돈·물질을 얻기 위해 은밀한 탈법과 불법, 비사회주의적 방식들이 동원될 수밖에 없다. 장마당 장사 말고도 불법 벌목거래, 골동품 밀매, 매춘, 국가 소유 물자 불법거래, 불법의료행위, 주택 암거래, 국경 밀거래, 마약 밀매, 절도, 강도, 불법 외화벌이가 횡행한다. 뇌물의 동원은 당연한 일이다. 부정부패 천국은 자본주의 남한이 아니라 북한이다.

이미 무너진 북한이 저렇게 버티고 있는 것은 한국의 정치가 문제가 아니라 교회 탓이다. 한국의 그리스도인들, 실은 목회자들이 철학과 헛된 속임수, 세상의 초등학문, 이 천박한 인본주의 이데올로기에 잡혀 사는 이들이 많은 탓이다. 마지막 때 북한을 재건할 이들이 없으니 하나님은 북한의 문을 여실 수 없으실 것이다. 뒤집어 말하면 오직 그리스도만 따르는 이들이 일어날 때 세상이 끝으로 가기에 더욱 북한의 어둠과 흑암의 진은 무너질 것이다.

한민족의 링컨 대망론

북한 체제를 무너뜨리고 선교의 길을 열어 예수님 오실 길을 예비해야 할 이 민족에 거룩한 지도자들이 세워지기를 기도한다. 차차기次次期 대통령이 될지, 그보다 먼 미래의 일이 될지는 알 수 없다.

그러나 시간이 많지 않다. 북핵은 임계치를 넘어섰다. 전문가들은 2027년이면 북한 핵탄두가 260기를 넘어갈 것이라고 관측한다. 미·러·중을 잇는 세계 4번째 핵 무력 체제가 되어 버리면 게임의 판세가 바뀐다. 북한은 갑甲이 되고 한국은 물론 미국도 갑질을 당하며 협상할 수밖에 없게 된다. 북한의 핵폐기도 아닌 핵군축 대가로, 주한미군은 소위 '평화유지군' 명찰을 단 종이호랑이로 바뀌고, 국내적으론 소위 남북연방제, 국제적으론 평화 체제가 구축될 것이다. 실상은 북한은 김일성 왕조가 영구 통치하고 남한은 주사파가 장기집권하는 영구분단. 무엇보다 교회가 멸절의 위기에 몰리는 한민족의 심판이다.

북한 노예 동족들을 해방하고 구원해줄 이 민족의 모세 같은 지도자가 윤석열 5년 안에 등장할 수 있기를 기도한다.

"이스라엘 자손이 여호와께 부르짖으매 여호와께서 이스라엘 자손을 위하여 한 구원자를 세워 그들을 구원하게 하시니 그는 곧 갈렙의 아우 그나스의 아들 옷니엘이라"사사기 3:9

하나님. 가련한 자들의 부르짖음에 귀 기울여주옵소서. 저희도 함께 부르짖사오니 북한을 해방하고 구원해줄 경건한 자들을 지도자로 세워 주옵소서. "내가 너보다 앞서 가서 험한 곳을 평탄하게 하며 놋문을 쳐서 부수며 쇠빗장을 꺾고 네게 흑암 중의 보화와 은밀한 곳에 숨은 재물을 주어 네 이름을 부르는 자가 나 여호와 이스라엘의 하나님인 줄을 네가 알게 하리

라"^{이사야 45:2-3}

링컨Abraham Lincoln, 1809~1865은 남북전쟁이 발발한 뒤 1년 3개월 뒤인 1862년 7월 22일 그의 각료들에게 역사적인 노예 해방 선언의 초안을 낭독했다. "노예로 있는 모든 자는 이제부터 자유의 몸이 될 것을 명령하고 선언한다. (이것이) 진실로 정당한 행동으로 믿어지며, 군사상의 필요로 헌법이 보장하는 이 행동을 취함에 있어서 본인은 인류의 이해심 많은 판단과 전능하신 하나님의 은총이 내리기를 기원하는 바이다."

이 거룩한 문장은 1863년 1월 1일 정식 노예해방 선언문으로 각색되어 온 세계에 발표되었다. 링컨은 또 같은 해 노예해방 보상을 요구하는 1862년 12월 1일자 대의회 교서에서 "노예에게 자유를 줌으로써 우리는 자유인들에게 자유를 보장하게 된다"며 "우리가 이 세상의 마지막 가장 좋은 희망을 숭고하게 살리지 못할 것 같으면 그것을 비열하게 상실하고 말 것"이라고 전제했다. 또 "이 길을 따르면 온 세계 사람들이 영원히 박수를 보낼 것이며, 하나님도 틀림없이 영원히 축복해줄 것"이라고 말했다.

이 나라에 링컨 같은 지도자를 허락해 달라고 기도한다. 북한 노예 동족에게 자유를 줌으로써 우리 또한 자유를 보장받게 될 것이며 하나님은 틀림없이 예수 오실 그 날까지 이 땅에서 영원히 축복해주실 것이다. 새 하늘 새 땅이 열리는 날 그리스도의 심판대 앞에서 우리의 행한 그대로 하나님께 칭찬받게 될 것이다.

"주 여호와의 신이 내게 임하셨으니 이는 여호와께서 내게 기름을 부으사 가난한 자에게 아름다운 소식을 전하게 하려 하심이라 나를 보내사 마음이 상한 자를 고치며 포로된 자에게 자유를, 갇힌 자에게 놓임을 전파하며 여호와의 은혜의 해와 우리 하나님의 신원의 날을 전파하여 모든 슬픈 자를 위로하되 무릇 시온에서 슬퍼하는 자에게 화관을 주어 그 재를 대신하며 희락의 기름으로 그 슬픔을 대신하며 찬송의 옷으로 그 근심을 대신하시고 그들로 의의 나무 곧 여호와의 심으신바 그 영광을 나타낼 자라 일컬음을 얻게 하려 하심이니라"이사야 61:1-3

하나님. 이 민족에 모세와 다윗, 링컨 같은 지도자를 허락해주옵소서. 저희로 죄와 싸워 이기게 하시고 하나님의 승리를 누리는 자, 이 민족을 승리로 이끄는 자들이 되게 하옵소서.

5
자유 없는 민주주의는
민주주의 아니다

'자유민주주의' 대 '자유가 빠진 민주주의'

주사파 등 운동권 세력은 문재인 퇴임 후에도 여전히 권력의 칼자루를 쥐고 있다. 대통령은 바뀌었지만 지지기반이 취약한 윤석열은 고립무원 지경이다. 1987년 체제 이후 처음으로 5년 만에 정권을 빼앗긴 민주당은 대선 이후 자숙하지 않는다. 오히려 목소리를 높이며 국정을 휘젓기 바쁘다. 바람처럼 윤석열 5년이 지나면, 악에 받친 권력의 신神들은 한국의 체제를 뿌리째 뒤집어 놓을지 모른다.

주사파 등 운동권 세력이 주축을 이루는 민주당의 정치적 속살은 4년 전 개헌 논의 당시 드러났다. 2018년 2월 1일 민주당이 공개한 이른바 개헌안은 80년대 최루탄 뒤에서 꿈꿨던 소위 변혁을 향한 열정이 고스란히 담겨 있다. 우선 헌법의 "자유민주적 기본질서" 조항의 '자유'를 삭제해 발표했다. 야당이 반발하자 4시간 뒤 "원내 대변인 실수"라고 무마했다. 그러나 2년 뒤 중·고교생들이 배우는 역사 교과서에는 자유민주주의가 그냥 민주주의로 대체되어 나왔다.

자유민주주의와 자유가 빠진 민주주의는 천양지차다. 자유민주주의는 인간의 자유를 훼손할 수 없다는 것이 전제다. 그냥 민주주의는 다수결多數決로 인간의 자유를 뺏을 수 있다는 것을 뜻한다. 실제로 역사는 민주주의라는 이름으로 저질러진 숱한 광란을 기록한다. 당장 북한도 조선민주주의인민공화국이다. 자유 없는 민주주의라는 것은 다수결로 세워진 공산당, 또 공산당 수령에 의한 국민의 자유권 박탈을 막기 어렵다. 무엇보다 이 섬뜩한 민주주의 아래서 가장 자주 훼손된 것은 다름 아닌 신앙의 자유다.

자유민주주의와 자유 없는 민주주의의 차이는 교회의 '수호守護'와 '해체解體'를 가른다. 자유민주주의 체제인 미국 등 서방에서 교회가 지켜졌고 자유 없는 자칭 민주주의인 북한, 중국 등에서 교회가 초토화된 것은 우연이 아니다. 자유 없는 민주주의는 이른바 인민민주주의·민중민주주의를 포함한다. 그러나 이런 질서는 '땀 흘려 일하는' 99% 인민人民과 민중民衆만 주인이 되는 나라다. 소위 '땀 흘려 일하지 않는' 소위 1% 특권층은 주인 자격을 빼앗아 버린다.

중국이 그렇고 북한이 그렇다. 북한 헌법 제4조는 "조선민주주의인민공화국 주권은 로동자, 농민, 군인, 근로 인테리를 비롯한 근로인민에 있다"고 나온다. '근로勤勞인민', 땀 흘려 일하는 인민만 주권이 있다는 것이다. 그렇지 않은 1% 기득권 세력은 주권이 없다는 것이다. 결론은 이들 인민의 적敵, 민중의 적敵은 죽여도 된다는 것이다. 그래서 자유 없는 민주주의, 즉 인민민주주의·민중민주주의 체제는 어떤 나라, 어떤 지역에서건 강제수용소를 설치했다.

구악舊惡이 완전히 청산될 때까지 인민과 민중은 독재를 해야 한다는 논리도 여기서 나온다. 이것이 소위 프롤레타리아 독재다.

등골이 오싹해진다. 청산될 기득권, 인민과 민중이 아닌 부르주아는 누구를 말하나? 그들에 따르면, '국가'가 이것을 정한다. 이 '선량한' 국가가, 죽여도 되는 민중의 적, 인민의 적을 정한다는 논리이다. 헌데 문제가 생긴다. 국가는 너무 크다. 그러니 국가를 대변할 공산당이 필요하다. 공산당도 크다. 공산당을 대변할 지도국이 필요하다. 지도국도 크다. 지도국을 대변할 수령이 필요하다. 결국 수령은 인간에 대한 생과 사를 결정할 초법적 권능을 갖는다.

공교롭게도 자유가 빠진 민주주의 체제에선 기독교인들이 청산과 척결과 숙청의 대상이 되었다. 예외가 없었다. 그들이 보기에 '목사란, 온종일 땀흘려 일하진 않고 기도와 예배만 드리는 게으른 집단'인 탓이다. 그렇게 인민민주주의·민중민주주의 체제에서 신앙의 자유는 사라져 버렸다.

운동권 논리는 얼핏 듣기엔 언제나 그럴싸하다. 한국이 자유민주주의를 버리고 소위 좀 더 폭넓은 민주주의로 가자고 말한다. 하지만 이것은 인민민주주의의 길, 민중민주주의 길을 열게될 것이다. 교회의 해체를 스스로 부르는 짓이다. 그럼에도 한국에서 상당수 '주의 종'들은 "인민과 민중이 주인 되는 세상"의 철없는 구호를 따라서 외친다. 놀라운 무지無智. "내 백성이 지식이 없으므로 망하는도다"호세아 4:6

토지를 공유하자는 그리스도인들

상당수 국민들은 토지土地문제만큼은 일정 부분 공유共有 내지 공개념共槪念

으로 가야 한다고 말한다. 골치 아픈 것은 보수 내지 중도를 자처한 사람들, 기독인 중에도 이런 생각을 하는 경우가 많다는 것이다. 그만큼 좁은 땅에 토지문제로 인한 갈등이 많다고 여기기 때문일 것이다. 또 '사회주의·공산주의'와 '토지공개념'은 다른 것이라 생각하는 것도 원인이다.

소위 진보·좌파는 이런 여론을 부추기며 토지문제를 건드려왔다. 민주당의 추미애는 2017년 10월 9일 당대표 시절 중국식 토지제도를 역설했다. 2021년 3월 16일 SNS에는 "토지공개념 부활이 부동산 개혁의 최고 목표이자 지향"이라고 했다. 중국은 토지 소유는 공산당이 갖고 사용권만 국민이 갖는 나라다. 헌데 이런 것을 목표라 말한다. 그만큼 좌파의 토지에 대한 집착을 보여주는 장면이다.

조국 전 법무장관 역시 "부동산 적폐 청산은 토지공개념 강화 입법을 통해 가능하다"고 강조해왔다. 정세균은 총리 시절인 2021년 3월 18일 토지공개념 도입을 위한 '원포인트 개헌'까지 언급했다. 민주당 대선 후보였던 이재명은 2021년 10월 25일 "공동체의 것인 토지는 헌법의 토지공개념 정신에 따라 불로소득 수단이 아니"라며 "부동산이 꼭 필요하지 않은 경우에도 보유하는 것이 손실이 되게 만들어야 한다"고 했다.

노조에선 더 과격한 주장이 나온다. 민노총은 이른바 "사회 대大전환"을 주장해왔다. 그 핵심적 내용은 무상교육·무상의료와 국내 주택 50%를 국유화하는 것이다.

토지문제는 문재인 정권 당시 좌파에서 제기했던 개헌안의 주요 내용이기도 했다. 현행 헌법 제119조는 "개인과 기업의 경제상의 자유와 창의를 존중함을 기본으로 한다"고 하여 시장경제 체제, 소위 자본주의 체제를 명확히 규정한다. 그런데 2018년 공개된 민주당 측 개헌안 민주당 개헌안초안·

국회 자문위 초안·대통령 개헌안 등은 소위 '사회적 경제'를 규정하고 '토지공개념 강화'를 못 박았다*. 또 비정규직 철폐, 동일가치 동일임금 지급, 노동자의 사업 운영 참여 권리 심지어 해고당하지 않을 권리까지 규정되었다.** 법 조항이라 일반인의 이해가 쉽지 않다. 좌익은 언제나 언어를 혼잡케 만드니 대중은 더욱 미혹될 수밖에 없다.

삼성을 노조가 경영한다고요?

민주당 식 개헌은 사실상의 시장경제 부정이다. 그렇다면 사회주의로 가자는 것인가? 사회주의를 사회적 경제로 포장한 것인가? 판단을 위해 분석해 보면 이렇다. 당시 민주당 개헌안이 통과되었다면, 직원을 한 번 뽑으면 자를 수 없게 된다. 소위 무기無期 고용이다. 노조만 철밥통을 차게 된다. 여기에 기간제·파견제·하도급·정리해고·비정규직 모두 위헌違憲이 되어 금지된다. 세계에서 가장 강성으로 평가되는 한국의 노조 집단이 대기업을 경영하게 된다. 민노총이 삼성을 경영하는 미래가 상상이 되는가?

동일가치 노동에 대한 동일임금 지급은 얼핏 듣기에 맞는 말처럼 들린다. 8시간 일한 A와 8시간 일한 B는 같은 임금을 받아야 한다는 것이다. 하지만 뭔가 이상하다. 이 논리대로라면 10년간 직장에서 일한 A와 역시 같은 기간 일한 B는 같은 직위를 가져야 한다는 게 된다. 또 10시간 공부한 A와 역시 같은 시간 공부한 B는 같은 대학에 가야 한다는 게 된다. 이것을 평등이라 말하고 싶겠지만 실은 균등均等이다. 개인차, 능력차, 얼

---

* '국가는 사회적 경제의 발전을 위하여 노력하여야 한다.(125조)' '자연자원은 모든 국민의 공동 자산(121조 1항)'
** '노동자를 고용할 때 정당한 이유가 없는 한 기간의 정함이 없이 직접 고용하여야 한다.(35조 2항)' '동일한 가치의 노동에 대하여는 동일한 임금이 지급(35조 3항)' '해고로부터 보호받을 권리(35조 5항)' '노동자는 대표를 통하여 사업 운영에 참여할 권리를 가진다.(36조 2항)'

마나 노력했는지 차이를 부정하는 궤변이다. 노동의 질은 시장에서 결정되는 것인데 이것을 부정하는 것은 곧 시장경제를 부정하는 것이다.

토지공개념 역시 헌법의 사유재산권 보호를 정한 헌법 제23조와 시장경제 원칙을 정한 헌법 제119조, 국민들의 행복추구권을 침해하면 안 된다는 헌법 제10조에 명백하게 위배된다. 기독교 차원에서는 성경의 정신인 소유所有와 상속相續의 개념을 전면에서 부정하는 개념이다. 토지공개념은 "토지투기로 인한 경제 왜곡과 불평등을 방지하기 위해"국회 개헌안 초안 또는 "토지의 공공성과 합리적 사용을 위해"문재인 개헌안 초안 등 표현상 약간의 차이가 있지만 소위 평등의 실천을 위한 특별한 제한과 의무 부과를 규정했다.

2018년 개헌은 통과되지 않았지만, 민주당이 여전히 이런 주장을 거두지 않는다. '토지공개념'은 언제든 현실이 될 수 있다는 말이다. 토지공개념이 도입되면, 국가는 '공공의 이익'을 이유로 언제든 토지의 사용使用과 수익收益, 처분處分을 제한할 수 있게 된다. 힘을 가진 공산당 당원이 정의를 독점해 풍요와 번영도 삼키는 북한과 중국이 하는 짓이다.

조지스트는 희년 제도를 곡해하고 있다

토지공개념 주장이 여간해선 사라지지 않을 수밖에 없는 이유는 종교성宗敎性에 있다. 공교롭게도 이 주장의 뿌리를 따라가 보면 크고 작은 온갖 기독교 단체가 나온다. 이른바 '희년 제도'에 기초한 토지공유제를 주장하는 기독교인들이 그들이다. 북한을 열고 복음을 전할 사명을 지닌 한민족 교회가 휴전선 이남의 토지 공개념 논란에 발이 묶이는 것은 답답한 일이다.

희년 제도를 성경적으로 좀 더 정확히 이해할 필요가 여기서 생긴다. 자칫하면 당신도 사회주의는 반대한다고 말하면서 토지공개념, 나아가 토지공유제는 지지하는 인지부조화를 겪을지 모른다. 우선 역사적 연원을 따라가 보자. 19세기 경제학자인 헨리 조지Henry George, 1839~1897를 따른다고 해서 조지스트라고도 불리는 이들이 있었다. 이들은 성경 레위기의 '희년 제도'를 자주 인용했다.

희년 제도는 성경에 나오는 독특한 제도다. 50년을 주기로 노예로 팔렸던 이들이 해방될 뿐 아니라 토지를 소유한 이들도 그 소유권을 내놓아 재분배한 제도이다. 토지공유제를 주장하는 기독교인들은 레위기 25장 23절 "토지를 영영히 팔지 말 것은 토지는 다 내 것임이라"는 성구를 인용한다. 토지의 유일한 주인은 하나님이며, 인간은 토지의 사용권만을 위임받았다는 것이다.

이들은 토지공개념이 기독교基督教 사상이요, 성경적聖經的이라고 설파한다. 따라서 기독교인들은 토지를 재산증식이나 부동산 투기에 이용해선 안된다는 것이다. 심지어 교회가 땅을 사서 대형 예배당을 짓는 것은 하나님 앞에서도 옳지 못한 일이라고 한다. 그래서 토지공개념 또는 토지공유제를 주장하다보면 교회의 성장과 예배당 건축이 반反성경적이라는 결론에 도달한다.

하지만 희년 제도에 대한 지지나 반대를 떠나, 희년 제도에 기초한 토지공유제 또는 토지공개념이 성경적이라는 해석은 완전한 오류다. 우선, 희년제도의 성경적 개념은 6년을 일하되 7년째에는 땅을 완전히 쉬어야 되는 안식년安息年과 직결된 법이다. 희년은 7년마다 돌아오는 이 안식년을 일곱 번 바르게 지킨 다음, 곧 49년이 지난 다음 50년째가 되는 해의 대속죄일인 7

월 10일, 땅에 사는 모든 백성에게 자유를 선포하는 율례였다.

즉 희년 제도는 이스라엘 백성이 아니거나 안식년을 지키지 않는 이방인들에게 의미를 갖지 않는다. 또 지킬 수도 없는 율례였다. 안식년을 지키지 않는 신약시대 그리스도인들 특히 비非그리스도인과 함께 사는 국가 공동체에 이 제도를 강제하는 것은 그 자체로 모순이다. 이것은 예수 믿는 것이 성경적이기 때문에 모든 국민에게 기독교를 강제한다는 것과 다를 바 없다.

둘째, 희년 제도에 기초한 토지공유 개념 자체가 기독교 사상도 아니요. 성경적이지도 않다. '토지가 하나님의 것이기 때문에 토지공유제 또는 토지공개념을 해야 한다'는 주장은 이데올로기가 투영된 인본주의 해석에 불과하다. 성경은 토지만을 하나님의 것이라 말하지 않는다. 하나님은 천지, 하늘과 땅 모두를 창조하셨다.창세기 1:1 토지뿐 아니라 모든 것이 하나님의 것이다. 다윗은 "땅과 거기 충만한 것과 세계와 그 중에 거하는 자가 다 여호와의 것"시편 24:1이라고 고백한다. 하나님께서도 "삼림의 짐승들과 천산의 생축이 다 내 것이며 산의 새들도 나의 아는 것이며 들의 짐승도 내 것"이고 "세계와 거기 충만한 것이 내 것임이로다"시편 50:10-12고 하셨다. "은도 내 것이요 금도 내 것이니라"학개 2:8는 말씀도 나온다.

토지뿐 아니다. 이 세상 모든 것이 하나님 것이다. 오직 토지만이 하나님의 것이므로 사적소유를 부정하는 것은 교만이고 오만이다. 기독교 사상도 아니요, 성경적 해석도 아니다. 무엇보다 정부와 권력은 하나님이 아니지 않은가? 토지가 하나님의 것이라고 말하면서 정부와 권력, 나아가 공산당이 토지를 소유케 하는 것은 오히려 반反성경적이요, 안티 기독교적이다. 사탄적이고, 마귀적이다.

셋째, 레위기를 꼼꼼히 읽어보면 또 다른 정답이 나온다. 분명 희년이 되면 원래 주인에게 토지를 돌려주라고 하지만, 예외가 나온다. 레위기 25장 29절의 '성 내의 가옥'이다. 성 내 가옥은 일반 토지와 달리 인간의 노력이 가미되어 각자의 소유가 되어 있기 때문이다. 오늘날의 용어로 표현하면 도시 부동산은 노동이 가미된 것이니 개인 소유라는 것이다.

넷째, 경제經濟, 돈과 물질에 대한 성경의 일관된 흐름은 청지기 사상 stewardship이다. 동산이건 부동산이건 모두 하나님의 것이고 인간은 하나님의 청지기다. 다만 인간은 동산과 부동산에 대한 소유권과 상속권을 하나님으로부터 위임받는다. 이 소유와 상속은 하나님의 마음이 투영된 자연법自然法에 의해 천부적인 권리로서 인정된다. 다만 인간은 '하나님의 뜻'대로 자신이 가진 모든 재물과 재능을 잘 사용할 의무를 갖는다.

가령 창세기 12장 7절을 보면 "여호와께서 아브람에게 나타나 이르시되 내가 이 땅을 네 자손에게 주리라 하신지라"고 나온다. 하나님이 아브람을 축복하시며 하신 말씀은 땅을 주겠다는 말씀이다. 이것이 피조물의 기업이요, 축복이다. 하나님은 자신의 율법과 계명을 잘 지키면 물질에 대한 소유와 상속을 허락해 주셨다. 토지는 대표적이다. 인간은 일정 기간 세상에 머물며 토지를 소유 및 상속, 즉 관리할 책무를 갖는다. 또한 토지를 통해 이윤이 나오고 번영을 누리게 된다면, 이 이윤의 일부는 당연히 하나님의 영광을 위해 써야 한다. 이 땅의 것·육의 것·정욕을 채우기 위해 쓴다면 그것은 탐욕이다. 우상숭배다.

칼뱅이 가르쳐 주고 훗날 베버가 정리해 준 것처럼, 소유와 상속을 전제로 한 '자본주의'라는 하드웨어를 인정하고 근검·절약·청빈의 '자본주의 정신'이라는 소프트웨어가 필요한 것이다.

토지공개념은 전혀 성경적이지 않습니다!

성경 어디에도 토지공유제 개념은 나오지 않는다. 있다면 7년의 안식년을 지킨 유대인에게 성 밖의 토지를 50년째 원상 복귀하라는 것 정도다. 성 밖의 토지, 즉 일종의 국유지·공유지 같은 공간이 사유화됐을 때 다시 되돌리라는 지적이다. 그럼에도 불구하고 토지의 개인 소유를 부정하고, 국가가 토지를 소유해 버리면 어떻게 되는가?

타락한 인간은 하나님의 율법과 계명을 지키지 않을 것이다. 그 대신 권력 앞에 기어야 할 것이다. 국가는 절대적 힘을 갖춘 빅브라더가 되고 만다. 중국이 그렇고 북한이 그렇다. 모든 사회주의 체제가 그랬다. 참람僭濫된 일 아닌가? 축복의 권능을 하나님이 아닌 국가가 빼앗는 것이다. 결국 토지공유제는 적그리스도를 소환하는 제도로 악용될 뿐이다.

그럼에도 한국 기독교계 안에 토지공유제 개념이 왜 이렇게 많이 퍼지게 됐을까? 여기는 대천덕Reuben Archer Torrey Ⅲ, 1918~2002 신부의 역할이 컸다. 성공회 사제인 대 신부는 1957년 성공회대학교의 전신인 성 미가엘 신학원의 재건립을 위해 한국에 입국해 1964년까지 학장으로 일했다. 또 1965년에는 강원도 태백시에 성공회 수도원 예수원을 설립해 빈부 격차가 없는 평등 사회를 실천하려고 했다.

대 신부는 예수원 설립 후《신앙계》등을 통해 줄기차게 토지공개념 운동을 전개했다. 그는 헨리 조지Henry George를 소개했고, 그 영향으로 성공회 신도들 중심으로 한국헨리조지협회가 만들어졌다. 이후 한국헨리조지협회를 모태로 다양한 기독교 토지공유 단체들이 등장했다. 시간이 지나며 이들은 권력 안팎에 영향을 뻗치기 시작했다.

대 신부는 한국인보다 한국을 더 사랑했던 사람으로 기억된다. 많은 이들이 그의 인품과 영성을 흠모했고 지금도 그리워한다. 그러나 우리의 생각과 마음은 온전치 못한 타락한 것이다. 대 신부는 한 성령 안에서 모인 이들의 자발적 토지공유제를 상상했겠지만, 그 제자들은 이를 국가공동체에 확대했다. 이데올로기적으로 왜곡한 것이다.

시장market은 창조질서에 따라 순리대로 돌아간다. 청지기로서 인간의 역할은 포도원을 파괴하는 작은 여우를 잡는 것이다. 인간의 죄성이 만들어 낸 뱀과 전갈을 밟는 것이다. 포도원 자체를 배밭으로 바꾸거나, 사과밭으로 바꾸는 것이 아니다. 그것은 약자 보호를 앞세운 인본주의다. 무너질 수밖에 없는 바벨탑을 쌓는 것이요 하나님의 주권을 찬탈하려는 교만이다.

"너희 중에 지혜와 총명이 있는 자가 누구뇨 그는 선행으로 말미암아 지혜의 온유함으로 그 행함을 보일찌니라 그러나 너희 마음속에 독한 시기와 다툼이 있으면 자랑하지 말라 진리를 거슬러 거짓말하지 말라 이러한 지혜는 위로부터 내려온 것이 아니요 세상적이요 정욕적이요 마귀적이니"
야고보서 3:13-15

하나님. 우리 안의 하나님을 대적하는 모든 생각과 이론의 진들이 깨지고 시기와 다툼을 일으키는 세상적이고 정욕적이고 마귀적 지식이 깨어질 수 있도록 기도합니다. 무엇보다 교회 안에 그리스도인들이, 목회자들이 세상의 초등학문과 헛된 속임수가 아닌 하나님의 지혜, 예수 그리스도께서 주시는 지혜로 세상을 볼 수 있게 하옵소서. 열매 없는 자가 되지 않고 하나님의 착한 일을 도모할 수 있게 하옵소서.

성경구절을 비틀어 버리는 사회주의자들

몇 년 전 목사님들을 모아 놓고 사회주의와 자본주의에 대해 얘기를 하는

데 중간에 몇몇 목사님들로부터 반발이 나왔다. "사회주의는 정의롭지 않다"는 한마디 말에 발끈한 것이다. 얘기를 들어보니 자본주의는 악惡이고 사회주의는 선善이라는 인식이 머리에 가득 차 있었다.

현실 문제에서 기독교인들이 가장 깨어있는 영역은 아마도 동성애 문제일 것이다. 우리 자녀의 안전과 직결된 탓이다. 가장 크게 미혹된 영역이 있다면 바로 경제 영역이다. 경제에 대한 오해는 기독교인들의 자본주의에 대한 혐오와 사회주의에 대한 관용 나아가 성경적 토지공유제니 토지공개념 또 좌파 정당에 대한 지지로 이끈다. 놀랍게도 이 경제 문제에서만큼은 반공 성향 목사님조차 좌파적 주장들을 하는 경우도 많다.

물론 성경을 보면, 돈과 물질, 부자에 대한 비판이 많이 나온다. 자본주의 역시 성경적이지 않은 것처럼 느껴질 구석이 있다. 기독교 쪽 사회주의자들이 가장 많이 인용하는 사도행전 4장 32절 말씀*이나 '돈을 사랑함이 일만 악의 뿌리'라는 디모데전서 6장 10절 말씀도 그렇다. '하나님과 재물을 겸하여 섬기지 말라'는 마태복음 6장 말씀도 그렇고, '약대가 바늘귀로 나가는 것이 부자가 하나님의 나라에 들어가는 것보다 쉽다'는 마가복음 10장 25절 말씀 역시 마찬가지다.

하지만 말씀을 조금 더 묵상해 본다면 분별은 어렵지 않다. 위에서 인용된 말씀은, 하나님의 종이 아니라 돈의 종이 되어 집착하는 것을 경계한 것이다. 하나님은 복福과 저주詛呪를 인간에게 선택케 하셨고 마태복음 6장 33절에 나오듯 그의 나라와 그 나라의 의를 구할 때 먹고 입고 마실 것, 복도 주실 것임을 분명히 하셨다. 시장을 통한 거래와 그를 통해 얻게 된

---

* 믿는 무리가 한마음과 한 뜻이 되어 모든 물건을 서로 통용하고 자기 재물을 조금이라도 자기 것이라 하는 이가 하나도 없더라(사도행전 4:32)

소유, 또 그 소유의 상속은 하나님이 피조 세계에 허락하신 자연 질서, 자생적 질서다.

모든 물건을 서로 통용한 사도행전 4장 32절 역시 성령 받은 특정한 공동체, 특정한 시기에 허락된 것이다. 성령 받지 않은 인간과 모여 사는 곳, 작은 공동체도 아닌 거대한 국가 공동체에 적용될 말씀이 아니다. 무엇보다 성경을 왜곡한 사회주의가 만들어낸 실제는 하나님 나라가 아니었다. 지식인 엘리트 집단이 파괴와 살육을 일삼고 교회를 해체한 지상 지옥이었을 뿐이다. 1945년 광복 이후 3,000여개에 달했던 북한의 수많은 교회는 그렇게 멸절된 것이다.

그럼에도 머리에 교만의 먹물이 들어간 지식인, 도덕적 허영에 찬 종교인, 실은 열심히 일하고 열심히 돈을 벌어본 적이 없는 관념론 집단은 경제에 대해 무지하고 둔감하기 십상이다. 엉뚱한 이야기, 사회주의 판타지에 집착한다. 그런 면에서 탁월한 철인들, 심지어 경건한 그리스도인조차 지식을 뛰어넘는 그리스도의 사랑을 깨닫지 않는 한 좌경화되는 것은 흔한 일이다.

플라톤의 착각

위대한 철인들조차 경제, 돈에 대한 미혹이 심했다. 플라톤의 《공화국 The Republic》을 보면 '사람들은 돈벌이에 가치를 부여할수록 미덕으로부터 등을 돌리게 되어 있다'는 소크라테스의 말이 나온다. 아리스토텔레스도 '시민들은 노예나 상인처럼 살면 안 된다. 그런 삶은 천박하다'고 말했다. 맞는 말처럼 들린다. 돈에 연연한 천박한 삶을 살아서는 안 된다. 미덕을 쫓으며 살아야 한다. 그리스도인이라면 더더욱 부인할 수 없는 명제다.

그러나 돈벌이에 가치를 부여하고 상인이 된다고 미덕을 버린 것이라 말할 순 없다. 유감스럽게도 고대 철인哲人의 주장은 생계를 꾸리는 생산적 활동을 가볍게 여기는 것이다. 실제로 플라톤은 아테네 명문 귀족 출신이다. 아리스토텔레스 역시 아버지가 궁정 의사였고 왕자의 소꿉친구로 자라났다. 먹고 사는 데 지장이 없으니 먹고 사는 걸 우습게 여겼다. 한국도 그렇지 않은가? 붓을 쓰는 서생 그룹, 몸이 아닌 '입술'로 안정적 삶을 사는 이들, 교수·교사·언론인·법조인·대기업 직장인 그리고 종교인 등의 좌경화가 심한 것은 이 때문이다.

중세 천년은 기독교 간판을 내건 플라톤·아리스토텔레스 사상이 지배했던 시대였다. 상업을 천하게 여기고 무실역행務實力行이 아닌 문존무비文尊武卑 사상도 견고히 뿌리를 내렸다. 이러다 보니 중세 교부들은 "부富의 총량이 정해져 있으며 한쪽이 이익이 되면 다른 쪽은 손해를 본다"고 확신했다. 《신국론 the City of God》을 쓴 위대한 성직자, 아우구스티누스354~430년조차 경제에 대해선 개념이 없었다. '한 사람이 잃어버리지 않으면 다른 사람이 얻을 리 없다'는 게 그의 경제관이었다. 즉 누군가 열심히 일하고 있다면 그는 다른 사람의 재산을 탈취하고 있다는 식이다. 그는 신국론에서 물질적 풍요가 사치와 탐욕을 낳으니 생산과 번영 자체를 부정해 버렸다. 그리고 열심히 돈만 버는 유대인을 경멸하며 반유대주의의 논리적 근거를 마련해줬다. 절제·청빈·겸손·금욕을 강조하는 건 좋은데 좀 지나쳐 버린 것이다.

좌로나 우로도 치우치지 말라는 말씀 대로다. 진리 없는 좌左로 치우친 동양도, 성경을 경직된 율법 삼아 우右로 치우친 서양도 복음과는 멀어져 버렸다. 요즘 시대 경건한 그리스도인들, 특히 가진 게 별로 없는 젊은 층은 이런 부분에서 헷갈리기 시작한다. 아우구스티누스가 말한 것처럼 절제·청빈·겸손·금욕은 맞는 말이다. 사치와 탐욕도 위엣 것이 아닌 땅의 것을 쫓는 것이다. 그러나 물질과 육체는 악惡이 아니다. 육체가 물질을 '열심히' 활용해 또 다른 물질을 만드는 풍요와 번영은 더더욱 악이 아니다. 육체와 물질을 악으로 보는 이원론二元論은 그래서 틀린 말이다. 정답은 물질·육체·풍요·번영은 중립적이라는 것이다. 하나님이 만드신 것이고 하나님의 영광을 위해 써야 한다. 다시 한번 강조해본다. 성경은 소유와 상속의 자본주의 질서를 인정하고 청빈과 금욕의 자본주의 정신도 강조한다. '열심히 일해서 열심히 벌어라. 그리고 번 돈을 하나님을 위해 쓰라!'

그런데 물질·육체·풍요·번영 자체를 악으로 몰아가니, 중세는 위선과 가식의 천년이 되었다. 힘 있는 교황과 조직은 철저히 부를 독식했다. 일반 주민은 토지에 결박된 농노가 되었다. 200만 명을 종교재판으로 학살하고 50만 명 마녀들을 사냥하더니 급기야 면죄부를 팔아먹기 시작했다.

중세는 지식인·종교인 집단이 도덕과 철학, 그럴싸한 이데올로기를 떠들며 백성들 피를 빨던 시대다. 이 암흑기는 성리학이 지배했던 조선왕조 500년, 그리고 지금 대한민국에서도 나타난다.

성경은 사회주의를 말하지 않는다

루터와 칼뱅의 15세기 종교개혁은 거짓과 미혹에 대한 저항이었다. 돈·물질·육체가 악이 아니라 하나님의 영광을 위해서 써야 한다는 성경적 진리로의 회귀였다. 물론 루터나 칼뱅이 현대 경제학 개념이 정리되어 있지는 않았을 것이다. 칼뱅도 '돈은 스스로 증식할 수 없다'는 말을 했다. 그러나 '오직 성경', 말씀으로 돌아갔던 종교개혁은 평범한 자들로 비범한 사명使命을 감당케 하셨다. 죄인임에도 심장 가운데 성령이 오시어 의롭다 칭하여 주시고, '이 세대를 본받지 않고 하나님의 착한 일을 이루게 하심을' 말씀을 통해 발견케 하셨다.

그렇다. 사명의 십자가! 죽은 이후 구원에 그치지 말고 살아서 할 사명을 이루라 외쳤다. 루터는 이 사명을 보카치오vocatio, 칼뱅은 콜링calling이라 불렀다.* 일반 대중, 일반 성도들은 각자의 환경에서 하나님의 부르심을 발견하고 최선을 다해야 한다는 논리적 근거가 나온다. 돈·물질·육체는 더 이상 악이 아니다! 열심히 일하라. 열심히 벌어라. 최대한 하나님의 영광을 위해 쓰라! 이것이 종교개혁의 핵심가치 중 하나였다.

"너희 안에서 행하시는 이는 하나님이시니 자기의 기쁘신 뜻을 위하여 너희로 소원을 두고 행하게 하시나니"빌립보서 2:13 성령 받은 모든 이는 각자의 삶 속에서 하나님의 사명, 보카치오vocatio, 콜링calling이 있다. 그러니 최선을 다해 일하고 최선을 다해 자녀를 길러서 그를 통해 얻어낸 번영, 성공, 형통, 축복은 쾌락과 사치가 아닌 하나님의 일을 위해 다시 쓰는 것이 맞다는 것이다. 중세 천년은 그렇게 열심히 일하고 열심히 벌어서 열심히 하나님 일을 하는 '선교시대'를 열며 매듭을 짓는다.

칼뱅Jean Calvin, 1509~1564의 이야기를 좀 더 하려 한다. 그는 중세의 사회주의적 위선을 부수고 근대 자본주의의 길을 튼 인물이다. 물론 그가 자본주의를 감쌌는지 아니면 오히려 욕했는지, 신학자들은 이러쿵저러쿵 지금도 공방을 벌인다. 고루한 일이다. 간단히 말하면 이렇다. 성경은 소유와 상속을 말하고 칼뱅은 이런 성경을 말했을 뿐이다. 그는 "상업과 무역은 하나

---

* 그러므로 형제들아 더욱 힘써 너희 부르심과 택하심을 굳게 하라 너희가 이것을 행한즉 언제든지 실족하지 아니하리라(베드로후서 1:10)

님이 인간 사회의 조화로운 봉사를 위해 세우신 자연 질서"라고 표현했다. 인위적 사회주의, 기계적 공산주의와 반대되는 '자연 질서'. 훗날 하이에크 Friedrich Hayek, 1899~1992가 말한 '자생적 질서Spontaneous order'의 원형질을 발견했다. 이것은 코페르니쿠스적 전환이었다. 중세에는 누군가 돈을 벌면 다른 누군가 돈을 뺏긴다고 생각했다. 그러나 칼뱅은 부의 축적蓄積 자체를 긍정했다. 그것이 성경적이라고 강조했다.

당시 칼뱅이 활동한 제네바에는 프랑스의 신교도 박해를 피해 이주한 이른바 위그노들이 많았다. 위그노는 어원이 불확실하지만, 어쨌든 프랑스 신교도를 가리킨다. 역시 프랑스 출신으로 1541년 제네바 시장에 당선된 칼뱅은 당시 제네바에 모여 있던 위그노파 금속 세공업자들에게 회중시계 등 각종 시계를 만들도록 권유했다. 지금으로 따지면, 박정희 대통령이 1960년대 '마법의 돌'로 불리던 반도체 개발을 독려한 것과 비슷하다. 한마디로 칼뱅은 성경에 입각해 스위스를 근대화시켰다! 어리석은 사람들 표현을 빌자면, '정치 목사'이자 '근대화의 기수'였다.

스위스 시계 기술이 발전하자 유럽에서는 내로라하는 장인들이 제네바에 몰려들었다. 1780년 당시 제네바 수공업조합길드에 등록된 장인들만 5만 명. 엄청난 수였다. 칼뱅은 같은 맥락에서 중세 수도원적 재산 공동체에 반대한다. 공유가 아닌 소유를 말했다. 칼뱅은 중세로 돌아가자는 구교도 가톨릭, 그럴싸한 평등의 명분을 앞세워 다수를 빈곤에 쳐넣는 사실상 사회주의 논리와 격렬한 싸움을 벌였다.

《칼뱅의 자유사상 이론과 실제》라는 책을 보면, 칼뱅이 중세의 허망한 관념론과 얼마나 열심히 싸웠는지 자세히 나온다. 그는 사도행전 4장 32절 '네 것 내 것 없이 같이 쓰는' 초대교회는 매우 일시적 현상임을 지적했다.

실제로 재산을 공유한 교회는 성령 받은 성도들 사이, 일정 기간, 자발적自發的으로 이뤄졌던 공동체에 불과하다. 바울이 전도한 신실한 빌레몬도 가산과 노예를 팔지 않았다.

지금도 기독교 좌파가 자주 인용하는 '누가의 공동체'도 마찬가지다. 마치 네 것 내 것 없는 공산주의 사회처럼 자주 애용되는 구절이다. 칼뱅은 이 역시 '각자'가 가산을 꾸리고 재물은 별도 관리했던 공동체였음을 지적했다. '부자에게 소유를 다 팔라'고 하신 마태복음 19장 21절 말씀 역시, 칼뱅은 모든 사람에게 적용되는 일반적 말씀이 아니라 그 청년에게 적용되는 것이라고 해설했다. 명쾌하지 않은가? 지금 식으로 칼뱅의 말을 풀어서 전하면 이렇다. "성경은 사회주의를 말하지 않는다! 예수님은 사회주의자가 아니었다! 이 멍청이들아"

자본주의 청빈을 넘어선 청부(淸富) 사상

여기서 놓쳐선 안 되는 점이 있다. 칼뱅은 첨언했다. "하나님의 정의와 인간의 정의가 갈등한다. 그리스도인의 자유와 인간의 자유가 충돌한다. 자유의지와 노예의지가 공존한다." 무슨 말인가? 칼뱅의 표현을 빌리자. "타락한 인간은 필연적으로 악해진다. 부패한 이성은 구원의 지식에 이를 수 없다. 상처 난 본성은 회복할 능력이 없다. 오직 은총에 의지할 수밖에 없다."

"경제적 자유는 옳다. 그러나 타락한 인간, 부패한 이성, 상처 난 본성이 자유를 남용케 해서는 안 된다. 부의 축적은 옳다. 그러나 부의 방종, 과시, 남용은 문제다. 부정·투기·매점매석은 도덕적 과오다. 신성모독이다."

그러면 어떻게 하자는 것인가? 그렇다. 또다시 강조한다. 열심히 일해서 열심히 벌어라. 풍요와 번영을 취하라. 그러나 사치와 쾌락을 피하라. 절약하고 청빈하라. 성공의 결실은 하나님의 영광을 위해 사용하라!

2022년 한국의 언어로 첨언하면 이렇다. 시장경제는 옳다. 나태하지 말라. 게을러지지 말라. 성실하게 노력하라. 성취하라. 성공하라. 그러나 결실과 열매를 맺어도 정욕에 지지 말라. 육신의 정욕·안목의 정욕·이생의 자랑, 부질없는 허영과 먼지 같은 교만과 싸워서 이겨라. 욕구·욕망·욕정이 채워지지 않는다고 낙심하고 낙담하고 절망치 말라. 근검하고, 절약하며 감사하고 기뻐하라. 기쁨으로 거둔 단을 하나님 일을 위해 써라. 약자를 위해 쓰라. 하나님의 영광을 위해 써라. 단순한 청빈淸貧이 아니다. 그것은 청부淸富다! 깨끗하고 가난한 것이 아니다. 깨끗하게 부유해져 더 약한 자, 더 눌린 자, 더 가난한 자들을 도와라!

19세기 막스 베버Max Weber, 1864~1920는 이것을 자본주의 정신精神, 프로테스탄트 윤리라고 명명했다. 칼빈교도이자 기업가 가문 출신인 베버는 자본주의 외형적 요소와 함께 내면적 요소가 있다는 점을 강조했다. 그 유명한 《프로테스탄트 윤리와 자본주의 정신》의 표현을 빌리면 이렇다. "프로테스탄트는 잘 먹고 지내려는 것이고 카톨릭시즘은 누워서 지내려는 것이다."

나도 묻고 싶다. 당신은 잘 먹고 지내고 싶은가? 누워서 지내고 싶은가? 베버는 또 이렇게 말했다. "직업은 하나의 사명, 독일어로 베루프beruf다. 하나님의 콜링이며 하나님이 예정豫定이 있다. 그러나 부富는 나태와 향락, 유희를 뜻하지 않는다. 자본주의에는 정신이 있다. 바로 에토스, 근면·성실·검약하는 직업윤리다. 그것이 없다면 천민자본주의Pariah Kapitalismus가 된다. 유대적·정치적·투기적 자본주의다... 그러므로 가능한 많이 벌고 가능한 많이 절약하고 가능한 많이 희사하라. 그것이 하나님의 은총이다."

한국의 우익, 경제적 자유주의자들은 자본주의 자체를 지켜야 한다고 말한다. 하지만 자본주의는 두 가지로 지탱되어왔음을 자주 놓친다. 하나는 자유로운 시장이라는 하드웨어, 다른 하나는 정신적 요소인 소프트웨어다. 자유로운 시장을 통해 얻어낸 물질적 축복을 쾌락과 사치로 탕진하지 않는 것이다. 하나님을 위해 쓰는 것이다. 어려운 이웃을 위해 쓰는 것이다. 기독교 정신, 곧 '사랑'이다. 온 마음과 뜻과 힘을 다해 하나님을 사랑하고 이웃들을 사랑하는 마음이다. 그래서 나는 말한다. '사랑의 자본주의'가 종말의 때 대한민국을 살리게 될 것이라고.

동양에서 실패하고 한국에서 성공한 자본주의

동양에서 자본주의가 실패하고 사회주의가 휩쓸었던 것은 어찌 보면 당연한 것이다. 자본주의의 정신적 요소인 기독교 정신이 없었던 탓이다. 시장은 기득권 집단이 탐욕을 채우는 타락한 장터가 되었고, '도덕'을 앞세운 강력한 좌익의 저항을 불렀다. 이것이 끝도 없이 이어진 동양의 민란과 소요다.

이런 면에서 한국은 하나님의 특별한 은혜가 있었던 곳이다. 아마도 종교개혁의 살아 있는 증인들이 순교의 피를 흘렸던 탓일 것이다. 이승만은 그런 선교사들의 수제자였다. 기독교 정신에 철저히 무장되어 있었고 그래서 하드웨어만 만들지 않았다. 자본주의, 즉 시장경제를 도입하며 군목·경목·형목 제도를 만들고 기독교 방송국 설립과 선교방송 허용 등 국가 차원의 기독교 지원에 나섰다. 온 나라에 소프트웨어를 장착한 것이다! 그 결과 해방 직후 남한 전체 인구의 2~3%에 불과했던 기독교 인구는 1960년 7.5%로 비약적 성장을 이뤘다. 막스 베버가 말한 기독교 정신의 레일을 깔았다.

국내외 환경도 한몫했다. 북한에서 공산주의를 경험했던 월남자들은 남한에서 교회 건립을 주도했다. 강원도 철원에 가면 대한수도원이라는 큰 기도원이 있다. 1996년 소천하신 전진1912~1996이라는 분이 세우신 곳이다. 원산과 함흥 등 북쪽에서 사역했던 전진은 1946년 5월, 세상에서 가장 버림받던 여인들을 한탄강 순담계곡에 모아 나라와 민족을 위해 기도했다. 내 코가 석자인 이들 뿐인데, 먼저 하나님의 뜻을 구하며 부르짖었다. 이곳뿐 아니다.

건국과 근대화 시기의 한국은 거대한 부흥의 용광로였다. 기도회를 한다 치면 구국기도회, 기도원을 연다 치면 구국기도원, 대규모 광장 구국기도회 등. 나라와 민족을 넘어 열방을 향해 자복하고 통회했다. 지금보다 훨씬 더 어렵던 시절, 단순한 현세적 기복祈福宗교에만 머물지 않았다. 분단과 전쟁, 가난을 겪었던 신앙의 아버지·어머니들이 하나님께 올려드린 구국기도는 이타적 기독교 정신의 통로가 되었다.

'한강의 기적', 이것은 단순한 자유 시장경제라는 유형의 요소, 물질적 요소로 된 것이 아니다. 하나님을 위해 헌신하는 무형의 요소, 정신적 요소 위에 가능했다. 다시 말한다. 대한민국은 나라와 민족을 위해 기도하는 교회들이 있었기에 산업화에 성공했다. 축복과 형통을 누려도 사치·향락·쾌락에 빠지지 않았다. 그렇게 교회의 성장과 함께 국가가 성장했다. 그 에너지는 세계 선교의 에너지로 발산되기 시작했다.

"여호와의 말씀이 선지자 학개에게 임하여 이르시되 이 성전이 황폐하였 거늘 너희가 이 때에 판벽한 집에 거주하는 것이 옳으냐"학개 1:3-4 판벽한 집은 패널로 된 집paneled house, 좋은 집이다. 할 일 많고 갈 길 먼, 사명 가진 유대인이 성을 짓고 안주한 것을 경고한 말이다.

세계선교의 마지막 주자로 뛰어야 할 한민족 교회도 80년대를 지내며 판벽한 집에 거주하기 시작했다. 어마어마한 은총을 누리며 넋이 나간 것 같았다. 이정도 먹고 살게 됐으면 자유의 북진에 나서야 했다. 바알의 제단, 아세라 목상, 부어 만든 주상 같은 북한의 우상숭배 체제를 평화적으로 끝내야 했다.

"예수 그리스도 이름으로 명하노니 김일성 왕조는 평화적으로 무너질지어다." 광복 이후 민생의 복락을 달라 부르짖듯 광장으로 몰려나와 기도하는 것이 마땅했다. 그러나 전쟁을 아는 세대가 이 땅을 떠나갈 무렵 586운동권 세대가 역사의 전면에 나섰다. 감사·기쁨·소망이 결핍된 종자들, 불만과·불평, 미움과 분노로 무장한 괴물의 세대다.

뿌리 깊은 민족의 저주도 되살아났다. 지독한 이기심 속에서 소프트웨어가 없는 하드웨어, 정신 나간 자본주의, 사랑 없는 자본주의, 베버가 말했던 천민자본주의가 스멀스멀 기어 나왔다. 절대다수 교회들은 죽어가는 북한 동족에 대한 연민을 찾기 어렵다. 나라 지키다 잡혀간 8만 2천명의 국군포로, 10만여 명의 전시납북자, 542명의 전후납북자, 수용소에 갇혀 있는 자국민 선교사들조차 살려낼 생각을 하지 않는다.

2019년 11월 문재인 정권의 탈북어민 강제북송에 대한 여론조사 역시 60% 가까이가 잘한 결정이라고 대답하는 것이 한국이다. 여론조사 자체를 신뢰할 수 없다고 하여도, 그간 한국민이 보여준 지독한 이기적 궤적을 보면 그다지 틀리지 않을 것 같다는 생각이 든다.*

나와 내 자녀, 가족 외에는 기도는커녕 관심조차 가지 않는 강퍅한 그

---

* 2022년 7월 22일 <뉴스토마토>가 여론조사 전문기관 <미디어토마토>에 의뢰한 여론조사 결과에 따르면, 전체 응답자의 58.9%가 지난 2019년 탈북한 북한 어민 2명을 강제 북송한 문재인정부의 조치에 대해 "잘한 결정"이라고 답했다. 33.5%는 "잘못한 결정"이라고 답했다.

리스도인들. 이런 교회가 자본주의와 그 정치적 뼈대인 자유민주주의를 지켜내는 것은 넌센스일지 모른다. 소프트웨어 없는 하드웨어, 깡통 컴퓨터를 지키는 격이다. 이기심과 탐욕에서 벗어나라. 명품을 즐기는 마음의 얼마만큼이라도 연민을 품으라. 해외여행으로 만족을 누리기 이전에 예수를 누리라. 정욕과 탐심을 죽이라. 육신의 정욕·안목의 정욕·이생의 자랑을 죽이라.

소유와 상속은 성경적 가치

다시 한번 정리해본다. 성경이 강조하는 가치 중 하나는 소유와 상속이다. 하나님의 명령에 순종한 자에게 주시는 기업possession이다.

"생육하고 번성하여 땅에 충만하라, 땅을 정복하라, 바다의 고기와 공중의 새와 땅에 움직이는 모든 생물을 다스리라"창세기 1:28 창세기 1장을 필두로 창세기 9장, 12장, 14장은 거듭거듭 소유권을 강조한다. 십계명 중 하나는 "도둑질하지 말라. 네 이웃의 집을 탐내지 말라"는 것이다.

하나님은 우리의 체질을 아신다. 이 땅의 기업, 소유와 상속을 부정해 버리면 타락한 인간은 하나님의 율법을 따르지 않는다. 인간이 따라야 할 규례를 적어 놓은 신명기는 경제에 대한 하나님의 마음을 정확하게 대변한다. 복과 저주를 우리 앞에 두시고 선택케 하셨다.*

---

* 내가 오늘 복과 저주를 너희 앞에 두나니 너희가 만일 내가 오늘 너희에게 명하는 너희의 하나님 여호와의 명령을 들으면 복이 될 것이요 너희가 만일 내가 오늘 너희에게 명령하는 도에서 돌이켜 떠나 너희의 하나님 여호와의 명령을 듣지 아니하고 본래 알지 못하던 다른 신들을 따르면 저주를 받으리라 네 하나님 여호와께서 네가 가서 차지할 땅으로 너를 인도하여 들이실 때에 너는 그리심 산에서 축복을 선포하고 에발 산에서 저주를 선포하라 이 두 산은 요단 강 저쪽 곧 해지는 쪽으로 가는 길 뒤 길갈 맞은편 모레 상수리나무 곁의 아라바에 거주하는 가나안 족속의 땅에 있지 아니하냐 너희가 요단을 건너 너희의 하나님 여호와께서 너희에게 주시는 땅에 들어가서 그 땅을 차지하려 하나니 반드시 그것을 차지하여 거기 거주할지라 내가 오늘 너희 앞에 베푸는 모든 규례와 법도를 너희는 지켜 행할지니라(신명기 11:26-32)

하나님의 명령을 지켜 받는 축복은 동일가치 노동에 대한 동일가치 임금이 아니다. 우리가 건축하지 아니한 크고 아름다운 성읍, 채우지 아니한 아름다운 물건이 가득한 집, 파지 아니한 우물, 심지 아니한 포도원과 감람나무를 얻게 하사 배불리 먹게 하신다. 일한 만큼 얻는 게 아니라 곱절, 세 곱절, 네 곱절 기름 붓듯 축복하신다. 그 대신 하나님은 여호와를 잊지 말고, 경외하며, 그를 섬기고, 그의 이름으로 맹세하라고 명령하신다.*

하나님의 명령을 지켜서 복 받을 생각 대신 남의 것을 빼앗는 생각은 범죄다. "네 하나님 여호와께서 네게 주어 얻게 하시는 땅 곧 네 기업 된 소유의 땅에서 선인의 정한 네 이웃의 경계표를 이동하지 말지니라"신명기 19:14 정의, 공정, 평등 온갖 그럴싸한 논리를 가져다 타인의 소유를 탐내선 안 된다. 네 것이 소중하니 남의 것도 소중하다. 이것은 신명기에 반복되는 하나님의 명령이다신명기 21:15~17**, 신명기 22:1-2***. 요컨대 사회주의적 공동소유 개념은 성경에 나오지 않는다.

하지만 탐욕에 가득 찬 자들아. 키득거릴 필요 없다. 성경적 경제질서의 본질은 '마음'이다. 하나님은 "가난한 자", "나그네", "떠돌이", "고아", "과

---

* 네 하나님 여호와께서 네 조상 아브라함과 이삭과 야곱을 향하여 네게 주리라 맹세하신 땅으로 너를 들어가게 하시고 네가 건축하지 아니한 크고 아름다운 성읍을 얻게 하시며 네가 채우지 아니한 아름다운 물건이 가득한 집을 얻게 하시며 네가 파지 아니한 우물을 차지하게 하시며 네가 심지 아니한 포도원과 감람나무를 차지하게 하사 네게 배불리 먹게 하실 때에 너는 조심하여 너를 애굽 땅 종 되었던 집에서 인도하여 내신 여호와를 잊지 말고 네 하나님 여호와를 경외하며 그를 섬기며 그의 이름으로 맹세할 것이니라(신명기 6:10-13)
** 어떤 사람이 두 아내를 두었는데 하나는 사랑을 받고 하나는 미움을 받다가 그 사랑을 받는 자와 미움을 받는 자가 둘 다 아들을 낳았다 하자 그 미움을 받는 자의 아들이 장자이면. 자기의 소유를 그의 아들들에게 기업으로 나누는 날에 그 사랑을 받는 자의 아들을 장자로 삼아 참 장자 곧 미움을 받는 자의 아들보다 앞세우지 말고. 반드시 그 미움을 받는 자의 아들을 장자로 인정하여 자기의 소유에서 그에게는 두 몫을 줄 것이니 그는 자기의 기력의 시작이라 장자의 권리가 그에게 있음이니라
*** 네 형제의 소나 양이 길 잃은 것을 보거든 못 본 체하지 말고 너는 반드시 그것들을 끌어다가 네 형제에게 돌릴 것이요 네 형제가 네게서 멀거나 또는 네가 그를 알지 못하거든 그 짐승을 네 집으로 끌고 가서 네 형제가 찾기까지 네게 두었다가 그에게 돌려줄지니

부", "외국인"레위기 19:9-10, 신명기 14:29, 신명기 24:19, 시편 10:14을 도우라 말한다. "곤궁하고 빈한한 품꾼"의 품삯을 제대로 주지 않는 것은 악이다신명기 23:24-25*, 신명기 24:14-15**, 신명기 24:17-22***. 생각해보라, 보수·우파 심지어 그리스도인 중에도 애국심과 신앙심을 명분 삼아 가난한 자들을 골수까지 부려먹는 경우가 얼마나 많은가? 이것은 악이다. 여호와의 눈을 촉범하는 범죄이다.

정치 용어를 빌자면 성경이 말하는 복지는 '무차별 복지'가 아니다. '보편적 복지'가 아니다. 나라의 제도 전체를 바꾸는 사회주의나 사회적 경제가 아니다. '선별적 복지'다. 고아·과부·떠돌이·나그네·외국인·가난한 자를 선택해 돕는 것이다. 이것은 '강요된 베풂'이 아니다. '자발적 베풂'이다. 인간은 하나님을 닮아 창조된 자율적 존재인 탓이다.

선을 행하지 않는 자는 복이 아닌 저주가 임한다. 저주의 전형典型은 혁명이다. 미움·증오·분노가 치받아 세상을 뒤집는 혁명이 그렇다. 자본주의를 지키고 싶은가? 그렇다면 빛이 필요하다. 소금이 필요하다. 시장市場이 인간의 죄로 인해 썩지 않게 하는 정신적 요소가 필요하다. 희생과 헌신을 주도할 '도덕적 소수'가 필요하다.

---

* 네 이웃의 포도원에 들어갈 때에는 마음대로 그 포도를 배불리 먹어도 되느니라 그러나 그릇에 담지는 말 것이요 네 이웃의 곡식밭에 들어갈 때에는 네가 손으로 그 이삭을 따도 되느니라 그러나 네 이웃의 곡식밭에 낫을 대지는 말지니라
** 곤궁하고 빈한한 품꾼은 너희 형제든지 네 땅 성문 안에 우거하는 객이든지 그를 학대하지 말며 그 품삯을 당일에 주고 해 진 후까지 미루지 말라 이는 그가 가난하므로 그 품삯을 간절히 바람이라 그가 너를 여호와께 호소하지 않게 하라 그렇지 않으면 그것이 네게 죄가 될 것임이라
*** 너는 객이나 고아의 송사를 억울하게 하지 말며 과부의 옷을 전당 잡지 말라 너는 애굽에서 종 되었던 일과 네 하나님 여호와께서 너를 거기서 속량하신 것을 기억하라 이러므로 내가 네게 이 일을 행하라 명령하노라 네가 밭에서 곡식을 벨 때에 그 한 뭇을 밭에 잊어버렸거든 다시 가서 가져오지 말고 나그네와 고아와 과부를 위하여 남겨두라 그리하면 네 하나님 여호와께서 네 손으로 하는 모든 일에 복을 내리시리라 네가 네 감람나무를 떤 후에 그 가지를 다시 살피지 말고 그 남은 것은 객과 고아와 과부를 위하여 남겨두며 네가 네 포도원의 포도를 딴 후에 그 남은 것을 다시 따지 말고 객과 고아와 과부를 위하여 남겨두라 너는 애굽 땅에서 종 되었던 것을 기억하라 이러므로 내가 네게 이 일을 행하라 명령하노라

도덕적 소수는 성경에 나오는 빛과 소금의 역할을 하는 이들이다. 자기를 부인하고 십자가를 지는 이들이다. 아담 스미스가 말한 시장경제도 실은 피도 눈물도 없는 맘몬적 자본주의가 아니다. 도덕적 소수를 전제했다. 18세기 영국의 철학자 에드먼드 버크는 이들을 '보수주의자'라고 불렀다. 프랑스혁명에서 확인된 벌거벗은 이성의 제국, 빈자貧者의 질투와 원한으로부터요, 위대하고 존경스러운 문명, 즉 기독교 문명을 지키는 사람들이다.

　한국은 어떤가? 사회주의 · 공산주의, 이념의 독배를 든 속물들이 시장을 거칠게 흔들어대지만, 기독교 문명을 지키는 도덕적 소수, 진정한 보수주의자를 찾기가 어렵다. 가진 자는 명품을 흔들며 세상의 향락을 즐긴다. 도끼를 든 좌익에 겁먹은 강요된 선행, 폭력적 복지만 판친다. 먹물 찬 좌익들아 회개하라. 성경을 읽어라. 우익의 복면을 쓴 욕심꾸러기들은 양심을 찾아라.

　자생적 질서를 인위적 질서로 바꾸는 것은 무너질 수밖에 없는 모래성을 쌓는 것이다. 왜곡된 인본주의人本主義다. 인본주의는 불완전한 인간을 완전한 신의 자리에 올려놓은 '절대독재'의 모습으로 귀결될 것이라고 성경은 경고한다. 사회주의, 공산주의, 복지만능의 사회민주주의가 그렇다. 요한계시록의 666을 생각해보라. 적그리스도가 매매를 못하게 하지 않는가? 시장에서 자유롭게 사고팔지 못하게 강압적 개입과 규제를 한다는 것이다.

　시장경제는 썩어가고 광명의 천사를 가장한 정의의 심판자, 적그리스도가 등장할 것이다. 사회주의적 규제와 개입을 넘어 공공의 안전과 안녕을 이유로 짐승의 표를 강요할 것이다. 물건을 사지도 팔지도 못하게 될 것이다. 이것은 인간의 죄성이 만들어 낼 막을 수 없는 미래다. 그러나 하나님은 명하고 계신다. "그가 또 언약을 배반하고 악행하는 자를 궤휼로 타락시킬 것이나 오직 자기의 하나님을 아는 백성은 강하여 용맹을 발하리라"다니엘 11:32 오직 하나님을 아는 백성들은 강하여 용맹을 발하여 지혜로운 자가 되어 많은 이들을 옳은 데로 돌아오게 할 것이다.

인간은 신神이 아니다. 화원을 만드는 주인이 아니다. 신이 만든 화원을 가꾸는 정원사요. 인간의 탐욕이 망가뜨린 쑥대밭을 공의의 재판으로 회복하는 거룩한 청지기다.신명기 16:18-22 화원을 보리밭으로, 돼지우리로 만드는 도발, 시스템 자체를 뒤집는 변혁은 실패했고 앞으로도 실패할 것이다. 종국엔 예수 그리스도께서 다시 오시는 날 완전한 패배를 맛보게 될 것이다.

대한민국은 마지막 때 하나의 영적 강대국이 되어 북한을 열고 복음을 전할 사명을 지닌 나라다. 자본주의의 하드웨어를 지켜내라. 자본주의 정신의 소프트웨어를 살려내라. '천박한 자본주의'가 아닌 '사랑의 자본주의'로 거듭나라.

도덕적 소수여 일어나라. 자신의 유익이 아닌 타인의 유익을 구하는 사람들. 21세기의 오산학교, 21세기의 배재학당은 세워질지어다. 동성애·음란의 파고를 넘어 북한의 구원과 해방, 선교한국을 꿈꾸는 기독교 지성은 일어날지어다.

하나님. 국민들이, 기독교인들이 사회주의 포퓰리즘 미혹에서 벗어나게 하시고, 무엇보다 신앙인들이 세상을 짜게 하는 소금, 밝히는 빛의 사명을 감당케 하옵소서. 등경 밑에 스스로 숨어 들어가지 않게 하시고 사람 앞에 비추게 하시어 한민족 교회가 제사장 나라의 사명을 감당할 수 있도록 거룩한 신부가 되어 그러한 이들을 길러낼 수 있게 하옵소서.

북한의 우상숭배 체제를 하루속히 무너뜨려 주시고 한반도 남북에서 우상의 세력이 예수 그리스도 이름으로 무너지게 하옵소서. 가련한 북한동족들 하루속히 해방하고 구원하여 주시어 예수 그리스도께서 주시는 구속의 기쁨을 함께 누리며 만주로 연해주로, 이스라엘까지 예수 이름을 증거하게 하옵소서.

6
사탄과 입 맞추는 이 노래

해리포터, 신비한 동물사전 그리고 닥터스트레인지

윤석열 5년은 위기이자 기회이다. 좌익이 더 발호하기 전, 북핵이 더 개량되기 전, 중국이 더 팽창하기 전, 미국이 더 약해지기 전 하나님이 한민족에 주신 부르심을 이루어야 한다. 김일성 왕조를 평화적으로 무너뜨려 예수 그리스도께서 다시 오실 길을 예비해야 한다. 대륙과 초원을 향해 뻗어갈 선교의 길을 터야 한다. 문들아 머리를 들지어다. 영원한 문들아 들릴지어다. 영광의 왕이 들어가신다.

전 세계의 종말적 흐름은 상황을 더욱 절박케 만든다. 사탄은 우리의 먹고 입고, 보고 듣고 느끼는 모든 영역을 미혹케 만든다. 사탄의 부림 받는 '큰 성 바벨론'은 인간을 음행淫行으로 몰아간다. 요한계시록 18장에 등장하는 큰 성 바벨론은 사람의 영혼을 사고파는 세력이다. 인간을 바알과 아세라,

물신物神 숭배로 내몰다 마침내 큰 맷돌처럼 던져져 심판받을 것이다. 그러나 그날이 올 때까지 발악할 것이다.

많은 이들은 싱거운 의문을 던진다. 왜 북한의 우상숭배 체제를 무너뜨려야 합니까? 왜 중국과 러시아, 대륙과 초원을 지나는 선교의 길을 열어야 합니까? 답은 명쾌하다. "예수께서 돌이키사 제자들을 보시며 베드로를 꾸짖어 이르시되 사탄아 내 뒤로 물러가라 네가 하나님의 일을 생각하지 아니하고 도리어 사람의 일을 생각하는도다 하시고"마가복음 8:33

타락한 인간은 하나님의 일을 하지 않으면 사람의 일을 할 수밖에 없다. 위엣 것을 생각하지 않으면 땅엣 것을 생각게 된다.* 종말로 가는 이 세대를 본받아 천박한 죄악과 음란에 젖는다. 왜 북한의 구원과 해방, 마지막 때 세계 선교의 길을 열어야 하냐고? 그렇게 하지 않으면 우리는 가짜 정의·가짜 평등·가짜 인권에 미혹될 것이다. 악하고 게으른 종으로 취하고 잠들어 마침내 심판받을 것이다.

사람들아 분별하라. 큰 성 바벨론이 사람의 영혼을 빼앗기 위해 쓰는 무기가 있다. 금빛으로 도장된 정의, 평등, 인권의 에봇Ephod**이다. 20세기 들어 이 가짜 정의·가짜 평등·가짜 인권은 사회주의socialism라는 홀로그램으로 국민을 속였다. 21세기를 지나며 사회주의는 복지만능의 포퓰리즘populism으로 표정을 바꿨다. 또 한편 동성애를 앞세운 젠더주의genderism로 새로운 뿔을 달고 나섰다. 남은 자들의 전쟁은 더 치열해졌다.

동성애 젠더주의는 의식주를 포함한 모든 문화영역에 침투해 기독교 문명을 허무는 중이다. 그리스도인들의 넋을 빼고 힘을 없애 영적인 난쟁이로

---

* 위엣 것을 생각하고 땅엣 것을 생각지 말라(골로새서 3:2)
** 제사장의 의복으로, 가슴과 등을 덮는 긴 조끼 모양의 상의

찌그러뜨린다. 대다수 한국의 기독교인들도 동성애는 성경적 죄임을 알고 있다. 남자가 여자와 교합함같이 남자와 교합하는 것은 가증한 일이다.* 부끄러운 일이며 상당한 보응을 받는다.** 하나님 나라를 유업으로 받을 수 없으며 영원한 불의 형벌을 받는다.***

동성애는 정신적 사랑이 아니다. 육체적 정욕의 끝이다. 그럼에도 동성애 범람은 쓰나미처럼 몰려온다. 연령제한이 없는 히어로 영화도 동성애 코드는 약방의 감초처럼 삽입된다. '도대체 왜 저기 저런 장면이 들어가 있는가?' 의아할 정도다. '작정하고 넣었다'는 것 외엔 다른 생각이 들지 않는다.

2022년 개봉된 유명한 영화들 몇 개를 보자. '신비한 동물사전' 시리즈 3탄 '신비한 동물들과 덤블도어의 비밀'의 주인공 덤블도어와 그린델왈드는 과거 사랑하는 사이였던 것으로 나온다. '신비한 동물사전'은 유명한 '해리포터' 시리즈의 후속편이다. 덤블도어는 해리포터가 다니는 호그와트 마법학교 교장 출신이다.

'신비한 동물사전'과 '해리포터' 시리즈 원작자는 영국의 J. K 롤링1965~ 이다. 롤링은 예전부터 덤블도어는 '게이gay'라는 주장을 해왔다. 어린이들이 독자인 자신의 책에 동성애 코드가 들어가 있음을 밝혀온 것이다. 이로 인해 미국 기독교단체들은 해리포터 반대운동을 하기도 했다. 한국 기독교인들이 해리포터를 즐겨 읽는 것과 대비된다.

---

* 너는 여자와 교합함같이 남자와 교합하지 말라 이는 가증한 일이니라(레위기 18:22) 그 땅에 또 남색(男色)하는 자가 있었고 여호와께서 이스라엘 자손 앞에서 쫓아내신 국민의 모든 가증한 일을 무리가 본받아 행하였더라(열왕기상 14:24)
** 이 때문에 하나님께서 그들을 부끄러운 욕심에 내버려 두셨으니 곧 그들의 여자들도 순리대로 쓸 것을 바꾸어 역리로 쓰며 이와 같이 남자들도 순리대로 여인 쓰기를 버리고 서로 향하여 음욕이 불일듯 하매 남자가 남자로 더불어 부끄러운 일을 행하여 저희의 그릇됨에 상당한 보응을 그 자신에 받았느니라(로마서 1:26-27)
*** 불의한 자가 하나님의 나라를 유업으로 받지 못할 줄을 알지 못하느냐 미혹을 받지 말라 음란하는 자나 우상 숭배하는 자나 간음하는 자나 탐색하는 자나 남색하는 자나 도적이나 탐람하는 자나 술 취하는 자나 후욕하는 자나 토색하는 자들은 하나님의 나라를 유업으로 받지 못하리라(고린도전서 6:9-10) 소돔과 고모라와 그 이웃 도시들도 저희와 같은 모양으로 간음을 행하며 다른 색(色)을 따라가다가 영원한 불의 형벌을 받음으로 거울이 되었느니라(유다서 1:7)

2022년 5월 개봉된 '닥터 스트레인지' 시리즈 2탄 '닥터 스트레인지, 대혼돈의 멀티버스'는 흡사 영적 포르노 수준이다. 마블코믹스Marvel Comics 사의 이 작품은 소위 일루미나티 등 반反기독교 심볼로 도배가 되어 있다. 급기야 마지막 부분에 '닥터 스트레인지'는 이마 위에 제3의 눈, 전시안이 열린 모습으로 등장한다.

'닥터 스트레인지'가 역겨운 것은 주인공인 아역배우 '아메리카 차베즈'를 레즈비언lesbian으로 설정한 것이다. 14세에 불과한 청소년을 동성애자 슈퍼히어로로 분장해 놓았다. 헌데 영화 속의 아메리카 부모 역시 엄마·엄마 동성커플로 나온다.

영화배우 마동석과 안젤리나 졸리가 등장한 마블코믹스의 '이터널스'라는 히어로물 역시 동성커플이 나온다. 놀라운 일은 슈퍼히어로가 궐기하는 이유가 가정을 지키는 것인데 이 가정의 예시로 동성가정이 나온다는 사실이다. 영화는 이 동성가정의 행복한 모습과 입양한 아동의 표정을 자세하게 묘사한다. 물론 극 중 배우 역시 커밍아웃한 게이를 캐스팅했다.

미국의 디시코믹스DC Comics는 2021년 양성애자 바이섹슈얼 슈퍼맨을 등장시켰다. 만화책인 '슈퍼맨. 칼엘의 아들' 5편에 나오는 존 켄트가 남자와 여자를 동시에 사랑하는 슈퍼맨으로 나온다. 디시코믹스는 마블코믹스와 함께 미국 만화산업의 양대 산맥이다. 슈퍼맨, 배트맨, 원더우먼, 그린 랜턴 등의 유명 캐릭터가 이곳에서 나왔다. 만화책으로 등장한 컨텐츠는 이후 영화로 제작되어 나온다. 요컨대 미국을 포함한 전全세계 어린이·청소년에 절대적 영향을 주는 디시코믹스·마블코믹스 모두 동성애 코드는 약방의 감초가 되었다.

이들 미디어기업 모두 세계관을 갖고 있다. 디시코믹스는 디시유니버스

DC Universe, 마블코믹스는 마블 시네마틱 유니버스Marvel Cinematic Universe 라는 세계관이다. 모두 선과 악의 대립을 뜻한다. 헌데 그 선善의 편에 양성애자, 동성애자를 배치해놓으니 반동성애, 성경적 가치의 수호를 외치는 이들은 악의 편에 서게 될 판이다.

영화·드라마에 나오는 동성애 코드는 경계가 없어졌다. 마블코믹스 모회사인 디즈니사 역시 동성애 쪽으론 악명 높다. 2022년 3월에는 디즈니 프로듀서가 어린이용 애니메이션에 동성애 코드를 집어넣는 방안을 논의한 영상이 유출되어 논란이 일었다. 영상을 보면, 디즈니 TV애니메이션 제작 책임자 라토야 라브노라는 책임 프로듀서가 디즈니 그룹 최고위급 직원들과 소위 성소수자LGBTQ+ 코드 등 소수자를 위한 목소리를 콘텐츠에 더 많이 포함시키는 제작 지침을 마련하는 방안을 논의했다고 나온다. 즉 회사 차원에서 '더 많이' 넣을 방안을 전략적으로 연구했다는 것이다.

근본적 의문이 제기될 수밖에 없다. 이런 미디어를 완전히 피해야 하는가? 아니면 피할 수 있는가? 선택은 당신의 몫이다. 다만 부모세대는 자녀에게 정확한 분별을 시켜야 할 의무가 남는다. 크리스천 자녀들이 동성애 가정을 지키는 슈퍼히어로가 되는 것을 꿈꾸는 비전을 갖는 것은 참담한 일이다.

레고·바비인형 디즈니의 희한한 랜드

동성애는 미디어는 물론 의식주와 가정, 교회, 운동, 법률 등 모든 영역에 전全방위적으로 폭풍처럼 몰아친다. 지상을 심판 앞의 소돔과 고모라처럼 만들려는 사탄의 발악같다. 그 중의 최악은 아이들을 대상으로 생활 속에 파고드는 흐름이다. 그런 면에서 어둠의 속살을 혼자 느끼는 것으론 부족하다. 다음 세대에 전하고, 다니엘처럼 승리할 수 있도록 영적 근육을 길러 줘야 한다.

몇 가지 팩트를 보자. 레고Lego, 세계 최대 장난감 제조업체인 덴마크 레고사社는 2021년부터 더 이상 여아용·남아용 제품을 구분하지 않기로 했다. 자사 온라인 홈페이지에서 성별로 장난감을 구분한 카테고리를 삭제했다. 레고사는 소위 모든 아이에게 전통적 성 규범에 얽매이지 않는 포용적 놀이를 보장하는 취지라고 설명한다. 남녀 구별을 없애고 원하는 성을 스스로 결정할 수 있게 하자는 것이다.

디즈니는 이미 2015년부터 상점에서 판매하는 아동용 의상을 여아용·남아용이 아닌 '어린이용'으로 분류한다. 미국 디즈니랜드에서는 소위 게이랜드gay-land, 즉 동성애 행사가 정기적으로 열린다.

바비 인형 제조 회사로 유명한 마텔Mattel도 지난 2019년 머리 모양, 의상, 액세서리 등을 원하는 대로 조합해 다양한 성별을 표현할 수 있는 성 중립 바비 인형Gender neutral Barbie 시리즈를 출시했다.

한국도 글로벌 동성애 혁명에 '적극' 동참 중이다. 2021년 기독교인으로 알려진 김정화 등이 출연한 tvN 동성애 드라마 '마인'이나 같은 해 선풍적 인기를 끈 동성애 웹 소설을 이듬 해 드라마로 만든 '시맨틱에러'*, 공전의 히트를 친 '오징어게임'에 삽입된 동성애 장면 등 동성애 컨텐츠는 홍수 수준이다.

한국의 대표서점 교보문고는 2022년 총 1억 원의 상금을 걸고 BL소설

---

* 이 드라마는 OTT서비스 '왓챠'를 통해 공개되었다. OTT(Over The Top)은 넷플릭스처럼 인터넷을 통해 제공되는 미디어를 가르킨다.

공모전까지 개최했다. 'BL'은 보이즈러브Boys Love 즉 남자 간의 동성애를 다룬 컨텐츠다. 교보문고의 이 공모전은 "BOY는 사랑"이라는 슬로건을 내걸었다. 교보문고는 이미 오래전부터 홈페이지에 아예 BL장르를 만들어 장사해왔다.

2021년 말 한국에서는 소위 기독 퀴어Queer 청소년 만화까지 출간되었다. 청소년들의 퀴어, 즉 성소수자로 통칭되는 레즈비언·게이·양성애자·트랜스젠더 등을 다루는 만화라는 것이다. 그 앞에 기독, 즉 참람되게도 그리스도라는 말이 붙어 있다. 만화 제목도 '요나단의 목소리'이다. 다윗과 요나단 우정을 퀴어적으로 묘사했다는 것이다. 스토리를 보면 기독교 미션스쿨 기숙사를 배경으로, 목회자 자녀로 자란 선우와 그를 옆에서 지켜보는 의영의 성장을 그린 이야기라고 되어 있다.

위험한 글로벌기업의 동성애 마케팅

동성애는 기업의 주요 마케팅 소재로도 적극 활용되고 있다. 해외 대기업은 보편적 행태로 굳어진 지 오래다. 애플, 구글, 나이키, 아디다스, 스타벅스, 코카콜라, 메리엇 호텔, 러쉬, 이케아, 또 자동차 회사인 포드, 재규어, 랜드로버 등 이름만 들어도 알 수 있는 숱한 글로벌 기업이 동성애 옹호 광고를 만들고 동성애 단체에 기부한다.

스타벅스, 코카콜라, 애플, 페이스북 등은 그 중에서도 심하다. 애플 CEO 팀 쿡이 커밍아웃한 동성애자인데다 회사 자체가 동성애 후원을 열심히 해왔다. 회사 차원에서 동성애 행사도 공식 참여한다. 페이스북 역시 CEO인 마크 저커버그가 직원들과 함께 동성애 행사에 참여하는 모습이 언론에 자주 나왔다.

2018년에는 애플의 앱스토어에서 기독교단체의 탈동성애 앱을 삭제했다. 중국에서는 2021년 '올리브 트리 바이블 앱스'라는 기독교 앱을 없앴다. 단순히 동성애 옹호에 그치지 않고 동성애를 공격하는 기독교를 공격하는 모양새다.

스타벅스 하워드 슐츠 회장. 지금은 명예회장인 이 유명한 CEO는 2012년 동성 결혼 법안 추진 지지선언에 나섰다. 매년 동성애 단체에도 거액을 기부한다. 스타벅스는 2019년 6월 한 기독교 여성 직원이 동성애 지지의 뜻이 담긴 '프라이드Pride' 티셔츠 입기를 거부하자 해고해 버렸다.

코카콜라도 동성애 광고가 유명하다. 이미 2014년 슈퍼볼 광고에 게이부부 딸이 즐겁게 롤러스케이터를 타는 모습을 담았다. 슈퍼볼 광고는 한 번에 1억 명 이상의 시청자들에게 공유되는 파급력을 갖고 있다.

버거킹 역시 전통적인 친親동성애 기업이다. 2021년 치킹Ch'King이라는 이름의 새 치킨샌드위치를 출시할 때는 1개 판매할 때마다 40센트씩을 동성애단체에 기부한다고 밝혔었다. 버거킹 측은 사랑은 사랑일 뿐이라며 동성애 지지를 마케팅에 적극 활용했다.

국내 기업은 그나마 나은 편이다. 스스로 동성애 광고를 만든 곳은 아직 없으니 말이다. 2019년 7월에 오비맥주 카스가 서울 퀴어문화축제를 기념해 인쇄 광고를 선보인 적이 있다. 한국어로 된 첫 번째 동성애 지지 광고였다. 하지만 카스는 국내 기업이 아니다. 2014년, 세계 최대 맥주 기업인 벨기에 AB인베브에 인수되었다.

국내 기업이 해외에서 동성애 광고를 만든 적은 있다. 현대자동차는 2018년 선보인 독일 싼타페 광고에 동성애 컨텐츠를 삽입했다. '모든 종류의 가족을 위해'라는 카피로 제작된 광고에 레즈비언 커플의 결혼식 장면이 등장했다.

삼성전자도 2018년 뉴욕에서 열린 동성애 행사인 소위 프라이드위크 pride week 기간에 뉴욕시 삼성 마케팅센터에서 소위 성소수자 문화행사를 열었다. 당시 삼성전자는 마케팅 센터 이름을 '프라이드 플레이스'로 바꾸고 프라이드위크 참여자에게 삼성제품 홍보에 나섰다.

포스코는 성정체성을 포함한 모든 차별을 철폐하는 내용을 담은 사내 윤리규범을 신설했다. 현대카드는 남녀 공용 화장실을 만들겠다고 밝히고 진행 중이다.

기업들이 동성애 마케팅에 나서는 이유는 소위 다양성을 존중하는 기업이라는 이미지를 부각하려는 것이다. 심각한 것은 돈을 쥐고 있다는 것 외에도 이곳이 일터인 탓이다. 외국계 기업에서 일하는 크리스천 청년들은 동성애를 정상으로 강제하는 기업 분위기 때문에 이직하는 경우도 있다.

악하고 음란한 세상은 끝을 향하고, 소돔과 고모라 역시 번져갈 것이다. 그러나 아담과 하와의 타락 이후 온 세상은 악한 자가 처한 곳이다. 성경에 나오는 숱한 영웅들도, 악한 자가 처한 세상에서 믿음으로 세상을 이겼다. 다윗은 천만인이 그를 둘러 진을 쳤다. 이해해 주는 이도, 따르는 이도 없고 오히려 죽이려는 자들뿐이었다. 다니엘은 바벨론 제국의 가짜 신에 절하지 않으면 죽임당할 처지였다. 그러나 하나님만 믿는 믿음은 기적을 만들고 약속을 기업으로 이루어냈다. 어둠과 흑암, 음란이 창궐한 이때 선과 악, 빛과 어둠을 분별할 수 있기를 기도한다. 악과 어둠이 아닌 선과 빛의 편에 서 예수만 그리스도로 믿음으로 승리하는 자들이 될 수 있기를 기도한다.

15% 청소년이 자살 시도. 충격적 조사

하나님은 우리에게 복과 저주를 선택케 하셨다. "내가 오늘 복과 저주를 너희 앞에 두나니. 너희가 만일 내가 오늘 너희에게 명하는 너희의 하나님 여호와의 명령을 들으면 복이 될 것이요. 너희가 만일 내가 오늘 너희에게 명령하는 도에서 돌이켜 떠나 너희의 하나님 여호와의 명령을 듣지 아니하고 본래 알지 못하던 다른 신들을 따르면 저주를 받으리라"신명기 11:26-28

하나님의 명령을 지켜 받는 축복은 단순한 경제적 보상에 그치지 않는다. "세계 모든 민족 위에 뛰어나게 하실 것"*이며, "머리가 되고 꼬리가 되지 않게 하실 것"**이며, "많은 민족에게 꾸어줄지라도 꾸지 않을 것"***이며, "들어와도 복을 받고 나가도 복을 받을 것"****이며, 대적들은 "한 길로 치러 왔으나 일곱 길로 도망할 것"*****이며, "때를 따라 비를 내리시고 모든 일에 복을 주실 것"※이다.

그러나 반대도 있다. 하나님은 자신의 명령을 지켜 행하지 않으면 "모든 저주呪咀가 임할 것"이라고 경고하셨다.※※ "들어와도 저주를 받고 나가도 저주를 받을 것"이며, "비 대신에 티끌과 모래를 내리시며", "적군을 치러 한 길로 나가서 일곱 길로 도망할 것이며", "땅의 모든 나라 중에 흩어지

---

* 네가 네 하나님 여호와의 말씀을 삼가 듣고 내가 오늘 네게 명령하는 그의 모든 명령을 지켜 행하면 네 하나님 여호와께서 너를 세계 모든 민족 위에 뛰어나게 하실 것이라(신명기 28:1)

** 여호와께서 너를 머리가 되고 꼬리가 되지 않게 하시며 위에만 있고 아래에 있지 않게 하시리니 오직 너는 내가 오늘 네게 명령하는 네 하나님 여호와의 명령을 듣고 지켜 행하며(신명기 28:13)

*** 여호와께서 너를 위하여 하늘의 아름다운 보고를 여시사 네 땅에 때를 따라 비를 내리시고 네 손으로 하는 모든 일에 복을 주시리니 네가 많은 민족에게 꾸어줄지라도 너는 꾸지 아니할 것이요(신명기 28:12)

**** 네가 들어와도 복을 받고 나가도 복을 받을 것이니라(신명기 28:6)

***** 여호와께서 너를 대적하기 위해 일어난 적군들을 네 앞에서 패하게 하시리라 그들이 한 길로 너를 치러 들어왔으나 네 앞에서 일곱 길로 도망하리라(신명기 28:7)

※ 여호와께서 너를 위하여 하늘의 아름다운 보고를 여시사 네 땅에 때를 따라 비를 내리시고 네 손으로 하는 모든 일에 복을 주시리니 네가 많은 민족에게 꾸어줄지라도 너는 꾸지 아니할 것이요(신명기 28:12)

※※ 네가 만일 네 하나님 여호와의 말씀을 순종하지 아니하여 내가 오늘 네게 명령하는 그의 모든 명령과 규례를 지켜 행하지 아니하면 이 모든 저주가 네게 임하며 네게 이를 것이니(신명기 28:15)

고", "수고로 얻은 것을 네가 알지 못하는 민족이 먹겠고", "항상 압제와 학대를 받을 뿐"이라고 말씀하셨다.

또 "많은 종자를 뿌려도 메뚜기가 먹을 것"이며, "포도원을 심고 가꿀지라도 벌레가 먹어 포도를 따지 못할 것"이며, "감람나무가 있을지라도 그 열매가 떨어져 기름을 쓰지 못할 것"이며, "자녀를 낳을지라도 포로가 될 것"이며, "모든 나무와 토지소산은 메뚜기가 먹을 것"이며, "이방인은 점점 높아져 네 위에 뛰어나고 너는 점점 낮아질 것"이며, "그는 머리가 되고 너는 꼬리가 될 것"이며 "이 모든 저주가 네게 와서 마침내 너를 멸할 것"이라고 하셨다. 신명기 28:38-45

저주는 여기서 그치지 않는다. 여호와는 "염병"·"폐병"·"열병"·"염증"·"학질"·"한재"·"풍재"와 "썩는 재앙"으로 치신다 하셨다.신명기 28:21-22 "애굽의 종기와 치질"·"괴혈병"·"피부병"으로 치실 것이며 "치유 받지 못할 것"이라고 하셨다. 또한 여호와께서 "미치는 것과 눈머는 것과 정신병으로 치시리니", "네 눈에 보이는 일로 말미암아 네가 미치리라"고 말씀하셨다. 신명기 28:19-45

하나님의 명령은 분명하다. "너는 여자와 교합함같이 남자와 교합하지 말라 이는 가증한 일이니라"레위기 18:22 동성애는 부인할 수 없는 성경적 죄이다. "남색男色하는 자는 하나님의 나라를 유업으로 받지 못한다". 고린도전서 6:9-10 하나님이 가증이 여기는 일이다. 만일 이 율법을 어기면 가난, 기근, 전쟁, 추방은 물론 신체적·정신적 질병 등 모든 고통이 닥치게 하셨다.

에이즈AIDS 또는 에이즈를 일으키는 후천성면역결핍바이러스HIV가 동성애에서 기인하는지는 의료계와 좌파 간의 해묵은 논쟁 중 하나다. 그러나 에이즈 주요 원인 중 하나가 동성애라는 사실은 부인할 수 없다. 미국의 경우 2010~2015년 발생한 HIV감염인 중 67%가 동성애자 또는 양성애자로 보고되었다. 반면 이성애자는 24%였다. 2015년에는 신규 남성 감염인 중 82%가 동성애자 또는 양성애자였다.

한국도 통계는 비슷하다. 2018년 연세대 의료진이 발표한 '국내 HIV감염의 감염경로 분석'에 따르면 국내 에이즈 감염자 중 남성 동성애자가 월등히 많았다. 에이즈 감염경로는 동성 또는 양성 간 성 접촉이 60%, 이성 간 성 접촉은 34.6%였다. 이성 간 성 접촉에 의한 에이즈 감염보다 동성 또는 동성과 이성을 함께 성 접촉한 에이즈 감염이 2배 가량 높게 나왔다.

하나님의 율법을 어기면, 육체 뿐 아니라 정신도 문제가 생긴다. 어쩔 수 없다. 미국의 자살예방단체인 '트레버 프로젝트The Travor Project'는 2021년 충격적 통계를 냈었다. 2020년 12월 2일부터 2021년 3월 31일까지 미국에 거주하는 13~24세 이른바 성소수자 4만 여명을 대상으로 한 '2020년 전국 청소년 정신건강 조사'다. 이에 따르면, 미국 내 동성애자·양성애자 청소년 40%가 2020년 한 해 동안 자살을 '심각하게 고려했다'고 답했다. 그 중 15%는 실제로 자살을 시도했다.

소위 LGBTQ* 청소년 중 68%는 불안장애 증세를, 55%는 우울증 증세를 보였다. 48%는 자해를 한 것으로 나왔다.

47만 명을 조사한 결과도 있다. 2019년 8월 미국 하버드대학·매사추세츠종합병원, 영국 캠브리지대 등 국제공동연구진이 동성애 경험이 있는 47만 명을 대상으로 조사한 결과에 따르면, 동성애자 그룹이 이성애자 그룹에 비해 우울증과 조현병정신분열병이 더 많이 발견되었다고 발표했다.

---

* 여성동성애자(Lesbian), 남성동성애자(Gay), 양성애자(Bisexual), 성전환자(Transgender), 퀴어(Queer)

또 동성애자 단일 유전자는 없다고 밝혔다. 즉 동성애는 타고난 것이 아니라는 분석이다.

한국도 비슷한 통계가 나온다. 2014년 통계청 '사회조사 보고서'를 보면, '지난 1년간 자살하고 싶다는 생각을 했느냐'는 질문에 13살 이상 중 6.8%가 "예"라고 답했다. 반면 소위 성소수자는 10배 가까운 66.8%가 "예"라고 답했다. 남성 성소수자는 72.3%가, 여성 성소수자는 27.75%가 "예"라고 답했다.

국내외 연구 결과는 동일하다. 동성애자의 정신적 질병이 일반인보다 훨씬 높다는 것이다. 소위 진보·좌파는 이것은 사회적 차별의 결과니 차별금지법을 만들라고 주장한다. 물론 차별금지법이 나오면 동성애자는 조금 더 만족스러운 '프라이드'를 느낄지 모른다. 그러나 동성애는 더욱 만연할 것이다. 헌데 성경은 동성애를 죄罪로서 금하고 있으니, 결국 차별금지법은 소위 '차별을 말하는' 성경 자체를 없애는 쪽으로 나아갈 수밖에 없다. 사탄의 목표를 이루는 것이다.

차별금지법을 다시 정의하면 이러하다. 성경을 차별을 조장하는 문서로 만들어 없애는 '성경폐지법', '성경소각법'이다. 그럼에도 적지 않은 기독교인, 특정지역 기독교인 상당수는 차별금지법에 동의한다. 성경을 믿지 않는 기독교인, 자녀의 축복이 아닌 저주를 바라는 기독교인이 늘어나는 것이다.

기도합니다. 하나님, 하나님께서 복과 저주를 우리 앞에 두시고, 하나님 여호와의 명령을 들으면 복이 될 것이요, 너희가 만일 내가 오늘 너희에게 명령하는 도에서 돌이켜 다른 신들을 따르면 저주를 받을 것이라 말씀하신 것처럼, 한국의 기독교인들이 저주가 아닌 축복의 선택을 하게 하옵소서. 저주가 아닌 축복의 나라를 유지할 수 있도록 승리의 기름을 부어주옵소서.

성소수자 도쿄올림픽 선수 172명

질서는 경계境界다. 하늘이 땅이 될 수 없고, 바다가 육지가 되지 못한다. 육신적이고 정욕이고 마귀적인 지식에 잡힌 이들은 차별差別 철폐를 앞세워 이 모든 구별區別을 없애려 나선다. 동성애 등 '젠더' 이슈는 남자와 여자의 경계를 허무는 무기다. 무엇보다 스포츠 영역은 가장 민감한 영적인 전쟁터 중 하나가 되었다.

남자가 여자가 되어 우승한 선수를 소수자라는 이름으로 보호해야 하는가? 엽기적이다. 2021년 9월에는 미국 특수부대 출신의 남성이 성전환 수술을 받은 뒤 여성 종합격투기 대회에 출전해 승리했다. 알라나 맥러플린(38)이라는 인물은 미美 육군 특수부대에서 6년을 근무하고 성전환 수술을 받았다.

인류의 제전祭典인 '올림픽'은 기괴한 게임이 되었다. 2021년 도쿄올림픽에는 공개적으로 성소수자LGBTQ임을 밝힌 출전선수는 172명이다. 이들은 27개 나라에서 30개 종목에 출전했다. 2012년 런던올림픽의 23명, 2016년 리우올림픽의 56명에 비해 세 배나 늘어난 수치다. 다음번 올림픽이 열리는 2024년 파리에선 더 많은 소위 성소수자가 참여할 것이다.

도쿄올림픽엔 성전환트랜스젠더 선수도 출전했다. 뉴질랜드 소속 남자 역도선수 '개빈'은 2013년 여자 '허버드'로 성전환을 했다. 그 또는 그녀는 2017년 여자 세계선수권대회 최중량급 경기에서 은메달을 딴 데 이어 도쿄올림픽에도 참가했다.

창조질서 중 또 다른 하나는 가정家庭의 형태다. 아담과 하와, 한 남자·한 여자一男一女의 결합, 이른바 전통적 가정은 성경적 명령이다. 예수 그리스도는 이것을 여러 차례 강조하셨다. "창조 때로부터 사람을 남자와 여자로 지으셨으니 이러므로 사람이 그 부모를 떠나서 그 둘이 한 몸이 될 지니라 이러한즉 이제 둘이 아니요 한 몸이니 그러므로 하나님이 짝지어 주신 것을 사람이 나누지 못 할지니라 하시더라"마가복음 10:6-9

"집에서 제자들이 다시 이 일을 물으니 이르시되 누구든지 그 아내를 버리고 다른 데에 장가드는 자는 본처에게 간음을 행함이요 또 아내가 남편을 버리고 다른 데로 시집가면 간음을 행함이니라"마가복음 10:10-12

한 남자와 한 여자, 두 사람의 결합. 예수님은 히브리 전통에 기초해 일부일처제를 강조한 것이다. 다른 성경말씀 역시 이 일남일녀, 아담과 하와의 결합을 기초로 기술되어 있다. 인간이 의지를 가지고 비혼모·비혼부 가정을 만드는 것은 따라서 하나님의 명령과 충돌한다. 창조의 질서를 부수는 목이 곧은 교만이다.

여성교도소에서 벌어진 집단 임신사건

지옥의 나팔은 마치 굉음轟音처럼 진동한다. 인터넷에는 일부다처, 일처다부, 다부다처, 셋 이상의 사람이 가정을 이루는 폴리아모리 등 소위 다양한 가정이 앞다투어 소개되어 나온다.

트랜스젠더의 임신, 현재는 남자인데 여자였던 사람의 임신은 흔한 뉴스다. 2021년 6월 미국 텔레비전 프로그램 '투데이쇼'에는 덥수룩한 수염을 한 케이든 콜맨(34)이라는 사람이 출연했다. 그 또는 그녀는 남자로 성 전환을 했는데 두 아이를 임신하고 출산했다.

콜롬비아 트랜스젠더 부부 단나 술타나와 에스테반 란드로는 2020년 아이를 가졌다. 여자에서 남자로 성을 전환한 남편 에스테반이 낳은 아이다. 지금은 남자지만, 예전에는 여자여서 임신과 출산을 했다는 얘기로 들린다.

에스테반도, 두 아이를 출산한 콜맨도 실제의 아버지가 누군지는 기사에 나오지 않는다.

2022년 4월 미국 뉴저지주州 한 에드나 메이헨 교도소에서 재소자 2명이 임신한 사건이 발생했다. 아버지는 같은 교도소에 수감 중인 트랜스젠더 여성 재소자였다.

2021년 6월 호주의 일란성 쌍둥이 자매는 한 남자와 동시에 결혼하고 임신도 동시에 하겠다는 뜻을 밝혔다. 말 그대로 일부다처제다. 비슷한 무렵 카자흐스탄의 유리 톨로츠코라는 남성은 인형, 리얼돌과 혼례를 치렀다.

멀리 갈 것도 없다. 한국의 방송인 사유리는 비혼非婚 출산으로 화제를 모았다. 서양인 정자를 받아서 파란 눈의 예쁜 아이를 낳았다. 언론은 사유리를 시대를 앞서간 진보적 여성의 표상인 양 띄웠다. 비판적 기사는 찾을 수 없었다. 그도 그럴 것이 통계청의 '2020년 사회조사 결과13세 이상 남녀 대상'를 보면 여성 응답자의 10명 중 3명은 '결혼하지 않고도 자녀를 가질 수 있다'고 답했다. 통계적으로 10명 중 3명의 여성은 비혼출산에 동의한 셈이다.

사랑이라는 이름의 휴머니즘, 인본주의로 포장된 흐름은 기독교 가치의 부정으로 이어져 '마지막 때'를 앞당길 것이다. 남녀의 경계를 허무는 동성혼 등 다양한 가정이 번지면, 모든 기준은 무너져 갈 것이다.

반성경적 질서는 온갖 현실적 문제를 낳는다. 당장 아동 인권 침해의 문제가 생긴다. UN 아동권리협약에 따르면, 아동은 양쪽 부모가 누군지 알 권리가 있다제7조. 가령 비혼가정의 아동은 부모의 기원, 뿌리를 모른다. 이것은 아동의 심각한 정체성 혼란, 정서적 단절을 부른다. 동성애·낙태와 마찬가지다. '여성의 행복추구권'·'여성의 자기결정권'을 앞세워 가장 약한 자를 짓밟는 일이다. 부모의 인권을 이유로 자녀의 인권을 짓밟는 일이다. 인권人權을 말하긴 하지만, 실은 비인도적非人道的 우행이다. 자유의지의 남용, 자유의 우상화다. 전통적 가정의 붕괴는 씨를 뿌린 남성, 기증받은 정자의 안전성, 우생학優生學 같은 생명의 상업화·정치화 등 문제도 낳는다. 미국이나 덴마크에는 상업화된 정자은행이 운영 중이다. 생명의 씨앗은 매매의 대상이 되었다. 아기는 공장에서 찍어내는 상품처럼 취급된다. 윤리적 기준, 성경을 일탈한 기술은 인간의 존엄과 가치를 동물 수준으로 전락시켜 버린다.

브리티시 락이 창조해 낸 영국의 영적 사막

반反성경적 동성애 풍조는 토네이도처럼 지상을 휩쓸며 결국 교회 해체를 향해 직진한다. 실증적 사례가 있다. 종교개혁의 발원지 유럽이 그렇다. 한때 해가 지지 않는 제국, 세계 선교를 이끌던 영국의 교회도 비슷한 신세가 되었다. 수백 년 전통의 교회는 문을 닫고 선교의 강국은 이제 선교의 오지奧地가 되었다.

영국의 웨일즈 지역은 1904년 대大부흥 운동을 일으켜 3년 뒤인 1907년 평양 대大부흥에 직접적 영향을 미쳤던 곳이다. 하지만 120여 년이 지난 지금 상당수 웨일즈 교회는 폐쇄된 상태다. 영국 전체로 따지면, 1980년에서 2009년 사이 30년간 1만여 개 교회가 문을 닫았다.

현지 선교사 보고에 따르면, 구한말 순교한 토마스 선교사 파송교회 하노버교회는 담임목사가 없다. 순회 목사가 와서 방문객과 관리인들과 함께 예배를 드린다. 매주 평균 10여명 정도가 예배에 참석할 뿐이다. "영국교회는 피 흘리며 죽어가고 있습니다." 1998년 영국의 캔터버리 대주교는 한 종교

집회에서 이렇게 호소했다.

영국 교회 몰락의 배경에는 몇 개의 변곡점變曲點이 나온다. 첫 번째는 진화론進化論이 있다. 영국의 찰스 다윈1809~1882이 짜깁기한 이 엉성한 이론은 성경의 진리를 부수는 철장鐵杖처럼 사용되었다. 창조론이 흔들리자 성경의 논리적 허점을 비집고 자유주의 신학들이 유럽 대륙을 뜨겁게 달궜다. 성경에 대한 의심은 교회의 심장을 멈추는 독배가 되었다.

두 번째는 2010년 평등법Equality Act, 즉 소위 차별금지법이다. 안드레아 윌리엄스 영국 변호사는 한국에도 자주 방문해서 이 악명 높은 법을 비판했다. 그의 표현에 따르면, "차별금지법 통과 이후, 영국에서 9천여 개의 교회가 팔렸고 이 중 6천여 개는 게이 바, 레스토랑, 편의점에 팔리고, 3천여 개는 이슬람에 팔렸다"고 말했다.

또 다른 변곡점 있다. 문화, 그중에서도 음악이다. 영국의 영적인 쇠락은 감미로운 음악을 통해 진행되었다. 하나님이 말씀을 통해 세상을 창조해 내신 것처럼 '소리sound'는 보이지 않는 세계의 본체를 뜻한다. 또한 앞으로 이뤄질 세계를 알려줄 복선伏線같은 불꽃이다. 좋은 말을 하면 좋은 일이 생기고 나쁜 말은 나쁜 일을 만든다. 우울한 노래는 우울한 영靈을 부른다. 홍등가 음악은 욕정을 들끓게 만든다. 마귀적 음악은 추하고 더럽고 사악한 신과 접하게 만든다. 세상이 끝으로 갈수록 가수의 공연은 무당의 굿판, 귀신의 제전祭奠처럼 변하는 법이다.

음악이야말로 가장 종교성이 강한 장르이다. 단 한 번의 '특별한' 음악적 경험도 강렬한 인상을 남길 수 있다. 록 콘서트같은 것은 더하다. 영적으로 보면, 일종의 어둠의 신神들에 접하는 기회가 된다. 그런 면에서 영적인 차원에서 가장 분별이 필요한 영역이 문화, 그중에서도 특히 음악이다.

교회가 병들고 있다는 것은 교회의 음악이 병들고 있다는 것을 뜻한다. 즉 음악에 대한 분별은 종말로 가는 이 시대, 매우 중요한 의미를 갖는다.

영국 기독교 쇠락, 반反기독교 문화 확산의 대표적 사례로 '록 로큰롤'을 들 수 있다. 유명한 팝가수 데이빗 보위는 1976년 록계의 대표 잡지 롤링 스톤과의 인터뷰에서 이렇게 말했다. "록은 항상 악마의 음악devil's music이었다. 나는 록이 위험한 음악이라고 믿고 있다. 나는 우리록 뮤지션가 우리 자신보다 더 '어두운 그 무엇'을 전달하고 있다고 느낀다."

록이 탄생한 곳은 물론 미국이다. 그러나 영국은 록의 뿌리인 블루스를 차용해 자신들 것으로 만들고, 미국보다 선도적으로 록을 이끌었다. 비틀즈Beatles와 롤링 스톤스Rolling Stones 등이 전면에 나섰고 퀸Queen과 같은 역시 영국 출신 록 그룹이 그 뒤를 이었다.

록의 새로운 형태도 거의 다 영국에서 출현했다. 헤비메탈Heavy metal, 글램 록Glam rock, 프로그레시브 록Progressive rock, 펑크Funk, 뉴 웨이브New Wave 등등. 브리티시 록은 미국보다 인본주의 색채가 짙었고 반反기독교 성격도 강했다. 마법sorcery, 점성술, 신비주의에 동양 종교를 혼용한 뉴 에이지New Age 이념과 마약·동성애 문화까지 뒤섞였다.

1970년대 이후 영국 록은 강렬한 사타니즘satanism 분위기로 들어섰다. 가령 글램 록Glam rock 밴드는 짙은 화장과 별난 의상을 입고 단단한 부츠를 신는다. 동성애나 양성애적으로 젠더gender 역할을 새롭게 보는 분위기를 연출하기 위함이다.

전설적 록 그룹 퀸Queen의 프레드 머큐리1946~1991는 이 같은 반反기독교 록의 계보를 잇는 대표적인 가수였다. 보헤미안 랩소디는 주제가 같았다. 퀸은 '브리티시 록'의 절정기에 팝을 가미해 상업성을 추구하며 성공했다.

그리고 영국의 청년들이 불러들인 세상 신神은 지금 영국을 복음 없는 황량한 영적 사막으로 만들어 놓았다.

바알세불과 알라를 부르는 프레드 머큐리

2019년에는 프레디 머큐리 일생을 다룬 '보헤미안 랩소디'라는 영화가 제작되어 공전의 히트를 쳤다. 한국 내 누적 관객 수만 994만 명을 넘었다. 아무 생각 없이 영화를 본 기독교인들도 많겠지만, 머큐리는 동성애자였다. 영화 '보헤미안 랩소디' 역시 동성애 장면이 곳곳에 나온다. 영화 속 머큐리는 여자 옷 입기를 즐기고 여자 친구 메리와의 첫 데이트도 여성 옷을 입는 장면으로 시작한다. '나는 양성애자'라고 머큐리가 고백하자, 여자 친구 메리는 '너는 동성애자'라고 쏘아댄다. 머큐리는 메리와 통화하는 순간에도 화장실에 들어가는 남자의 뒷모습을 바라본다.

영화에선 수차례 동성 키스신도 등장한다. 그룹명 '퀸Queen'은 머큐리의 작명이다. Queen은 '매력적인 여성역의 게이'란 뜻도 갖고 있다. 이로 인해 초기에 멤버 전원이 게이라는 루머가 돌았다. 머큐리의 갑작스런 사망 원인 역시 에이즈AIDS였다.

퀸의 노래는 독한 '종교성'을 띠고 있다. 영화의 주제곡 '보헤미안랩소디'의 시작은 살인한 아들이 엄마를 부르는 것이다. 아들은 이슬람어로 '알라신의 이름으로'라는 뜻인 "비즈밀라Bismillah"를 외친다. 성경에 나오는 사탄의 이름인 "바알세불Beelzebub"과 "마귀Devil"를 부르며 하나님을 조롱하는 가사들도 등장한다.

머큐리는 무대에서 '보헤미안랩소디'를 부르기 전 특이한 시구를 외우곤 했다. 자신이 만든 알라신 찬양곡 '무스타파'의 처음에 나오는 "알라여, 우리는 당신을 위해 기도 드립니다Allah, we'll pray for you."는 내용이다. 그의 공연은 흡사 주술적 의식儀式에 비견될 법했다.

머큐리가 만든 곡 중엔 퀸의 데뷔 앨범에 실린 '예수Jesus'라는 곡도 있다. 일견 기독교적 찬양처럼 비춰진다. 그러나 가사 속의 예수는 '인류의 지도자 the leader of man'로 언급된다. 기독교가 말하는 구세주 예수가 아니다. 조로 아스터교를 뿌리로 이슬람, 가톨릭을 비롯한 각종 인본주의적 요소가 혼합 된 뉴에이지 신관神觀이다. 실제 이 곡이 실린 발매 당시 앨범 표지엔 사탄 을 뜻하는 용dragon이 그려져 있었다.

머큐리의 삶은 유대주의적 율법, 기독교적 윤리, 기존의 모든 질서에 대한 해체와 저항의 의식을 담았다. 그의 예술적 표현도 기독교적 신앙관과 정면 에서 충돌했다. 인간의 욕망과 욕정의 실현을 자유自由로 보았고 이러한 자 유를 이뤄줄 세상 신神을 쫓았다. 예수는 죄에서 자유를 주러 그리스도로 오 셨다. 그러나 머큐리는 죄성을 이루어줄 음란한 여신에 대한 찬미를 감미로 운 멜로디로 퍼뜨렸다.

비틀즈의 신(神)

영국 교회의 심장을 마비시킨 또 다른 결정적 뮤지션이 비틀즈The Beatles 다. 1960년 영국에서 결성된 비틀즈는 4명의 멤버 중 2명이 이미 사망 했지만, 역사상 가장 영향력 있는 밴드로 기억된다. 이 영향력의 원천은 역시 靈靈·spirit이었다! 비틀즈가 사타니즘satanism과 관계가 있다는 지 적도 많다. 비틀즈의 대표적 앨범인 '서전트 페퍼스 론리 하츠 클럽 밴드 Sgt. Pepper's Lonely Hearts Club Band'를 보면 예사롭지 않다. 이 앨범의 자 켓엔 알레이스터 크라울리Aleister Crowley, 1875~1947의 얼굴이 실려 있다. 크로울리는 오컬티스트, 신비주의자라고 부르지만 실은 사탄주의자였다. 60년대 영국 젊은이들은 크로울리가 펼친 마약 혁명과 히피hippie 운동 그리고 소위 평화운동을 벌여갔다. 비틀즈, 롤링 스톤스, 레드 제플린 같은 당대 최고 인기 밴드들은 그를 영웅으로 여겼고 직접적 영향을 받았다.

비틀즈와 마약 관련 기사들을 검색하면 정말 많은 자료가 나온다. 폴 매카트니는 2004년 6월 영국 잡지 '언컷'과의 인터뷰에서 헤로인·코카인·대마초 등 마약 복용 경험을 전하며 "1년 정도 코카인을 복용했지만 단 한 번도 완전히 빠진 적은 없었다"고 말도 안 되는 말을 했다. 또 비틀즈 음악에는 "마약의 영향력이 스며있다"고 했다.

폴 매카트니는 2018년 9월 2일 영국 '선데이 타임스'와의 인터뷰에서 "환각제를 너무 많이 복용해 소파에 뻗은 후, 놀랍도록 거대한 물체를 보았다."며 스스로 신神을 보았다고 고백하기도 했다. 마약을 먹고 귀신을 봤으며 그렇게 음악을 했다는 것이다. 또 "맨 꼭대기를 볼 수 없는 거대한 벽"을 봤다거나 동물로 현신한 아내 고故 린다 매카트니도 봤다고 했다.

비틀즈는 마약 외에도 힌두교와 명상에도 심취했다. 존 레논, 폴 매카트니, 조지 해리슨, 링고 스타 등 비틀즈 멤버는 마하리쉬 마헤쉬 요기를 만났다. 마헤쉬는 1965년부터 미국에 힌두교 명상 방법인 "초월명상Transcendental Meditation: TM"을 소개한 인물이다. 비틀즈 멤버들은 인도에 직접 가서 "명상수련"을 배웠고 이곳에서 30여 곡을 만들었다. 마지막 앨범인 '렛잇비Let It Be'에 수록된 '어크로스 더 유니버스Across The Universe'에 실린 "자이 구루 데바 옴Jai Guru Deva Om. 신이여 승리하소서"라는 곡은 힌두 신에 대한 찬양이다. '렛잇비Let It Be'라는 음악 역시 "모든 것을 순리에 맡기라"는 동양 사상을 노래한 곡이다.

비틀즈는 감미로운 선율에 하나님 없는 인본주의를 퍼뜨리는 데 그치지 않았다. 동양의 명상법 등 온갖 뉴에이지 수련들을 행하면서 음악 안에 녹여갔다. 그리고 틈틈이 마약에 취해 죽음의 신들을 보았다. 그들은 세상 신神의 전도사들이었다.

존 웨슬리가 울고 있을 영국 감리교회

영국 청년들이 불러들인 세상 신神은 영국을 복음 없는 황량한 폐허로 만들어 놓았다. 세상의 끝, 종말에 대해 사도 바울은 이렇게 말했다. "누가 아무렇게 하여도 너희가 미혹하지 말라 먼저 배도하는 일이 있고 저 불법의 사람 곧 멸망의 아들이 나타나기 전에는 이르지 아니하리니"데살로니가후서 2:3

영국 정부는 이미 2013년 7월 동성결혼을 합법화했다. 영국 교회도 이같은 세대를 본받는 중이다. 가디언 등 영국 현지 언론에 따르면, 현재 영국에서는 스코틀랜드성공회, 퀘이커교, 유니테리언총회 등 다양한 종파들이 동성결혼을 인정한다. 영국 감리교 역시 수년 전부터 '동성애자 결혼을 축복하는 기도·예배 형식 지침서'를 채택했다. 성공회도 교구별로 '성소수자 가이드'를 발간했다.

영국 감리교회는 급기야 2021년 7월 30일 버밍엄에서 열린 총회에서 동성결혼과 동거연인을 인정하는 결의안을 통과시켰다. 존 웨슬리가 창시한 영국 감리교회는 4,000개 교회, 16만 4,000여명의 성도가 소속되어 있는 영국에서는 네 번째 큰 교단이다. 헌데 총회에서 254 대 46이라는 압도적 표차로 동성결혼을 인정해 버렸다. 소니아 힉스 감독회장은 이날 "오늘은 영국 감리교회의 역사적 날"이라며 "차이를 존중하고 서로를 지지해야 한다"고 밝혔다.

영국뿐 아니라 유럽 교회는 이미 초토화되었다. 복지의 천국인 북유럽은 그중에서도 앞서 나간다. 노르웨이는 1993년 세계에서 두 번째로 동성 간 시민결합을, 2009년엔 동성결혼을 허용했다. 이런 흐름에 편승해 노르웨이 복음주의 루터교회는 2016년부터 동성결혼 주례를 허용했다. 스웨덴 국교회도 2009년 국교회 소속 교구의 동성결혼 주례를 허용했다. 결혼의 정의를 기존 남녀 간에서 두 사람 간으로 개정했다.

프랑스 개신교회는 2015년 동성 커플에 대한 주례를 허용했다. 스코틀랜드 교회는 2015년부터 동성애 또는 동성결혼 목사를 받아들였고 2021년 목회자·성도들이 동성결혼할 수 있는 법안의 초안을 승인했다. 캐나다 장로교 총회 역시 20021년 동성결혼과 동성애자 목사 안수 등을 허용했다. 호주연합교회UCA도 2019년 동성결혼을 허용했다.

미국은 어떨까? 현재 격렬한 전쟁을 치르는 중이다. 미국 장로교PCUSA, 성공회, 복음주의루터교회 등은 현재 동성결혼을 인정한 상태다. 2015년 동성결혼을 수용한 미국 장로교PCUSA는 '한 여자와 한 남자 사이의 계약'으로 규정되어 있던 결혼에 대한 정의를 '두 사람 사이의 계약'으로 개정했다. 미국의 연합감리교회UMC는 동성결혼 문제로 미국 글로벌감리교회GMC가 분리되어 나왔다.

현재 미국은 50개 주州 가운데 총 38개주와 워싱턴 D.C.가 동성결혼을 합법화했다. 이러다보니 공식적으로는 동성결혼을 인정하지 않는다 해도, 적지 않은 교단이 동성애 수용 내지 포용 의사를 밝히고 있다. 가령 미국 구세군은 홈페이지를 통해 LGBT 섹션을 따로 만들어 LGBT지원 활동을 자세히 소개한다. 요약하자면 미국 교회는 영국 교회에 비해 힘겹게 버티는 중이다.

지금 전 세계에서 벌어지는 현상들은 성경을 부정하는 교회의 출현이다. "태초에 말씀이 계시니라 이 말씀이 하나님과 함께 계셨으니 이 말씀은 곧 하나님이시니라"요한복음 1:1 성경을 부정하는 것은 곧 말씀이신 하나님을 부정하는 교회이다. "불법이 성하므로 많은 사람의 사랑이 식어지리라"마태복음 24:12는 예수님의 예언 그대로다.

아브라함 카이퍼의 네덜란드, 공주님이 위험해요!

적그리스도는 교회가 사라지거나 사실상 사라진 곳에서 출현할 것이다. 사탄은 루터와 칼뱅이 살려낸 유럽을 격하게 흔드는 중이다. 2021년 10월 네덜란드 마르크 뤼터 총리는 "네덜란드 왕족도 동성결혼이 가능하다"고 공식 발표했다. 네덜란드는 입헌 군주제이고 왕이 있다. 빌럼 알렉산더르 왕王은 3명의 딸이 있는데 왕위 계승자 1순위는 카타리나 아말리아 공주다. 뤼터 총리는 사실상 이 아말리아 공주를 지목해 동성결혼을 부추긴 셈이다.

네덜란드는 위대한 종교개혁의 역사를 가진 나라다. 종교개혁 이후 신교도인 위그노 Huguenot, 프랑스의 개신교 신자들이 프랑스 박해를 피해 대거 네덜란드에 몰려와 교회가 부흥을 했다. 19세기 말만 해도 전체 국민 60% 정도가 개신교인이었고 선교도 열심히 했다. 유명한 신학자 아브라함 카이퍼 Abraham Kuyper, 1837~1920는 네덜란드 수상을 하기도 했다.

20세기는 많은 것을 바꾸어 놓았다. 진화론에 뿌리를 둔 자유주의 신학은 유행병이 되었고 세계대전 이후 평화 위에 영적인 나병이 번졌다. 해양 국가답게 개방과 자유라는 이름 아래 마약, 성매매, 동성연애, 낙태 등을 제한

하지 않게 되었다. 안락사를 최초로 합법화하고, 2001년 4월 유럽 최초로 동성결혼도 합법화했다.

네덜란드 이후 프랑스·독일·영국·스페인·포르투갈·스웨덴·핀란드 등 서유럽 국가들은 연쇄적으로 동성결혼을 합법화했다. 당연히 교회는 무너져 내렸다. 20세기 마르크시즘에 버텼던 교회가 21세기 젠더gender를 탑재한 네오 마르크시즘에는 버티지 못했다.

네덜란드 외에도 가장 행복한 나라로 알려진 북유럽 국가도 빈사상태다. UN 산하 자문기구 지속가능발전해법네트워크SDSN·The Sustainable Development Solutions Network는 세계 행복 보고서를 매년 발표한다.

2021년 3월 20일 발표한 '2021 세계 행복 보고서2021 World Happiness Report'에 따르면, 세계에서 가장 행복한 나라 1등은 핀란드이다. SDSN은 지난 2012년부터 국내총생산GDP, 소득 수준, 기대수명, 자유의 정도, 부정부패 등을 토대로 행복 지수를 계산해 발표해 왔다. 핀란드는 4년 연속 1위다.

하지만 행복한 나라에 사는 것이 영적인 평강平康을 뜻하진 않는다. 핀란드 역시 노르웨이, 스웨덴에 이어 2017년 동성결혼을 합법화시켰다. 2021년에는 핀란드의 전前기독민주당 의장인 패이비 래새넨이 과거의 반反동성애 발언을 이유로 기소되었다. 내용인즉, 핀란드 검찰이 래새넨을 2년간 수사한 결과, 2004년에 발간한 책자, 2018년 TV쇼, 2019년 트위터 등에서 동성애를 비판했다는 이유로 기소되었다는 것이다.

핀란드의 행복은 실은 성경적 진리를 지키지 않는 전제, 교회가 사라진 전제 하의 찰나적 행복이다. 원래 그랬던 것은 아니다. 한국에서도 인기 있는 '북유럽 복지 모델'의 핵심은 기독교 정신이었다. 노르웨이, 핀란드, 스웨텐 모두 2000년대 초반까지만 해도 기독교 루터파가 국민의 90% 이상을 차지했다. 기독교 문화가 뿌리 깊이 배어 있어 대륙에서 몰려드는 사회주의 공격에도 버텨냈다. 자본주의는 맘모니즘Mammonism으로 흐르지 않았다.

그러나 이들 북유럽 국가에 이슬람과 동성애의 융단폭격이 시작되었다. 중동에서는 무슬림이 몰려왔고 젠더혁명이 덮쳤다. 줄탁동시啄同時하듯 교회의 쇠락은 동성애를 부추기고 동성애는 교회의 쇠락을 이끌었다. 필 주커먼의 《종교 없는 삶》이라는 책을 보면 핀란드·스웨덴·노르웨이의 무종교 비율은 국민의 절반 정도로 분석되어 나온다. 그나마 나머지 절반도 정기적 교회 출석은 하지 않는 나라가 되었다.

한국과 미국의 사회주의자들은 젠더입법과 젠더교육을 강화해 북유럽 국가처럼 여전히 잘 살고 행복한 나라로 가야 한다고 강변한다. 그러나 성경적 가치가 짓밟히기 시작하면, 하나님 말씀처럼 복이 아닌 저주가 임한다. 통제 불가의 육체적, 정신적 질병이 번지고 가난, 지진, 전쟁이 임한다. 종국에는 이 모든 재앙의 인간적 해결을 위해 계시록의 적그리스도가 등장할 것이다. 음탕한 백성은 갈채를 보내고, 지상의 기쁨을 위해 오른손과 이마에 표를 자청할 것이다. 복지천국 북유럽 3국도 그 길에 접어들고 있다.

폴란드로 봄 소풍을

초토화된 유럽에서 간신히 버티고 있는 나라도 있다. 2022년 4월 3일 헝가리에서는 빅토르 오르반Viktor Orban 총리가 재선에 성공했다. 그는 "보수 애국 정치"를 내세워 인기를 얻었다. 헌데 이날 선거에서 헝가리 유권자들

사탄과 입 맞추는 이 노래 181

은 LGBT 이슈와 관련된 여러 국민투표에도 참여했다. 투표결과, 친親동성애 교육과 젠더 이슈의 청소년 노출 등에 압도적 반대가 나왔다.*

오르반 헝가리 총리는 1998년 처음 총리가 되었다가 4년 만에 물러났고, 2010년 재집권해 오늘에 이르고 있다. 그는 친親러시아, 정확히는 푸틴 러시아 대통령과 친밀하게 지내왔다. 러시아 석유에 65%를 의존하는 헝가리 경제의 특성과 오르반·푸틴의 관계 탓에, 그는 우크라이나 전쟁에서도 러시아를 옹호했고 극단적인 음모론도 많이 주장했다.

그러나 오르반 총리의 반反동성애 입장만큼은 확고하다. 이로 인해 헝가리 의회는 2021년 6월 학교 성교육이나 18세 이하 미성년자 대상 영화와 광고 등에서 동성애 묘사를 금지한 법안을 통과시켰다. 같은 해 12월에는 동성커플의 자녀입양을 금지하는 헌법 개정안을 의결했다.

너무 당연한 주권적 결정이었음에도 유럽연합EU은 이에 발끈했다. UN처럼 세계통합을 주장하는 세력들은 대개 동성애에 우호적이다. EU 역시 마찬가지다. EU 집행위원장 우르줄라 폰데어라이엔은 "헝가리 법안은 수치스럽다"고 비난했다. 독일과 프랑스, 스페인 등 10여 개 EU 회원국도 공동 성명을 통해 심각한 우려를 표명했다. 각국 지도자라는 자들이 아이들에게 동성애 컨텐츠를 보여줘야 한다고 강변하고 있는 것이다.

폴란드에서도 2020년 우파右派 안제이 두다 정부가 동성애·낙태에 반대 정책을 펴왔다. 청소년·어린이 보호를 위해 소위 성소수자의 특정 장소 출입을 막는 'LGBT 프리존'도 생겼다. 동성커플이 아이를 입양할 수 없게 하는 법안도 통과되었다. 이에 대해서도 전全세계 주류언론과 EU 소속 유럽

---

* 미성년자 성전환 수술 홍보(95.89%)에 대한 반대가 가장 높았고, 미성년자 아동의 음란물 노출(95.32%), 민감한 젠더 이슈의 미디어 노출(95.17%), 상담(95.17%), 부모의 동의 없이 아동과 성적 지향과 성 정체성을 가르치는 것(92.34%) 순이었다.

지도자들은 혐오정치를 중단하라며 공격하고 있다.

유럽에서 헝가리와 폴란드가 힘겹게 '거룩'의 가치를 지키고 있지만, 주요 종교는 모두 가톨릭이다. 가톨릭 비율은 폴란드 85.8%2014년 기준, 헝가리 54.5%2011년 기준에 달한다. 요컨대 개신교가 주류를 이루던 서유럽·북유럽 교회는 몰락해 버렸고 동유럽 역시 교황의 힘이 강력한 곳이라 결정적 순간에 어떤 방향으로 '튈지'는 예측은 어렵다. 유럽 현지에 있는 분들 이야기를 들어보면, 영적인 상황은 생각한 것 이상으로 참담해 보인다. 꺼져가는 모닥불 같은 상황이다. 그러나 우리의 생각과 하나님의 생각은 다르다. 크신 계획을 구하며 기도할 뿐이다.

바이든의 소름 돋는 동성애 세계전략

세계적인 젠더대전gender 大戰의 가장 강력한 키를 쥐고 있는 나라가 있다. 바로 미국이다. 미국의 영적인 흐름은 유럽은 물론 한국에 직접적 영향을 미치게 될 것이다. 그런 면에서 대통령 바이든Joseph Robinette Biden Jr, 1942~은 골칫거리다.

잘 알려진 것처럼, 바이든은 동성결혼 주례 등 동성애 문제에 선구적 역할을 해왔다. 미국 대선 당시 바이든 캠페인 웹사이트에는 '미국과 전 세계에서 LGBTQ+성소수자 평등을 발전시키기 위한 바이든 계획'이라는 전략이 게시되어 있었다.

실제로 이 계획은 바이든의 소위 세계전략이다. 이 문서는 소위 평등법 Equality Act, 즉 포괄적 차별금지법 제정을 다짐한다. 평등법은 LGBTQ+ 미국인을 위한 법에 따라 평등한 권리를 보장하는 최고의 수단이라는 것이라는 것이다.

바이든은 이 문서에서 "LGBTQ+ 가정을 차별하는 입양 및 위탁 보호 기관에 대한 연방 기금 지원을 금지한다"는 계획도 제시했다. 즉 동성애·양성애 커플이 자유롭게 입양하고, 이를 반대하는 기관엔 오히려 지원을 끊겠다는 것이다. 남자 아빠, 남자 엄마 가정에 입양된 아이는 어떻게 되는가? 소아성애 커플이 입양한 아이는?

바이든은 특히 "트랜스젠더 학생들이 자신이 선택한 성별 정체성에 해당하는 욕실, 라커룸 및 샤워를 사용할 수 있도록 하겠다"고 약속했다. 여자가 된 남자 초·중·고·대학생들이 여자 욕실, 라커룸, 샤워를 하게 한다는 것이다. 사실상 혁명공약이다. 폭력혁명이 아닌 성혁명 공약이었다. 이 중에서도 정신을 아찔하게 만드는 것은 외교정책이다.

바이든은 소위 'LGBT 행동주의Activism'를 외교 정책의 중심으로 만들겠다고 선언했다. 즉 "전 세계적인 LGBTQ+ 권리 확대를 위해 새로운 기구와 직책을 만들어 개입하고engagement 이를 위한 전쟁Combat을 하겠다"고 선언했다.

바이든은 국무부에 'LGBTQ+ 인권특사Special Envoy for the Human Rights of LGBTQ+ Persons' 직책을 만들어 외교적 압박을 한다는 계획도 세웠다. 실제 바이든은 취임 5개월 뒤 제시카 스턴이라는 동성애단체 대표를 인권특사에 임명했다. 또 미국 대외원조 실시기관인 국제개발처USAID에는 국제 LGBTQ+ 프로그램을 담당하는 특별 코디네이터Special Coordinator라는 직책도 신설했다.

여성가족부의 흑역사

윤석열 정부 출범 이후 존폐 논란이 빚어진 '여성가족부이하 여가부' 문제를 짚고 넘어갈 필요가 있다. 한국에 급격히 번지는 동성애·음란의 배후에 세속 권력이 있다면 과장된 말인가? 아니다. 한국을 사망의 그늘진 땅처럼 내모는 세속 권력의 중심에 여가부가 있다. 실제로 여가부는 한국 내 젠더 혁명의 전위대 역할을 해온 부처다. 사실상 교회 해체의 불티 역할을 감당해온 셈이다.

여가부의 정치적 편향성 논란은 잘 알려진 사실이다. 박원순·오거돈 등 소위 자기편 운동권 인사의 성범죄에 대해선 방임하고, 피해자 여성에 대해선 N차 가해하는 여가부에 나는 절망했다.* 하지만 가장 끔찍한 부분은 젠더주류화gender mainstream 정책이다. '나다움 어린이책'이란 여가부가 2019년 이래로 전국 초등학교와 도서관 등에 선정, 배포한 199종의 책을 가리킨다.

책을 펴는 순간 독사毒蛇의 구멍을 여는 것 같았다. 취지는 어린이들이 성별性別 고정관념과 편견에서 벗어나 다양성을 존중하는 것이란다. 여성도 남성도 아닌 '나다움'을 배우고 찾도록 돕자는 것이란다. 실제는 무언가? 남자도 여자도 아닌 '나다움', '네가 원하는 성을 정하라!' 젠더 이념을 넣자는 취지다.

'나다움 어린이책'의 내용은 충격적이다. 남녀 간 성관계 과정을 노골적으로, 또 동성애를 '정상'으로 묘사한다. 가령 199종의 책 가운데 《아기는 어떻게 태어날까》도서출판 담푸스는 부모의 성관계를 그림과 함께 자세

---

* 가령 여가부 장관은 2020년 국회에서 "박 시장과 오거돈 부산시장 사건이 권력형 성범죄가 맞느냐"는 질문에 "수사 중인 사건"이라며 세 차례나 답변을 피했다. 민주당이 당헌을 바꿔서 서울·부산 시장 선거에 참여하자 "국민 전체가 성인지 감수성에 대해 집단 학습할 기회"라는 궤변을 늘어놓았다. 2차 피해를 막아달라는 피해자 측의 공식 요청도 번번이 묵살해 논란을 빚었다. 파렴치한 범죄를 덮기 위해 방패 역할을 한 것이다. 여가부는 고은 시인, 안희정 전 충남지사와 문재인 친구인 연극 연출가 이윤택 등 친노·친문 성향 인사들과 민변 사무차장 출신 이재정 민주당 의원, 부산시장 민주당 당직자 등 민주당과 관련된 성추행·성폭행 피해경험을 폭로하는 '미투' 운동 때에도 사실상의 침묵과 진부한 재탕·삼탕 대책으로 비판받았다.

하게 묘사하며 이런 표현들을 남발한다. 질·곤봉·고추·번쩍 솟아올라·성교·재미있거든·몸을 위 아래로 흔들지·신나고 멋진 일 기타 등등. 남녀의 성기를 자세히 설명하고 성관계 모습도 그림으로 보여준다.* 뭐 하자는 것인가?

역시 나다움 어린이 책에 선정된 《우리가족 인권선언》도서출판 노란돼지 시리즈 중 〈엄마 인권 선언〉은 "엄마에게는 원하는 대로 사랑할 수 있는 권리. 원할 때 아이를 가질 수 있는 권리"가 있다며 두 여성 커플이 아이들을 돌보는 그림을 보여준다. 같은 시리즈의 〈아빠 인권 선언〉은 "아빠에게는 원하는 대로 사랑할 수 있는 권리. 원할 때 아이를 가질 수 있는 권리"가 있다며 두 남성 커플과 아이들로 구성된 가족의 모습을 보여준다. 남자 아빠·남자 엄마, 여자 엄마·여자 아빠가 정상이라고 강요한다. 거짓을 가르치는 선지서와 같다.

《자꾸 마음이 끌린다면》도서출판 시금치은 "아주 비슷한 사람들이 사랑할 수도 있다. 예를 들면 남자 둘이나 여자 둘"이라고 적고 있다. 이 책은 사랑에 빠진 두 남성과 두 여성 커플의 그림을 보여주는데, 특히 여성 커플은 상체를 벌거벗은 차림으로 가슴을 노출하고 있다. '나다움 어린이책' 중 또 다른 책을 그대로 인용해 보면 이렇다.

"두 사람은 합치기 위해 옷을 벗으면서 키스를 하고 서로를 어루만지며 시작해요. 이때 어른들은 흥분하고 특별한 기분을 느껴요", "곧이어 여자의 질이 촉촉해지고 남자의 음경이 딱딱해져요. 남자가 음경을 여자의 질 안으

---

* "엄마에겐 가슴이 있고 다리 사이에 좁은 길이 있어. 그 길을 질이라고 해" "아빠 다리 사이에는 곤봉처럼 생긴 고추가 있어. 고환이라고 하는 주머니도 달려 있지"…"아빠 고추가 커지면서 번쩍 솟아올라. 두 사람은 고추를 질에 넣고 싶어져. 재미있거든" "아빠는 엄마의 질에 고추를 넣어. 그러고는 몸을 위아래로 흔들지. 이 과정을 성교라고 해. 신나고 멋진 일이야."

로 밀어 넣어요. 마치 퍼즐 조각처럼 두 사람의 몸이 서로 맞춰져요", "이것이 바로 서로 사랑을 나눈다고 하는 행동"

"남자와 여자는 모두 설레고 흥분하며, 아주 사랑하는 감정을 느껴요. 그 느낌이 점점 더 강해지고, 남자가 더 빨리 움직이면 (⋯) 마침내 고환에 있던 정자들이 음경에서 솟아오르며 여자의 나팔관으로 들어가요"《아기가 어떻게 만들어지는지에 대한 놀랍고도 진실한 이야기》

도서출판 고래가 숨쉬는 도서관 중

여가부가 선정·배포한 '나다움 어린이 책'은 동성애를 '정상'으로 가르치고, 성관계 과정을 자세하고 외설적으로 묘사한다. 이른바 '조기 성애화早期性愛化·premature sexualizaton' 교육이다. '조기 성애화'에 대한 사전적 정의는 이렇다. 가치관이 정립되기 전 어린 나이부터 성에 관해 자세한 교육을 시켜 아동을 성적 본능의 대상이 되거나 또는 그것의 적극적인 실행자가 되도록 만드는 것이다. 쉽게 말해 음란교육, 하나님의 진노의 칼을 삼키는 것이다.

문화 마르크시즘, 네오 마르크시즘의 핵심은 동성애와 함께 '조기 성애화' 교육이다. 인간의 대표적 죄성罪性인 음란을 자극해 하나님과 멀어지게 만드는 것이다. 또 음란을 금지한 하나님의 언약·율법, 성경적 가치를 부정하게 만드는 것이다.

또 있다. 여성가족부는 1남1녀가 결합하는 이른바 전통적 가정 개념 해체에 앞장서 왔다. 가령 여가부는 이른바 다양한 형태의 가족을 포함할 수 있도록 '건강가족기본법' 개정을 추진해왔다. 여가부는 2021년 4월 27일 국무회의에서 '제4차 건강가정기본계획2021~2025년'을 심의·의결하고 확정 발표했다.* 핵심은 남자·남자, 여자·여자도 사실혼 관계로 결합해 있다면 가정을 이룰 수 있도록 하자는 것이다.

여가부는 동성애 뿐 아니라 낙태 확산에도 앞장서 왔다. 2018년 3월에는 정부 부처로는 처음으로 헌법재판소에 낙태죄 폐기 의견을 공식적으로 밝혔다. 2019년 4월 11일 헌재가 낙태죄 헌법불합치 결정을 내리자 여가부는 또 다시 낙태죄 완전 폐지 입장을 밝혔다. '내 몸이니 내 맘대로 하겠다'고? 여성인권을 앞세워 태아인권을 버리는 것이다. 흑암으로 광명을 삼자는 것이다.

그동안 여가부는 '성평등 정책'·'성인지 교육' 등의 명분으로 급진 페미니즘radical feminism을 부추겨왔다. 기존의 자유주의 페미니즘에 유물론 사회주의를 섞어 만든 괴물인 급진 페미니즘은 여성의 연약한 성정을 자극해 뽑아낸 교만한 논리다. 하나님을 대적하는 이데올로기의 우상이다. 세상적이고 정욕적이고 마귀적인 지식이다. 당연히 남녀갈등의 골을 더 깊게 만들고 동성애·낙태 등 음란의 문을 연다.

여가부는 그간 문화 마르크시즘의 성혁명 전략을 실천하며, 체제변혁의 진지처럼 기능해왔다. 매년 여가부가 지원하는 엄청난 국고보조금은 유사한 운동권 단체의 생태계를 유지하는 생명수 노릇을 해 왔다. 한국의 입법부·행정부·사법부, 언론·출판·문화·예술·노동 어디 한 구석 성한 곳이 없지만 그 중에 가장 곪은 상처 중 하나가 여가부다.

잊지 말아야 할 것이 있다. 이런 급진 페미니즘이 유지될 수 있는 원천은 2030 젊은 여성들이 있고, 우리 안에 여전히 남아 있는 상처와 쓴뿌리, 곧 죄성이라는 사실이다.

---

* 건강가정기본계획의 핵심은 사회 변화에 따라 달라진 가족의 형태를 수용하는 제도를 만드는 것으로 혈연·혼인 중심의 법적 가족 개념을 비혼·동거 가정을 확대하며, 자녀의 성을 '부성 우선' 원칙 대신 부모 협의로 결정할 수 있도록 법 개정을 검토한다는 것이었다.

예수 그리스도 안에 온전히 서 있지 않다면, 여성들은 페미니스트가 되기 쉽다. 가난한 자들은 사회주의자 성향을 띠게 된다. 지식인들은 인본주의자의 함정에 빠진다. 하지만 하나님은 우리로 하여금 오직 어린 양 예수만 따르는 복음주의자가 되기를 원하신다. 우리 안에 모든 불완전한 것들, 상처라는 부정적 경험과 기억은 물론 미움·증오·분노·시기·질투의 어두운 감정들 또 그 어둠을 논리로 조합한 모든 이론이 무너져 오직 예수만 따르는 자들이 되기를 소망한다.

"우리의 싸우는 무기는 육신에 속한 것이 아니요 오직 어떤 견고한 진도 무너뜨리는 하나님의 능력이라 모든 이론을 무너뜨리며 하나님 아는 것을 대적하여 높아진 것을 다 무너뜨리고 모든 생각을 사로잡아 그리스도에게 복종하게 하니 너희의 복종이 온전하게 될 때에 모든 복종하지 않는 것을 벌하려고 준비하는 중에 있노라"고린도후서 10:4-6

하나님을 대적했던 한국의 개헌안

동성애 젠더 이슈에 한국이 힘겹게 버티곤 있지만, 뚫리는 것은 한순간이다. 그 순간, 저주는 땅을 삼키고 성문은 훼파될 것이다. 문재인 정권, 그리고 여전히 국회의 2/3 이상을 장악한 운동권 집단이 추진한 개헌안을 반추하면 이 말이 과장이 아님을 확인할 수 있다. 2018년 1월 초 공개된 국회 자문위 초안이 있다. 당시 여당인 민주당 입김 아래 작성된 이 초안은 '동성 결혼을 합법화'해 놓았다.

즉 현행 헌법의 "혼인과 가족생활은 개인의 존엄과 양성의 평등을 기초로 성립되고 유지되어야 하며, 국가는 이를 보장한다"36조 1항는 조항에서 "혼인과 가족생활은 개인의 존엄과 평등을 기초로 성립되고 유지되어야 하며,

국가는 이를 보장한다"15조 3항고 수정했다.

　요지는 이렇다. 당시 개헌안은 기존 헌법에 있는 '양성평등'이라는 단어를 빼 버렸다. 이 개헌안에 첨부된 보고서는 굳이 '양성평등'이라는 단어를 삭제한 이유에 대해 "혼인 및 가족생활의 주체를 남녀양성에서 개인으로 전환"하여 "가족의 성립에 있어서도 결혼 이외의 다양한 가족 인정"이라고 적고 있다. 즉 남자와 여자의 결합을 뜻하는 양성평등이라는 단어를 삭제해 남자·남자, 여자·여자 결합의 길을 터놓은 것이다.

　국회 자문위가 2017년 10월 20일 발표한 또 다른 보고서 역시 '양성평등'이라는 단어에 대해 "양성의 결합만이 아닌 다양한 결합을 인정해 성소수자들의 시민적 권리 보장"을 해야 한다고 강조했다. 마찬가지다. 양성평등'이라는 단어를 없애서 동성결혼을 포함한 다양한 결혼제도를 인정할 헌법적 근거를 만들어 내려는 것이었다. 여호와의 맹렬한 진노를 자처하려는 꼼수였다.

　이뿐 아니다. 국회 자문위 초안은 동성결혼 합법화 외에도 동성애 확산의 다양한 근거를 규정했다. 우선 '평등권' 조항을 추상적·일반적·포괄적으로 확대했다. 현행 헌법의 "모든 국민은 법 앞에 평등하다. 누구든지 성별·종교 또는 사회적 신분에 의하여 정치적·경제적·사회적·문화적 생활의 모든 영역에 있어서 차별을 받지 아니한다.제11조 1항"는 조항을 "누구든지 성별, 종교, 인종, 언어, 연령, 장애, 지역, 사회적 신분, 고용형태 등 어떠한 이유로도 정치적·경제적·사회적·문화적 생활의 모든 영역에서 부당한 차별을 받지 아니한다.14조 2항"고 수정했다.

　이것도 사실 미혹케 하려는 말장난이다. 기존 헌법 조항에서 "어떠한 이유로도"라는 표현을 삽입했다. 이것은 LGBT 등을 포함해 어떠한 이유로도 차별을 금지할 수 있도록 해 놓은 것이다. 이는 동성애차별금지법 제정의 헌법적 근거로 악용될 수밖에 없다.

당시 초안은 또 "국가는 고용 노동 복지 재정財政 등 모든 영역에서 실질적 성평등을 보장해야한다"15조 1항고 했다. '양성평등'을 빼는 대신 '성평등性平等·gender equality'을 보장하라는 표현을 넣었다. 이 '성평등'은 양성평등, 즉 남녀평등과 다른 개념이다. 남자와 여자의 신체적 이성 간의 평등뿐 아니라 젠더라는 사회적 이성 간의 평등을 뜻한다. 대표적인 것이 LGBT와 일반인 사이의 평등이다. 좌파는 성평등 개념의 확산을 성주류화gender mainstream, 이를 위한 국가 차원의 교육을 성인지gender perspective 라 부른다. 당연히 성 평등, 성 인지, 성 주류화 개념의 확산은 LGBT 등 이른바 성 소수자에 대한 차별적 보호, 특별한 보호, 각별한 보호와 이를 통한 동성애 확산으로 이어진다.

아니나 다를까 당시 국회 초안에 첨부된 보고서는 이들 헌법 조항 관련, "정치 경제 가족 재정 등 각 영역에서의 성 주류화 및 성 평등 관점을 반영함"이라고 해설해 놓았다.

오싹한 일이지만, 국회 자문위 초안은 이슬람 국내 유입의 길도 열어 놓았었다. 기본권을 누리는 주체를 현행 헌법의 '국민'에서 '사람'으로 수정했다. 이는 전 세계적으로 유례없는 시도였다. 국민이 아닌 이슬람 불법 체류자들도 기본권을 누릴 수 있도록 해 놓은 것이었다.

또 "국가는 국제법과 법률에 따라 난민을 보호한다"24조 1항, "정치적으로 박해 받는 자는 망명권을 가진다"24조 2항고 했다. 외국인의 지위는 국제법과 법률이 정하는 바에 의하여 현행 헌법상 이미 보호되고 있다. 그런데도 난민보호와 망명권을 헌법에 새로 규정하겠다는 것이었다. 이슬

람 확산과 테러의 창궐 등 유럽의 사례를 통해 볼 수 있듯, 이 같은 개헌
은 난민을 가장한 과격 이슬람 세력이 들어올 대문을 열어줄 수밖에 없다.
북한인권은 외면해 온 정치세력의 이 같은 시도는 놀라운 일이다.

7
적그리스도 철학사

여신이여, 프랑스혁명을 이끌었군요

한국은 마르크스주의에서 발원한 주체혁명과 네오마르크스주의에서 시작된 젠더혁명의 협공을 받고 있다. 미국이 젠더로 몸살을 앓고 있고, 유럽이 젠더로 몰락해 버린 것에 비해 한국에 닥친 도전은 더 크고 위중하다. 이 독사의 뿌리는 어디서 왔을까? 원인을 궁구해볼 필요가 있다.

이른바 근대 계몽철학 이후 세속적 인본주의 사상의 일관된 흐름은 성경의 가치를 부인하는, 예수님이 말씀하신 것처럼 불법이 성해지는 것이었다. 이 반성경적 불법은 18~19세기 프랑스혁명으로, 20세기 러시아혁명으로, 그리고 지금은 젠더혁명으로 발호한다. 시대도, 지역도, 사람도 달랐지만, 목표는 교회의 해체다. 지상을 고슴도치의 굴혈로 만들어 멸망의 비로 적시는 것이다.

러시아혁명과 그로 인한 공산주의 쓰나미로 유럽과 아시아 교회가 멸절 단계로 치달은 것처럼 프랑스혁명도 다르지 않았다. 인간의 이성理性은 하나님의 율법을 대체해 신성시神聖視되었다. 창조주가 아니라 창조주가 만든 자연에 대한 예찬도 극으로 달렸다. 반기독교 철학자인 루소와 볼테르가 예찬됐고 '자연으로 돌아가라'고 외쳤다. 자연으로 돌아가라? 멋진 말이다. 그러나 숨겨진 함의는 이랬다. '신이 아닌 자연으로 돌아가라! 교회가 아닌 자연으로 돌아가라!'

1793년 8월 프랑스혁명 당시 바스티유 감옥 터엔 '이성의 신'이라 불리는 고대 이집트 여신, 이시스Isis 신상이 세워졌다. 이시스는 성경에 나오는 가증한 아세라Asherah다. 프랑스혁명은 이 음탕한 여신을 소환해 냈다. 그리고 4개월 뒤 기독교는 국가 차원에서 공식 폐지되었다. 파리의 주교도 살기 위해 "신앙을 버린다"고 선언했다. 급기야 '이성의 여신' 이시스, 실은 아세라 숭배 행사가 노트르담 성당에서 개최되었다.

이성理性의 숭배는 이시스신은 물론 이집트 신화 속 이시스의 아들이자 태양신이 된다는 호루스Horus에 대한 숭배로 표현되었다.* 또 호루스의 눈eye을 뜻하는 '모든 것을 보는 눈', 흔히 프리메이슨 계열의 전시안全視眼, all-seeing eye of God, 티벳 밀교 등에서 묘사된 제3의 눈을 신성시했다. 이 섬뜩한 전시안은 부처佛陀상 등에 나오는 동방종교 깨달음의 상징이다. 실은 창세기 3장에 등장하는 선악과를 따고 밝아진 '눈'이다. 눈이 밝아진 자들, 그들은 에덴을 더 좋은 낙토로 바꾸어 놨는가? 아니다. 불법이 성

---

* 신화에 따르면, 호루스는 태양신 라와 합쳐져서 라-호라크티라는 신이 되었으며, 이때부터 호루스의 눈은 태양을 의미하게 되었다.

194 한반도에 지저스 웨이브가 온다

해져 교회를 짓밟고, 또 믿는 자를 박해했다.*

프랑스혁명 당시 3만 명의 사제들이 국외로 추방되었다. 1792년 9월의 대학살 등 기독교인 살육도 반복되었다. 급기야 1827년 파리 콩코르드 광장에는 이집트 오벨리스크obelisk가 세워졌다. 길게 솟은 첨탑인 오벨리스크는 태양신의 상징이다. 생긴 모양처럼 태양신의 생식기, 힘의 근원을 뜻한다.

훗날 미테랑 대통령은 프랑스혁명 200년을 기념해 루브르궁에 유리로 된 피라미드를 완성시켰다. 피라미드 역시 고대의 태양신 성전을 뜻한다. 하나같이 하나님의 율법을 부정하는 이성의 상징이자 우상의 제단이다. 이 섬뜩한 태양신 숭배는 서구 사회의 미신迷信이 되어 곳곳에 숨어 있다. 프랑스는 1886년 미국의 독립 100주년을 축하하며 미국 뉴욕에 '자유의 여신상'을 선물했다. 모든 것을 보는 눈은 미국 1달러 지폐 뒷면에, 오벨리스크는 워싱턴 D.C.에 다시 세워져 지금까지 기이한 생명력을 보이고 있다.

악마가 기름 부은 방탕한 천재

사탄의 입장에서 프랑스혁명은 미완성이었다. 교회는 여전히 살아남았고 부흥의 불씨는 틈만 나면 유럽을 달궜다. 더 악랄하고 달콤한 계획이 필요했다. 그때 악마가 기름 부은 자가 마르크스Karl Marx, 1818~1883다. 마르크스는 《자본론》을 쓴 학자이다.

1849년 6월 영국 런던으로 망명했던 마르크스는 버릇이 있었다. 낭비와

---

* 이성숭배는 프리지아(고대 터키) 모자로도 상징되었다. 프랑스혁명을 상징하는 그림인 '민중을 이끄는 자유의 여신(La Liberté guidant le peuple)'에서 프랑스 깃발을 든 여신이 이 프리지아 모자를 쓰고 나온다. 이 그림은 1830년 외젠 들라크루아에 의해 그려졌는데 그는 프리메이슨 단원으로 알려졌다. 프리지아 모자는 현재에도 유럽의 동성애 행사 등에서 자주 활용된다. 유감스럽게도 어린이용 만화인 '개구쟁이 스머프'에 스머프들이 이 모자를 쓰고 나온다.

음주벽에 제대로 된 일을 해 본 적도 없었다. 미국 신문 '뉴욕 데일리 트리뷴' 유럽 특파원 직함을 가지고 가끔 글을 써 생계를 꾸렸다. 하지만 채권자들로부터 도망 다니기 바빴고, 수십 년 동안 가짜 이름을 써야 했다. 어떤 날은 아내가 음식을 사기 위해 그의 바지를 전당포에 맡겨서 외출을 할 수 없었다.

일곱 자녀를 뒀지만 고난은 끊이지 않았다. 자녀 중 넷을 어려서 잃었고 세 딸만 성인까지 성장했다. 부인도 마르크스 생전에 암으로 죽었고, 1년 뒤 39살 나이로 첫째 딸이 병으로 죽었다. 첫째 딸 사망 2달 뒤인 1883년 3월, 마르크스 본인도 기관지염과 늑막염으로 병사했다. 마르크스의 장례식에는 둘째와 막내 딸, 그리고 평생 친구 엥겔스 등 10여 명이 참석했다. 외로운 최후였다.

둘째 딸과 막내딸은 마르크스 사후에도 생존했다. 그러나 둘째 딸은 프랑스인 남편과 함께 좌익 활동을 벌이다 1911년 부부가 동반 자살했다. 둘 사이에 태어난 아들이자 마르크스의 외손자 장 롱게1876~1938는 프랑스 사회당원으로 활동하다 교통사고로 사망했다.

막내딸 엘레노어는 역시 좌익 활동을 벌이다 1898년 자살했다. 엘레노어는 동료 마르크스주의자이자 영국인 에드워드 애블링1849~1898과 사귀었다. 애블링은 1897년 6월 엘레노어와 헤어지고 여배우 에바 프라이와 몰래 결혼했다. 헌데 신장에 병이 생기자, 다시 엘레노어에게 돌아갔다. 엘레노어는 애블링을 간호하던 중 스스로 목숨을 끊었다. 그로부터 4개월 뒤 애블링도 숨졌다. 애블링 장례식에는 동료 마르크스주의자 누구도 참석하지 않았다. 채찍과 저주의 연속이었다.

마르크스는 원래 기독교인이었다. 할아버지인 마르크스 레비 모르데차이

1743~1804는 유대인 성직자 랍비였고 할머니는 우크라이나에서 독일로 이주한 유대인의 후손이었다. 아버지 하인리히 마르크스1777~1838는 개신교로 개종했다. 마르크스 역시 유대인으로 태어나 어린 시절 부친의 뜻에 따라 기독교 교육을 받았다. 고교 졸업논문도 〈요한복음 15장 1~4절에 따른 예수 안에서의 신앙 공동체〉라는 제목이었다.

그러나 기독교인이기 이전에 너무나 지성적이고 반항적이었던 마르크스는 사춘기 무렵 무신론에 경도되기 시작했다. 급기야 대학 시절 요안나 사우스콧Joana Southcott이 운영하는 교회를 소개받았다. 이 교회는 일반적 교회가 아니라 사탄 루시퍼를 신봉하는 사탄교 회당이었다. 급기야 프리메이슨이었던 모세 헤스Moses Hess, 유대계 독일철학자를 만난 뒤 완전히 다른 사람으로 돌변했다.

25살에 쓴 《헤겔 법철학 비판을 위하여》에서는 "기독교 즉 종교는 민중의 아편"이라며 "사랑이 존재하지 않는 세계에서 스스로를 사랑이라 주장"한다고 비난했다. 성경적 율법과 계명을 거부한 채 방탕한 음란에 젖었다. 실제 가정부인 헬레네 데무트 사이에서 사생아를 낳았다. 1862년 마르크스는 자신의 친구인 엥겔스에게 "이렇게 형편없는 삶은 가치가 없다"는 편지를 쓰기도 했다. 의인과 악인은 바로 이 '고난' 앞에서 갈라진다. 전자는 자기를 부정해 하나님을 만나고, 후자는 불만·불평·원망과 죄 속에 빠진다. 마르크스는 연속된 시련 앞에 증오의 신神처럼 변했고, 그렇게 탄생한 '미움의 철학'이 마르크시즘Marxism이다. 세상에 대한 철저한 분노를 논리로 체계화한 것이다.

좋은 쪽이건 나쁜 쪽이건 세상을 바꾸려 나선 혁명가에게는 고난이 따른다. 하나님 나라의 확장을 위해 나선 믿음의 영웅도 사망의 음침한 골짜기를 걷는다. 하지만 이 슬픔과 곤고困苦, 수고의 노역은 하나님이 허락하신 구원의 도구다.

"주께서 그 사랑하시는 자를 징계하시고 그의 받으시는 아들마다 채찍질 하심이니라 하였으니 너희가 참음은 징계를 받기 위함이라 하나님이 아들과 같이 너희를 대우하시나니 어찌 아비가 징계하지 않는 아들이 있으리요 무릇 징계가 당시에는 즐거워 보이지 않고 슬퍼 보이나 후에 그로 말미암아 연단한 자에게는 의의 평강한 열매를 맺나니 그러므로 피곤한 손과 연약한 무릎을 일으켜 세우고 너희 발을 위하여 곧은 길을 만들어 저는 다리로 하여금 어그러지지 않고 고침을 받게 하라"히브리서 12:6-7, 11-13

하나님은 마르크스도 사랑하셨다. 뛰어난 지능과 달란트가 하나님께 영광 돌릴 수 있기를 원하셨을 것이다. 그러나 반역했고 악신惡神을 받았다. 어려움 앞에서 하나님께 돌아오지 않았고 패역의 수령을 자청해 걸었다.

흔히 사회주의를 따라가는 좌파·좌익 성향인 이들을 만나면, 마음에 깊게 패인 상처를 보게 된다. 고난을 많이 겪은 경우도 있고 타인보다 고통에 더 예민한 경우도 있다. 어떤 쪽이건, 해결되지 않은 마음의 찌꺼기가 세상에 대한 증오, 국가에 대한 원망이 되어 있곤 한다. 간혹 그 세상과 국가를 바꿔야 한다는 확신을 갖고, 그것이 또한 역사의 진보라고 맹종한다.

하지만 조금만 더 들여다보면, 그들이 미워하는 대상은 실체 없는 세상과 국가가 아니라 창조주이신 하나님이다. 또 하나님이 만드신 창조의 질서다. 그것을 뒤집는 것이 고난을 없애는 길이라 잘못 믿고 있을 뿐이다. 그래서 유독 동성애 옹호, 조기 성교육, 토지공유제, 우상숭배 체제인 북한과의 연합 등 성경에서 가증히 여기는 일들을 앞장서 행한다. 스스로 진보라 우기며 말이다.

마르크스와 그 후예들은 혐오 없는 세상을 입술로 말하나, 실제는 하나님과 그 분이 만드신 모든 가치를 혐오한다. 기도하며 세워졌고 선교하며 뻗어가야 할 대한민국의 교만한 자들은 더욱 그렇다. 온갖 인생의 불행 앞에 여호와께 돌아가는 대신 미움, 증오, 분노, 원망과 억울함으로 세상 신神에 잡혀 버렸다.

이것은 평범한 우리들에게도 해당되는 이야기다. 인생의 불행 앞에 마르크스의 길을 걷고 있지는 않은가? 나를 더 사랑하시기에 요셉처럼 억울한 옥살이도 시키시고, 모세처럼 원통한 귀양살이도 시키시고, 다윗처럼 눈물 속의 도망생활도 시키시는 하나님을 원망하고 있지는 않은가? 예수 그리스도처럼 잘못 없는 처벌도 주신다. 우리가 믿어야 할 것은 머릿속 타락한 자아가 아니라 완전하신 소망의 말씀이다.

"저 새는 나쁘다" 마오(毛)의 살벌한 한 마디

악인에게는 평강이 없다. "그 사상은 죄악의 사상이라 황폐와 파멸이 그 길에 끼쳐졌으며. 그들은 평강의 길을 알지 못하며 그들의 행하는 곳에는 공의가 없으며 굽은 길을 스스로 만드나니 무릇 이 길을 밟는 자는 평강을 알지 못하느니라"이사야서 59:7-8

마르크스의 황폐한 심령은 '스올'의 옥문獄門을 열었다. 20세기에 접어들며 정의의 실현을 앞세운 혁명은 곳곳에서 용암처럼 터져나기 시작했다. 그리고 죄 없는 자들의 피가 흐르고 넘쳐나기 시작했다.

프랑스에서 발간된 《공산주의 흑서黑書·The Black Book of Communism--Crimes Terror Repression》에 따르면, "숙청, 집단 처형, 강제 이주, 정부가 조장한 대大기근 등으로 공산주의 체제에서 죽임을 당한 인간은 약 1억 명에 달한다"고 나온다.

교회가 없었던 동양의 살육은 더욱 심했다. 중국은 공산화 과정에 6,500 만 명에서 7,200만 명이 죽임을 당했다. 김일성 부자가 학살한 한민족 숫자만 6·25때 300만 명, 90년대 중·후반 300만 명, 정치범수용소에서 100만 명 등 700만 명에 이른다.

프랑크 디쾨터 홍콩대 교수는 《해방의 비극1945-1957》에서 모택동 시절의 중국의 민낯을 구체적 수치로 폭로한다. 1949년 공산당·국민당 간의 국공國共 내전 당시, 공산당에 의한 5개월간의 장춘長春* 포위로 아사餓死한 민간인 숫자는 16만 명에 달했다. 모택동은 장춘에 들어가는 물과 식량을 150일간 철저히 차단했다. 다른 지역에 대한 일종의 본보기였다.

히로시마 원자폭탄은 약 20만 가까운 사망자를 냈었다. 장춘 포위작전으로 사망한 자들의 수치도 비슷하다. 장춘에 식량이 고갈될 무렵 인육人肉도 팔렸다. 가격은 1kg가량에 1.2달러 정도였다.

모택동은 국공 내전 당시 "1,000명당 1명을 죽이라"는 지침을 내렸다. 이는 교조적 율법이 되어 피 바람을 불렀다. 박해와 핍박은 자살자도 부추겼다. 1952년 상해上海에서는 2개월 사이 600명에 달하는 기업가·상공인들이 자살했다.

악명 높은 라오가이勞改·노동개조, 중국식 정치범수용소도 공산주의 혁명 과정에서 등장했다. 1957년 이미 50만 명이 수용된 수용소가 갖춰졌다. 라오가이 운영 최초 10년 동안 역시 50만 명 넘는 사람들이 사망했다. 디쾨터 교수 책을 보면, 1960년대 한 사람이 누울 수 있는 공간은 20cm 정도였고 10명 중 9명은 피부병에 걸려 있었다고 나온다. 분서갱유焚書坑儒 이상으로 책

---

* 당시 장춘은 길림성(吉林省) 성도(省都)였다.

들도 불탔다. 1951년 한 해 237만 톤의 책들이 재로 변했다.

공산화 당시 가장 많은 사망자는 집단농장 운동 과정에서 발생했다. 소위 '대약진운동大躍進運動'에 의해 저질러진 기근과 파괴의 결과로 최대 5,000만 명의 사람이 아사한 것으로 나온다. 한국민 전체에 달하는 인구가 모택동의 한 마디로 굶어 죽은 것이다.

대약진운동하면 참새 사냥과 토법고로土法高爐가 흔히 언급된다. 참새사냥은 모택동이 참새를 가리켜 '저 새는 해로운 새'라고 말하며 시작되었다. 모택동 지시 이후 1958년부터 참새 외에도 쥐, 파리, 모기를 4대 해충으로 정하고 제거운동에 나섰다. 중국 전역에서 참새들이 박멸되자 이번에는 진짜 해충들이 들끓었다. 수확은 현저히 줄었고 흉년은 대량 아사를 초래했다.

토법고로는 중국인들이 마을 집단농장인 인민공사 안에 만든 이른바 홈메이드homemade 용광로이다. 당시 모택동은 최대 철강 생산국 미국과 영국을 따라잡겠다는 야심찬 계획을 세웠다. 주민들은 지도자의 지시대로 석탄부터 뒷산 작은 나무에 이르기까지 태울 수 있는 모든 형태의 물건을 태워 용광로를 돌렸다. 철광석을 구할 수 없으니 냄비, 후라이팬, 자전거 등 철로 된 물건은 손에 잡히는 대로 긁어모아 용광로에 쏟아 부었다.

뿌린 대로 거두었다. 드디어 1959년, 수치상으로 중국은 전 세계 철강생산 1위가 되었다. 그러나 동네에서 만들어진 철은 강철이 아니라 탄소덩어리 선철銑鐵, pig iron이었다. 품질은 엉망이고 쉽게 바스러졌다. 쓰레기 철이 나온 것이다. 그 후에 어떻게 되었나? 이 토법고로 덕에 중국의 산들은 민둥산, 시랑豺狼의 굴혈이 되었다. 이것은 홍수와 흉년 그리고 역시 집단 아사로 이어졌다. 모택동은 또다시 수천 만 가련한 인민을 죽음으로 몰고 갔다. 중국 전역은 살육의 골짜기가 되었다.

문재인은 2017년 12월 15일 베이징대를 방문했다. 그 자리에서 "마오 쩌둥毛澤東 주석이 이끈 대장정에도 조선 청년이 함께했다", "중국과 한국은 근대사의 고난을 함께 겪고 극복한 동지"라며 모택동에 경의를 표했다. 초록은 동색이다. 거짓된 명분을 쫓아간 '참새 잡기'나 '토법고로' 같은 잔혹극은 문재인 치하 탈脫원전이나 태양광, 풍력발전 같은 웃지 못할 블랙코미디로 재현되었다.

미국 세계삼림감시GFW 자료에 따르면, 문재인 정권의 소위 탈원전에 따른 태양광 발전소 증설로 집권 4년간 8만 3,554ha헥타르 산림이 훼손되고 249만 그루의 나무가 벌목되었다. 참고로 서울시 면적이 6만 520ha이다. 서울시 면적 이상의 산림이 문재인 한 명에 의해 파괴된 것이다. 이럴 수가 있나?

세계적인 환경운동가 마이클 셸런버거는 2021년 6월 국내 언론과의 인터뷰에서 이렇게 말했다. "사람들은 원전으로 핵폐기물이 많아진다는 점을 걱정하지만, 핵폐기물은 그 누구도 해치지 않는데 반해 태양광 패널엔 독성 중금속이 포함되어 있는데, 이는 절대 분해되지 않는다. 태양광 유해 폐기물은 원전의 300배에 달한다." 문재인의 거짓 예언은 이처럼 진실과 충돌했다.

"우리가 놓친 게 있었다" 공산당의 더러운 깨달음

1960년대를 지나며 사탄은 교회를 없애기 위한 특단의 조치에 나섰다. 동성애로 상징되는 젠더혁명Gender Revolution이다. 보이지 않은 혁명의 출발은 소위 '네오 마르크시즘' 내지 '문화 마르크시즘', '신좌파사상'이다. 네오 마르크시즘은 20세기 초 독일에서 4번째로 큰 대학인 '요한 볼프강 괴테 프랑크푸르트 암마인 대학교Johann Wolfgang Goethe-Uni'에서 시작되었다. 이들이 같은 대학 사회연구소에서 형성된 이른바 프랑크푸르트 학파다.

네오 마르크시즘이 나온 것은 현실적 이유다. 유럽에서 사회주의 정당이 정권을 잡아도 혁명이 안 된다는 것이다. 왜 공산화되지 않을까? 고민 끝에 내린 나름의 소결은 이랬다. 보이는 게 아니라 보이지 않는 문화를 뒤집자. 특히 기독교 문명을 뒤집지 않으면 혁명은 완성될 수 없다.

이들은 마르크시즘에 휴머니즘humanism을 결합시켰다. 평등을 기치로 정의, 나눔, 평화, 인권과 소수자 보호 등 그럴싸한 구호를 걸었다. '창녀의 낫'으로 타락한 인간의 마음을 베었다. 이들이 가장 집중적 공격을 퍼부은 곳은 바로 '가정家庭'이었다. 우선 네오마르크시트들은 마르크시즘에서 가장 중요한 부분이 빠졌던 것을 발견했다.

실제로 마르크스는 1848년 2월 공산당 선언에서 가정 해체를 강조했다. "전통적 가족은 오직 부르주아를 위해 존재하며, 부르주아적 가족은 자본이 소멸하면 사라질 것"이라는 지적이다. 공산당선언의 핵심 메시지 중 하나도 이랬다. '1남1녀의 전통적 결혼제도가 자본주의 체제를 유지시키니 1남1녀가 결합한 가정이 깨져야 자본주의도 깨진다'는 것이다.

마르크스주의자가 왜 그렇게 교회에 적대적인지, 왜 그렇게 집요하게 전통적 가정 해체에 집착하는지를 알 수 있게 하는 대목이다. 마르크스와 지옥행 동지였던 엥겔스는《가족, 사유재산, 국가의 기원》이라는 책까지 써냈다. 요컨대 '한 남자와 한 여자가 서로에게 헌신하는' 가정의 개념이 무너져야 자본주의도 무너뜨릴 수 있다는 것이다.

역겹지만 엥겔스의 주장 일부를 인용해본다.

"단혼1남1녀의 결합은 결코 남자와 여자의 화합으로서 역사에 등장한 것이 아니다. 오히려 반대다. 단혼은 한 성에 의한 다른 성의 억압으로 선사시대 전체에 거쳐 그때까지 나타난 적이 없던 양성 간의 충돌선언이다. 역사에 나타난 최초의 '계급 대립'은 단혼에서 남편과 아내의 적대의 발전과 일치하고 최초의 계급 억압은 남성에 의한 여성 억압과 일치한다."

《가족, 사유재산, 국가의 기원》 책세상 刊

"지배계급은 여전히 경제적 영향의 지배를 받기 때문에 그저 예외적인 경우에나 자유로운 결혼을 하지만 피지배 계급의 경우에는 일반적인 현상이다. 따라서 결혼의 완전한 자유는 자본주의적 생산과 이를 통해 형성된 소유관계, 예컨대 오늘날 아직도 배우자 선택에 강력한 영향을 미치는 모든 부차적인 경제적 동기가 제거되었을 때에야 비로소 보편적으로 실행될 수 있다. 그러면 상호 간의 애정 외에 다른 어떤 동기도 남지 않게 된다."

《가족, 사유재산, 국가의 기원》 책세상 刊

한 남자·한 여자의 결합을 부정하라

네오 마르크시즘은 바로 이 '가정 해체 개념'을 다시 주목했다. 교만자, 거만자, 목이 곧은 자고自高한 자들이 하는 일들이 이런 식이다. 하나님이 인간 세상에 주신 기본질서인 교회, 가정, 시장을 없애기 위해 이 방법, 저 방법 모두 다 써본다. 엥겔스는 집요하게 일부일처제를 부정했다.

"일부일처제는 친아버지가 확실한 아이들을 낳는다는 명백한 목적을 내세워, 남편의 지배에 기반을 두는데 친아버지를 확실히 해야만 하는 까닭은 훗날 아이들이 아버지의 재산에 대한 직계상속자가 되기 때문"이라고 했다. 일부일처제가 오직 돈 때문에, 자본 때문에 비롯되었다는 것이다.

이후 마르크스주의자들의 전통적 가정해체 이론은 다양多樣한 가정생성 이론으로 전개되었다. 남자와 남자, 여자와 여자, 일부다처, 일처다부, 사람과 짐승, 사람과 인형의 결혼 등 '사랑한다'는 이유로 모든 성경적 율법을 없애갔다. 성해방과 성혁명이 시작되자, 말도 많고 탈도 많은 페미니즘feminism도 변질되었다. 여성에게 참정권을 주자고 시작된 자유주의 페미니즘은 소위 급진 페미니즘레디컬 페미니즘·radical feminism으로 꼴을 바꿨다. 여성의 자기결정권과 행복추구권이라는 이름 아래 낙태를 비롯한 온갖 형태 혼인의 제도화를 주장했다.

유럽연합 기본권헌장 제9조는 보호받아야 할 결혼을 규정하면서 남자와 여자의 결합이라는 기존의 언급을 없앴다. 이 조항대로라면, 동성결혼은 물론 일부다처·일처다부·다부다처제나 짐승이나 인형과의 결혼도 법적인 용인을 하라는 결론에 이른다. 2012년에는 독일의 국가기관인 독일윤리위원회에서 이른바 생물학적 성별이 모호한 8천명의 사람들의 요구를 맞추어주기 위해 '제3의 성'을 만들어냈다. 실제로 지난 2017년 11월 9일 독일 연방헌법재판소는 인간의 기본권에 기초하여 '간성間性 intersex'을 새로운 성으로 등록할 수 있도록 허가할 것을 결정했다.

동서독이 통일되고 유럽이 하나로 묶이며 나오는 열매는 당혹스럽게도 하나님을 대적하는 일들이다. 하나같이 비슷한 흐름이다. "그들의 행위가 그들로 자기 하나님에게 돌아가지 못하게 하나니 이는 음란한 마음이 그 속에 있어 여호와를 알지 못하는 까닭이라"호세아 5:4 음란한 마음이 하나님을 떠나게 하려는 것이다.

사탄의 전략은 이렇다. "인간의 말초적 본능을 자극하라. 일남일녀의 결합이라는 결혼의 경계선을 허물어라. 남자와 여자 자체의 경계선을 허물어라.

하나님이 정하신 금단의 경계를 넘어라. 창조질서를 부숴라. 성경 자체를 절대적 진리의 위치에서 끌어내려라. 그를 통해 교회를 부숴라."

교회를 해체한 후에는? 반교회 질서가 온 세상을 소돔과 고모라처럼 타락시켜 갈 것이다. 그리고 그 죄악의 부르짖음이 절정에 달할 때 하나로 통합된 대륙에 아침의 아들 '계명성鷄鳴聲', 적그리스도가 등장할 것이다.

마지막 때는 사탄이 하나님이 만드신 율법과 기준을 허무는 때이다. 그러나 하나님은 골리앗 앞의 유대인처럼 탄식과 절망에 젖는 것을 원치 않으실 것이다. 다윗처럼 말씀을 선포하며 믿음으로 싸워 이기길 바라고 계실 것이다.

예수님은 결혼을 일부일처제, 아담과 하와의 일치된 연합으로 보는 히브리적 전통을 창조의 원리로 강조하셨다.* 이것이 이른바 전통적 가족제도다. 또한 예수님이 다시 오실 때까지 피조물인 인간이 지켜야 할 사회의 기초다.

유대인이 빚어낸 적그리스도 철학

비극적인 일이다. 마르크시즘을 개창한 마르크스와 이를 실천한 레닌도 유대인이었던 것처럼, 네오 마르크시즘을 시작한 이들의 주축도 유대인이었다. 유대인은 명석한 민족이다. 어릴 적부터 토라Torah, 구약성경의 첫 다섯 편를 외우며 자란다.

그러나 그들은 수천 년 동안 나라 없는 설움, 죽임과 학살을 겪었다. 예수님을 죽였다는 주홍글씨는 중세 교황권력이 박해할 명분이 되었다. 종교재판, 마녀사냥, 십자군의 적敵은 많은 경우 유대인이었다. 구약에 끝없이 예

---

* 이러한 즉 이제 둘이 아니요 한 몸이니 그러므로 하나님이 짝지어 주신 것을 사람이 나누지 못할지니라 하시더라 (마가복음 10:6-9) 이르시되 누구든지 그 아내를 버리고 다른 데에 장가드는 자는 본처에게 간음을 행함이요. 또 아내가 남편을 버리고 다른 데로 시집가면 간음을 행함이니라(마가복음 10:11-12)

언된 것처럼 사망의 잠을 자며 진토처럼 밟혀왔다.

유대인의 회복은 하나님의 소원이시다. "전에는 내가 그들로 사로잡혀 열국에 이르게 하였거니와 후에는 내가 그들을 모아 고토로 돌아오게 하고 그 한 사람도 이방에 남기지 아니하리니 그들이 나를 여호와 자기들의 하나님인줄 알리라" 에스겔 39:28

하지만 마귀 또한 알고 있지 않은가? 하나님과 유대인을 쉴 새 없이 이간질했다. 기독교의 이름으로 유대인은 박해당했고 그들은 하나님을 원망했다. 창조주에 대한 의심에 가득 찬 '헛똑똑이들'은 지상의 천국을 만들기 위한 온갖 인본주의 철학을 주조해냈다. 기독교를 대적하는 양대 축인 마르크시즘과 네오 마르크시즘도 그렇게 빚어졌다. 거짓 예언과 거짓 계시. 그들의 입술은 거짓을 말하여 목구멍은 열린 무덤이 되었다.

네오 마르크시즘의 기원인 프랑크푸르트학파의 대표적 인물을 보자. 허버트 마르쿠제 독일, 1898~1979, 빌헬름 라이히 오스트리아, 1897~1957, 테오도르 아도르노 독일, 1903~1969, 막스 호르크하이머 독일, 1895~1973, 에리히 프롬 독일계 미국인, 1900~1980 모두 유대인이다.

유대인이 주축이었던 프랑크푸르트 사회연구소는 1933년 나치에 의해 폐쇄되었다. 그러나 이들은 연구소 폐쇄 이후 서유럽 각지로 또 2차 대전 이후 미국으로 건너갔다. 더 열심히 일했고 네오 마르크시즘은 잡초처럼 번져갔다.

이들은 기존의 마르크시즘이 동유럽에선 성공했지만, 서유럽에서 실패한 이유를 교회에서 찾았다. 종교개혁 발원지인 서유럽엔 자본주의 자생력이 너무 강했다. 1:99, 가진 자와 갖지 못한 자, 경제적 계급투쟁 논리로 혁명을 하기엔 역부족임을 깨달았다. 그래서 마르크스가 강조한 '가정'에 방점을 찍었다. 일남일녀의 결합. 기독교가 강조한 '거룩'을 부수고, '가정'을 부숴서, 종국엔 '교회'를 부숴야 혁명을 성공할 수 있다고 보았다.

이를 위해 꺼내든 비밀병기가 바로 '성性혁명'이다. 그들은 '성'을 도끼 삼아, 마르크시즘을 버텨낸 소위 부르주아 억압 질서, 실은 기독교 문명의 사냥에 나섰다. 지식인들은 레일을 깔았고 미디어는 온갖 음란한 것들, 영적인 낙타, 영적인 토끼, 영적인 돼지, 날개달린 기어 다니는 것들을 실어 날랐다. 하나님 없는 세상을 만들기 위해 바산의 황소처럼 달려 나갔다.*

네오마르크시트들은 1968년 프랑스 소르본느 대학을 중심으로 68혁명이라는 학생봉기로 궐기한다. 이것은 90년대를 거치면서 소위 성性주류화 Gender Mainstream, '젠더혁명'으로 이어졌다. 남녀의 경계를 아예 없애는 쪽으로 흘렀다. 몇 명의 네오 마르크시즘 이론가들을 인용해보자. 이들이야말로 동성애로 상징되는 지금 같은 젠더혁명의 기수들, 사이비 복음을 전했던 거짓 예언자들이다.

성정치 성해방 그리고 유대인

네오 마르크시즘의 중심인물인 빌헬름 라이히1897~1957는 '성정치'라는 개념을 만들어 냈다. 라이히를 말하려면 라이히의 스승 격인 프로이트를 먼저 말해야 한다. 심리학자 하면 떠오르는 프로이트는 종교·도덕·부모의 권위와 같은 '슈퍼에고super ego'에서 '에고ego'를 해방시키라고 주장했던 인물이다.

그러나 프로이트 심리학의 요구는 하나님의 율법에서 벗어나 속사람이 아

---

* 바산(Bashan)은 비옥한 평야라는 뜻이다. 바산은 이스라엘 요단 동북쪽에 있는 해발 770m의 넓고 비옥한 고원 평야지대로 성경에서 자주 인용되는 표현이다.

닌 겉사람의 욕구와 욕망을 채우라는 것이었다. 하지만 '악인에게는 평강이 없다!'* 허물진 백성, 행악의 종자의 심령에 기쁨은 머물지 못한다. 마르크스가 그랬듯, 프로이트도 불행은 꼬리표처럼 붙어 다녔다. 지독한 골초로 구강암에 걸려 33번이나 수술을 해야 했다. 처제와의 불륜에다 코카인 중독자였다. 사망 원인은 애매하다. 1939년 9월 의사이자 친구인 막스 슈어를 설득해 자살을 했다는 설이 유력하다. 물론 그도 유대인이었다.

이 '가련한' 프로이트의 제자 중 하나가 빌헬름 라이히다. 라이히는 마르크스와 프로이트를 결합해 프로이트·마르크시즘Freudian Marxism을 정립했다. 라이히는 두 가지 억압과 착취를 없애야 한다고 말했다. 하나는 자본가 계급에 의한 노동자 억압과 착취, 다른 하나는 기독교 윤리에 의한 인간 리비도libido, 성본능, 성충동에 대한 억압과 착취다. 후자는 "성적 욕구를 억누르는 문화는 잘못된 것"이라는 주장인데, 이 문화는 바로 기독교 문명, 교회를 말한다. 성적 욕구를 억압하는 기존 질서, 자본주의, 실은 성경적 질서를 없애라는 주장이다.

라이히는 성해방Sex liberation을 통해서, 억눌린 인간의 해방Human liberation을 이룰 수 있다고 말했다. 진정한 해방과 구원, 행복을 말하며 풋내기 구원자 흉내를 냈다. 그는 1924년 정신분석학 모임에서 최초로 '오르가즘Orgasmus, orgasm'이라는 용어를 만들어 냈다. 가부장적 가족제도와 함께 일부일처제를 없애야 한다고도 했다. 지금은 이런 류流가 많고 LGBT연구자들은 라이히를 영웅처럼 추종한다. 하지만 당시 라이히는 미치광이로 평가받았다. 유럽에서 쫓겨나 미국에서 교수로 지냈다. 신대륙 생활도 평탄친 못했다. 모욕죄로 수감됐고 망상성 정신병에 시달리다 심장마비로 사망했다.

---

* 내 하나님의 말씀에 악인에게는 평강이 없다 하셨느니라(이사야 57:21)

라이히는 오르곤 에너지, 일종의 기氣 철학도 연구했다. 흥미로운 대목이다. 하나님을 두려워하지 않는 이들은 '기'를 하나의 기계적 수련을 통해 얻게 되는 연료처럼 생각한다.*

그러나 어리석은 인간들아, 생기生氣는 하나님이 주시는 것이다. 수행을 아무리 오래 해도 하나님이 흔들면 질병이 생긴다. 백 년간 도를 닦아도 신과의 합일, 깨달음은 얻지 못한다. 완전하신 말씀이 없다면 죄罪를 깨달을 수 없고, 예수 그리스도 외에는 죄와 싸워 이길 수도 없는 탓이다. 오직 예수 그리스도만을 통해 영광의 보좌 앞에 나갈 수 있기 때문이다. 쇠잔한 백성아. 우리의 마음을 다스릴 강력divine power은 오직 성령의 검, 말씀뿐이다. 이것이 10대 때부터 무술과 호흡 수련을 했던 내가 내린 체험적인 결론이다. 라이히 같은 이들은 예수를 몰라 허깨비 같은 철학에 빠졌다. 사망과 언약을 세우고 지옥에 가는 다리를 놓았다.

라이히 역시 스승과 마찬가지로 불행한 인생이었다. 이들뿐 아니다. 유대계 네오마르크시트들 태반이 그랬다. 자본주의를 맹비난하다 죽은 프랑스의 루이 알튀세르1918~1990도 우울증에 걸려 아내를 살해했다.

'성평등 담론화Sexual egalitarianism'을 주장하며 '하나님의 죽음'을 선언했던 미셸 푸코1926~1984는 동성애자로서 에이즈에 걸려 죽었다.

네오 마르크시즘의 또 다른 대표적 인물 중 마르쿠제1898~1979가 있다. 역시 유대인인 그는 자신의 책《문명과 에로스Eros & Civilization》에서 "쾌락 원칙을 따르는 인간의 본능은 자연스러운 생의 충동-에로스에서 출발한다"고 주장했다. 이 에로스를 억눌러서 전쟁과 대량학살이 일어났다면서 에로

---

* 터가 좋은 땅에서 깊은 숨을 쉬며 축기(縮氣)하면 단전에 불이 쌓여 소주천(小周天)을 해 육체를 강건케 만들고, 대주천(大周天)을 해 우주의 기운과 하나 된 신과의 합일, 깨달음을 얻을 수 있다고 믿는다.

스 사회 건설을 해야 한다는 것이다. 그러면서 성매매·포르노 합법화와 함께 동성애와 수간獸姦, 소아성애, 기계성애, 시체성애 등 온갖 성적 취향을 인정하라는 결론을 내렸다. 결론은 무엇인가? 하나님의 율법을 허물고 기독교적 문명을 없애라는 주문이다. 아니 주술呪術이다.

젠더이론은 이념이지 과학이 아니다

유대계 네오 마르크시즘을 잇는 또 다른 인물, 주디스 버틀러1956~라는 인물을 빼놓을 수 없다. 문재인 정권의 EBS교육방송은 2021년 9월 버틀러 강연을 방송해 논란을 빚었다. 버틀러는 UC버클리대 교수로 역시 유대인이자 레즈비언이다. 그녀는 1990년 '젠더 트러블'을 통해 인문학계의 슈퍼스타가 됐고, 소위 젠더 이론을 정립했고 '일남일녀의 전통적 가정의 해체'에 앞장서왔다. 또 기존의 자유주의 페미니즘 패러다임을 소위 레디컬 페미니즘으로 뒤바꿔 90년대 페미니즘 학계를 단숨에 장악해 버렸다.

그녀는 한 남성과 한 여성이 가정을 이루는 사회를 철저하게 비판한다. 여성 위에 군림하는 남성의 헤게모니를 깨야 한다는 것이다. 나아가 남성과 여성의 구분 자체를 없애야 한다고 말한다. 남성과 여성이 구분될 수 없다면 남성은 여성을 무시하고 억압하는 것이 불가능하다는 것이다. 이런 논리라면 가진 자의 착취를 없애기 위해 가진 자 자체를 없애야 한다는 결론이 나온다. 부모의 가정폭력을 피하기 위해 가정을 없애야 한다는 식이다.

버틀러의 허튼 소리를 나의 말로 요약해 보면 이렇다. '남녀, 결혼, 가족, 부모, 성과 출산 등 우리가 창조질서라 부르는 이 모든 억압 구조는 자연스러운 것이 아니라 조작된 것이다. 이 규범, 실은 성경의 율법이 강제로 반복되어 성별이 구체화 된 것이니, 성性 정체성을 유동적으로 바꿔야 한다. 그러니 해체하라! 구별을 없애라! 동성애·근친상간·소아성애의 금기를 부셔라! 페미니즘은 바로 여성과 동성애자들이 억압받는 구조로부터의 해방이다.'

버틀러의 육성을 들어보자.

"이성애자와 동성애자를 분명하게 구분할 수 없다면 이성애자가 동성애자를 열등하고 비천한 것으로 멸시할 수 없다는 것입니다. 인간은 선천적 섹스와 후천적 젠더가 있는데 선천적 섹스에 연연하는 것은 내 안의 타자他者, 다른 것에 대한 억압과 배제의 산물이라는 것입니다. 그래서 남성 안의 여성성, 이성애자의 안의 동성애 성향을 깨워야 남자의 여자에 대한, 이성애자의 동성애자에 대한 억압과 지배구조를 불가능하게 한다는 것입니다."《주디스 버틀러의 젠더정체성 이론》'한국학술정보' 刊

버틀러는 심지어 '젠더트러블'에서 "근친상간 금기에 대한 푸코적 비판을 확장"하려고 한다며 퀴어이론의 대부 미셀 푸코를 소위 계승하고 있다. 프랑스 철학자 미셀 푸코1926~1984는 최근 프랑스 석학인 기 소르망 교수의 폭로에 나오듯 소아성애자이자 동성애자였다. 근친상간에 대한 금기도 비판했다. 버틀러는 이런 푸코의 논리를 확장해야 한다고 말하는 것이다. 근친상간 옹호? 말문이 막힌다.

하지만 '불 뱀'은 언젠가 자신의 날개도 태운다. 버틀러 이론은 한 세대를 거치며 허구성과 반사회성이 입증되어 세계 곳곳에서 반발에 부딪히고 있다. 실제로 2017년 버틀러의 브라질 강연 당시 강력한 반대 시위가 일어났다. 36만 명 넘는 사람들은 반대 서명까지 했다. 헝가리 정부는 젠더 연구는 이념이지 과학이 아니라고 공식 인정했다. 그 해악을 막기 위해 2018년 대학에서의 젠더 연구와 공교육에서의 젠더 교육도 금지시켰다.

타고난 성을 바꾸고 연애, 피임, 낙태, 동성애, 근친상간, 수간 등 온갖 성적 일탈은 잘못된 것, 그릇된 것, 틀린 것도 받아들여야 한다는 균등均等으로 이어질 수밖에 없다. 문화적 다양성 운운하며 이슬람과 세속 문화를 수용하게 된다. 다수에 의한 의사결정인 대의민주주의를 버리고 구성원 전체의 합의를 가장한 참여민주주의를 앞세운다. 그리곤 소수의 직업운동가에 선동된 광란의 군중정치를 불러들인다.

사탄이 쓰는 물맷돌은 거짓이다. 마르크시즘이나 여기서 발원한 네오 마르크시즘, 주체사상 모두 평등·평화·인권·소수자 보호의 탈을 쓴다. 결론은 하나님이 정하신 율법의 파괴, 교회의 해체, 나아가 기독교 문명 자체의 파괴다. 중국·북한 등 아시아는 여전히 마르크시즘이 지배하고 유럽은 네오 마르크시즘에 이미 무너져 버렸다. 미국도 통회痛悔의 마음을 잃었고, 해양과 대륙의 경계선에 선 한국은 치열한 전쟁 중이다.

다윈, 진노의 판도라 상자를 열다

20세기 마르크시즘이나 21세기 네오 마르크시즘 모두 목표는 한 가지다. 성경의 부정을 통한 교회의 해체다. 여기 빼놓을 수 없는 결정적 인물이 있다. 바로 찰스 다윈Charles Robert Darwin, 1809~1882이다. 이야기를 시작하기 전에 전제할 것이 있다. 나는 과학자가 아니다. 신학자도 아니다. 심층적 연구를 하지도 않았다. 그러나 자료를 읽고, 보고, 듣고, 분석하고 분별하여, 전달하는 것이 직업이자 나의 달란트다. 건전한 신앙인으로서 진리에 입각해 정리한 진실은 이렇다.

창조론은 성경의 시작이자 반석이다. 창조론이 부정되면 성경 속의 모든 것이 부정되어 버린다. 집이 허물어진다. 당신은 창세기의 모든 기록을 믿고 있는가? 또는 믿어지는가? 하나라도 믿어지지 않는다면, 감동되는 몇몇 요절만 믿거나, 적당히 뭉개고 넘기고 있다는 것이다. 그러나 성경은 무오無誤하다. 옮겨 적는 과정에 오류가 있을 수 있어도, 최초의 원본인 성경은 하나님의 감동으로 된 것이다. 오류가 있을 수 없다. 여호와의 율법은 완전하며 여호와의 증거는 확실하다.*

그러므로 창세기에 기록된 것처럼, 하나님은 말씀으로 이 세상과 인간을 창조하셨다. 다윈의 진화론은 무엇인가? 이 완전하고 확실하신 말씀의 기둥을 일그러뜨리는 사탄의 망치다.

진화론은 창조에 대한 시각, 과학 영역에 그치지 않는다. 다윈의《종의 기원 On the Origin of Species》은 진노震怒의 판도라 상자를 열었다. 다윈의 가설은 다른 학문에 확산되어 사회진화론, 진화심리학, 진화경제학, 무엇보다 신학神學에 불결한 촉수를 미쳤다. 유럽의 신학자들은 진화론을 과학적 진리로 수용해, 성경을 다시 해석하기 시작했다. 이렇게 등장한 것이 '자유주의 신학liberal theology'이다. 슐라이에르마허 Schleiermacher, 1768~1834에 의해 시작된 자유주의 신학은 진화론 등장 이후 리츨Ritschl, 1822~1889 등에 의해 계승되어 유럽을 지나 미국에 빠르게 번졌다.

자유주의를 비판하며 등장했던 소위 '신정통주의 Neo-orthodoxy' 역시 진화론적 사고 안에 머물렀고, 성경 안의 진화론과 충돌하는 부분들을 철저하게 부정했다. 불트만Bultmann, 1884~1976은 복음서에서 이른바 신화神話를 벗겨낼 것을 주장했다. 창조론을 필두로 예수님의 동정녀 탄생, 부활, 승천,

---

* 여호와의 율법은 완전하여 영혼을 소성시키며 여호와의 증거는 확실하여 우둔한 자를 지혜롭게 하며. 여호와의 교훈은 정직하여 마음을 기쁘게 하고 여호와의 계명은 순결하여 눈을 밝게 하시도다. 여호와를 경외하는 도는 정결하여 영원까지 이르고 여호와의 법도 진실하여 다 의로우니 금 곧 많은 순금보다 더 사모할 것이며 꿀과 송이꿀보다 더 달도다 (시편 19:7-10)

기적을 행하신 일들을 역사적 사실이 아닌 신화로 간주해 버렸다.

바르트Barth, 1886~1968 역시 성경 속에 역사적 사건의 진실성을 부정한다. 오류가 있다는 것이다. 신정통주의는 성경은 하나님의 계시를 사람들에게 전달하는 매개체이지 성경 자체가 하나님의 계시는 아니라고 역설했다. 어떤 사람이 성경을 읽을 때 받는 감동이 진리인 것이지 성경 자체가 진리일 수 없다는 것이다. 성경은 하나님을 만나는 중간 역할을 할 뿐이고 그 자체로는 오류가 포함될 수 있다는 것이다. 자유주의나 신新정통주의 모두 진화론에 터 잡아 창조론, 실은 성경을 전면 또는 부분 부정하는 인간의 철학일 뿐이다.

"누가 철학과 헛된 속임수로 너희를 사로잡을까 주의하라 이것은 사람의 전통과 세상의 초등학문을 따름이요 그리스도를 따름이 아니니라"골로새서 2:8

진화론은 세상의 초등학문과 철학, 헛된 속임수에 들불처럼 번져가며 소위 진보進步의 개념을 끄집어냈다. 생명이 더 발전된 형태로 진화한 것처럼, 역사는 새로운 진리를 향해서 진보해 간다는 것이다. 이것은 악순환이다. 진화가 진보를 이끌어 낸 것처럼, 성경을 벗어난 진화進化의 개념을 따르면, 부분이건 전부이건 성경을 부정할 수밖에 없게 된다. 그 결과 고정 불변의 진리가 있다는 보수保守적 흐름을 부정한다. 나아가 진보의 가장 극단적 아류인 공산주의·사회주의 좌익 이론과 통하게 된다.

실제로 마르크스Karl Marx, 1818~1883는 공산주의 이론을 체계화하면서 다윈에게서 강한 영감을 받았다. 유인원이 인간으로 진화하듯, 자본주의는 공산주의로 진보해간다는 것이다. 결국 공산주의건, 물을 한 번 탄 사회주의건, 한 번 더 탄 사회민주주의건, 소위 진보적·좌파적·좌익적 흐름은 성경적 진리의 대척점에 서게 된다. 그리고 그 중앙에는 진화론이 있다.

누구든 마찬가지다. 유치원 시절 읽는 그림책부터 진화론적 사고방식이 주입되기 시작하면 창조론은 우스워진다. 세속적 초벌구이가 이뤄진다. 그 이후엔? 초·중·고, 대학과 대학원 고등 교육을 받게 될수록 가짜 평등, 가짜 공정, 가짜 정의, 가짜 인권으로 회칠한 사회민주주의, 사회주의, 공산주의, 가장 악랄한 형태의 반反성경 논리인 젠더주의까지 들어올 길을 만든다.

젠더주의를 보라. 남자 여자 외에 다른 다양한 성이 있다는 것을 전제한다. 에이젠더 Agender,* 뉴트로이스 Neutrois,** 바이젠더 Bigender,*** 시스젠더 Cisgender,**** 안드로진 Androgyne,***** 젠더퀴어 Genderqueer,※ 트라이젠더 Trigender,※※ 논바이너리 Non-binary, 팬젠더 Pangender※※※ 기타 등등. 헌데 다윈의 '진화론'에서는 이 모든 것이 가능해진다. 남성과 여성의 인류가 진화하여 다양해졌다는 것이다. 실제로 자칭 성소수자들을 영화 'X맨'의 히어로처럼, 진화한 인류의 모델로 설명하는 이들도 적지 않다. 이 무슨 끔찍한 일인가?

소가 언젠간 양이 된다고요?

진화론에 천착한 자들은 항상 이렇게 말한다. '진화는 가설이 아닌 팩트, 즉 진실'이라고. 그래서 기독교인들에게 또 이렇게 충고한다. 신앙적 믿음과 별개로, 진화론이라는 이른바 팩트, 진실을 따라야 한다고 말이다.

---

*   젠더 정체성이 없는 사람들(Agendered People)
**   본인을 여성이나 남성이 아닌 제3의 성이라고 생각하는 성 정체성
*** 남성과 여성의 성별 정체성 또는 의식을 둘다 가진 사람
**** 자신이 타고난 '지정성별'과 본인이 정체화하고 있는 성별 정체성(gender identity)이 '동일하다.' 혹은 '일치한다.'
     고 느끼는 사람.
***** 성 역할 고정 관념을 이루는 남성스러움과 여성스러움을 구분하지 않고 한 인격체 내에 남성성과 여성성을
     동시에 갖춘 것으로 인식하는 것
※   젠더를 남성과 여성 둘로만 분류하는 기존의 이분법적인 성별 구분(Gender binary)과 시스젠더 규범성에 벗어난
     성 정체성을 가지는 것
※※ 성 정체성, 젠더퀴어의 일종으로 3가지 젠더를 가지고 있는 것
※※※모든 젠더를 가지고 있는 것

그러나 진짜 과학이 밝혀낸 진실은 하나의 종種 안의 진화, 이른바 소小진화는 있을 수 있어도 종간의 진화, 이른바 대大진화는 없다는 것이다. 대진화를 입증할 증거도, 증명할 자료도, 어떠한 화석도 지금껏 발견된 적이 없다. 당연히 이 소진화는 진화가 아니니 결론적으로 진화는 불가능한 것이다.

이것은 다윈 본인도 인정한 것이다. 다윈은 《종의 기원》에서 종의 장벽을 뛰어넘는 대진화를 입증할 화석化石 증거가 없으며, 이것이 자기 이론의 한계임을 인정했다. 이후 대진화의 증거라고 몇몇 화석이 제시된 적이 있지만 모두 거짓이었다. 요컨대 증거 없는 머리 속의 상상일 뿐이라는 자백이다. 그런데도 인류는 이 거짓말쟁이를 따르며 비극을 대량생산해왔다.

가령 우유를 유달리 많이 생산하는 소, 털을 유달리 많이 생산하는 양이 있다고 하자. 진화론자들은 '시간만 충분하다면' 이 특이한 소, 특이한 양이 다른 종으로 변화해갈 것이라고 추정한다. 추정일 뿐이다. 아무리 우유를 많이, 털을 많이 생산하는 품종이 나온다 해도 소는 여전히 소이다. 양은 여전히 양이다. 양에서 소로, 소에서 양으로, 원숭이에서 사람으로의 대진화는 관찰된 적이 없다.

궁색해진 진화론자들은 1970년대 '돌연변이론'이라는 것을 만들어냈다. 돌연변이가 종의 장벽을 뛰어넘는 대진화를 할 수 있다는 것이다. 즉 작은 세포 하나가 원숭이가 되고, 원숭이가 사람이 될 수 있다는 것이다. 그러나 이것 역시 가설이었다. 돌연변이론을 입증할 어떠한 증거도, 자료도, 화석도 나오지 않았다. 오히려 양식 있는 과학자들은 이렇게 말한다. 돌연변이는 태생적 질병 또는 태생적 약점으로 인해 생육과 번성이 어렵다는 것이다. 가령 평범한 남녀에게서 ET같은 돌연변이가 태어난다 해도 이 돌연변이가 계속 대를 이어갈 수는 없다는 것이다.

나는 원숭이의 손자가 아니다

중학교 1학년 때 헤켈Ernst Haeckel, 1834~1919의 배아발생도胚芽發生圖를 인상 깊게 본 적이 있다. 이 그림은 하나의 작은 생명체에서 수많은 동물과 식물이 갈라져 나온 증거로 제시된 배아발생 그림이다. 어이없는 일이지만, 훗날 이 그림은 조작된 것으로 확인되었다.

헤켈은 '우수 민족이 열등인종을 정복해야 한다'는 나치Nazi식 사고에 젖어 있던 인물이다. 진화가 더 된 민족이 진화가 덜 된 인종을 다스리고 정복해야 한다는 적자생존의 신념을 가지고 있었다. 그리고 이 몽상가는 자신의 철학을 담아 작은 생명의 씨앗이 물고기로 진화하는 과정을 극적으로 그려냈다. 많은 이들을 망상의 늪으로 몰아간 재미없는 만화였다.

오스트랄로피테쿠스, 네안데르탈인, 하이델베르그인, 크로마뇽인 역시 마찬가지다. 이 유인원 화석들 역시 결정적 증거가 조작된 것임이 드러나고 있다. 지금도 교과서에 실려 있는 오스트랄로피테쿠스Australopithecus를 보자. 역시 중학교에 들어가면 배웠던 아담을 대신한 최초의 유인원이다. 루시Lucy라는 애칭까지 붙어 있는 이 화석은 도날드 요한슨Donald Johanson이라는 학자가 1974년 에티오피아 리프트 계곡Rift Valley에서 발견했다. 발견 당시 40% 정도의 유골 형태가 남아있었다. 몸체는 전형적인 원숭이 것이지만 무릎 관절이 사람과 닮았다며 직립보행의 근거로 삼았다. 원숭이와 인간 사이 중간 인류라는 것이다.

그러나 요한슨이 루시의 직립보행 증거로 제시한 무릎관절은 유골의 발굴지점으로부터 700m 아래에서 발견된 것이었다. 3km나 떨어진 곳에서 발굴된 것들도 있었다. 이것을 조립해 원숭이·인간의 뼈대를 창조한 것이다!? 정말 위대한 창조가 아닌가?

결정적으로 2000년 들어, 리치몬드 등 학자들은 루시의 형태가 원숭이나 침팬지, 고릴라처럼 두 손으로 나무를 잡으며 걷는 '너클 워커Knickle walker'였다는 사실을 밝혀냈다. 너클 워커. 이런 사기꾼들! 우리는 대체 무엇을 공부한 것인가? 그런데 왜 아직도 자연사박물관에는 이런 조악한 조립품들을 여전히 전시해 놓고 있는가?

20만 년 전쯤 출현했다는 '네안데르탈인Homo neanderthalensis'도 학창시절 필수적인 암기 대상이었다. 지금도 전 세계 교과서에 실려 있는 네안데르탈인은 1856년 독일 네안데르 계곡 동굴에서 발견되었다. 이후 네안데르탈인은 1886년에 벨기에에 이어 1908년 프랑스의 라샤뻴오셍* 지역에서도 발견되었다.

헌데 라샤뻴오셍 두개골의 용적은 현대인의 두개골 용적보다 훨씬 더 컸다. 약 200cc이상이나 차이났다. 진화론자들은 인류는 뇌 용적이 커지는 쪽으로 진화해 왔다고 주장한다. 두개골 용적으로만 보면 네안데르탈인이 현대인보다 더 진화된 존재가 되는 셈이다. 이후 인류학자들은 좌충우돌 온갖 가설을 제시해 왔는데 논쟁은 아직도 진행 중이다. 성경은 이에 대한 명확한 정답을 말한다. 네안데르탈인은 그냥 오래 전 인류의 뼈 조각이라고.

크로마뇽인Anatomical Homo sapiens은 유인원 중 현생 인류의 직계 조상으로 알려져 있다. 1868년 프랑스 크로마뇽 동굴에서 발굴된 것이다. 크로마뇽 동굴의 벽화를 그렸다고 해서 크로마뇽인이라 명명했다. 하지만 감추인 것이 드러나지 않을 것은 없다. 숨겨진 것도 알려지지 않을 것이 없다.

---

* La Chapelle-aux-Saints

네안데르탈인의 경우와 마찬가지로 크로마뇽인의 두뇌 역시 현생인류보다도 더 컸다.

흡사 과학 사기꾼들이 아닌가? 진화론자들은 가정과 가설을 통해 속임수를 반복한다. 증거로 제시된 사례도 화석에 대한 조작과 왜곡이 난무한다. 영혼을 죽이는 화살, 진화론의 본질은 이렇다.

아담은 공룡을 보았다

사람들은 또 이렇게 반문한다. 당신은 쥬라기 공원을 보지도 않았나? 공룡이야말로 '선사시대'에 존재했던 진화론의 강력한 증거가 아닌가?

그렇다! 공룡Dinosaurs. 나도 공룡을 오해한 적이 있었다. 그러나 이것은 오해다. 진실이 아니다. 비非과학도가 알고 있는 과학적 진실은 이렇다. 공룡은 몸집이 커 일찍 멸종한 동물일 뿐이다.

당신은 성경 속에 자주 등장하는 사자에 대해 의아해한 적은 없는가? 이스라엘 중동 지방에 왜 이리 사자가 많은가? 삼손은 맨 손으로 사자를 쳐죽이기도 했다. 이유는 간단하다. 예전엔 사자가 중동에 많이 살았다. 그러나 지금은 멸종위기 동물이 되었다. 사자가 멸종되어 화석이 나오면 훗날 사자도 공룡인 양 박물관에 전시될 것이다.

공룡은 천지창조 여섯째 날 육상동물들, 아담과 하와와 함께 창조되었다.* 거대한 '브라키오사우루스', 사나운 '벨로시랩터raptor' 그리고 저 무시무시한 '티라노사우루스'도 에덴동산에서 아담·하와와 더불어 살았다. 성경을

---

* 하나님이 이르시되 땅은 생물을 그 종류대로 내되 가축과 기는 것과 땅의 짐승을 종류대로 내라 하시니 그대로 되니라. 하나님이 땅의 짐승을 그 종류대로, 가축을 그 종류대로, 땅에 기는 모든 것을 그 종류대로 만드시니 하나님이 보시기에 좋았더라(창세기 1:24-25)

펼쳐보라. 공룡에 관한 수많은 기록이 나온다. 공룡Dinosaurs은 1841년 리처드 오웬Richard Owen이 만든 단어다. 그 이전엔 모두 용dragon으로 불렸다. 성경에는 이 '용'들이 적잖게 나온다.

"주께서 주의 능력으로 바다를 나누시고 물 가운데 용들dragons의 머리를 깨뜨리셨으며"시편 74:13

"바벨론 왕 느부갓네살이 나를 먹으며 나를 멸하며 나로 빈 그릇이 되게 하며 용같이 나를 삼키며 나의 좋은 음식으로 그 배를 채우고 나를 쫓아내었으니"예레미야 51:34

"그 궁궐에는 가시나무가 나며 그 견고한 성에는 엉겅퀴와 새품이 자라서 '시랑'의 굴an habitation of dragons과 타조의 처소가 될 것이니"이사야 34:13

한글 번역이 신통치 않지만, 이사야 말씀의 '시랑' 역시 킹 제임스 버전 성경에는 용으로 나와 있다.

욥기 40장에는 베헤못behemoth이라 불리는 거대한 동물이 나온다.* 욥기 40:15~24 양심적인 과학자들은 이 베헤못이 용각류龍脚類·Sauropoda 공룡의 특성과 일치한다고 지적한다. 용각류는 그리스어로 '도마뱀의 다리'라는 뜻이다. 우리말로는 '용의 다리'다. 즉 굵고 튼튼한 4개의 다리로 걷는 초식草食 공룡을 뜻한다. 보지 않고 경험해본 적도 없는 공룡을 성경에 이렇게 자세히 기록해 놓을 수 있는가? 공룡이야말로 창조론의 강력한 증거다.

공룡과 사람이 함께 살았다는 많은 증거는 성경 외에도 차고 넘친다. 공룡

---

* 이제 소 같이 풀을 먹는 베헤못을 볼지어다 내가 너를 지은 것 같이 그것도 지었느니라 그것의 힘은 허리에 있고 그 뚝심은 배의 힘줄에 있고 그것이 꼬리 치는 것은 백향목이 흔들리는 것 같고 그 넓적다리 힘줄은 서로 얽혀 있으며 그 뼈는 놋관 같고 그 뼈대는 쇠막대기 같으니 그것은 하나님이 만드신 것 중에 으뜸이라 그것을 지으신 이가 자기의 칼을 가져 오기를 바라노라 모든 들짐승들이 뛰노는 산은 그것을 위하여 먹이를 내느니라 그것이 연 잎 아래에나 갈대 그늘에서나 늪 속에 엎드리니 연 잎 그늘이 덮으며 시내 버들이 그를 감싸는도다 강물이 소용돌이칠지라도 그것이 놀라지 않고 요단 강 물이 쏟아져 그 입으로 들어가도 태연하니 그것이 눈을 뜨고 있을 때 누가 능히 잡을 수 있겠으며 갈고리로 그것의 코를 꿸 수 있겠느냐(욥기 40:15~24)

을 묘사한 그림, 조각상, 암각화, 예술품 등이 전 세계적으로 발견된다. 전세계의 많은 민족들 문화에서 '용'을 만나거나 보았다는 수많은 기록이 남아있다. 최근에는 공룡 뼈에서 연부조직, 적혈구, 뼈세포, 단백질, 심지어 방사성탄소C-14등도 지속적으로 발견된다.

새로운 발견은 충격적 사실을 웅변한다. 진화론자들은 공룡이 2억 5,000만 년 전인 중생대에 등장해 6,600만 년 전 백악기 말기까지 살았었고, 인류의 조상인 오스트랄로피테쿠스는 그보다 한참 뒤인 500만 년 전에 나왔다고 주장한다. 그러나 그들이 맹신해 온 이른바 '방사성탄소연대 측정법放射性炭素年代測定法, Radiocarbon dating'에 따른다해도, 공룡이 그렇게 어마어마한 역사를 가지고 있다는 사실을 증명해 주지는 못한다.

또 다른 충격적 사실이 있다. 공룡 화석들은 대륙과 대륙을 이어 확장된 광대한 퇴적층 내에서 '바다생물들'과 발견되곤 한다. 발견된 모습은 대大홍수와 대大격변에 의해 급격히 매몰되어 있음을 말해 준다. 무슨 말인가? 공룡은 인류와 함께 살았고 전全지구적 홍수와 격변을 거치며 멸종되어 화석이 되었다는 것이다. 그렇다. 바로 노아 시대의 홍수! 결론을 내리자. 공룡은 진화론 증거가 아니다. 오히려 하나님의 말씀이 불변의 진리임을 확실하게 보여주는 다양한 증거 중 하나다.

폭로! 교회를 망친 D전도사

진화론은 가설과 추론의 연속이다. 허점이 너무 많다. 결론부터 정해놓고 꿰어 맞췄다. 무엇보다 생명의 기원을 설명할 수 없다. 사람이 원숭이에서 나오고 원숭이가 작은 유글레나에서 나왔다면, 이 유글레나는 대체 누가 만들었다는 것인가? 아무리 간단한 생명체라도 1,500개 정도의 유전자를 가지고 있다고 말한다. 무생물無生物이 이런 복잡한 생물生物로 변화된 것은 입증된 적이 없다.

진화론자들이 무생물이 생물이 되었다는 소위 '자연발생설'의 근거라고 제시하는 '밀러-유리의 실험Miller-Urey experiment'이 있다.* 이 실험에서 자연계에 없는 D-형 아미노산이 몇 개가 만들어졌다는 것을 근거로 자연발생설을 강변한다. 하지만 양심적인 과학자들은 이렇게 비유한다. '이런 추론은 벌판에서 발견한 벽돌 한 장으로 그곳에 있었던 궁전의 모양과 살았던 사람, 그들의 생활까지 유추하는 억측'이다. 맞는 말이다. 비과학 그 자체다.

이러다보니 '생명의 기원'과 관련된 진화론 맹점을 극복키 위해 창조론 일부를 끌어오는 시도가 이뤄졌다. 이른바 '유신진화론Theistic Evolution'이다. 요약하면 "하나님이 첫 생명체를 만드셨지만 이후 모든 과정은 진화라는 방법을 통해 진행되었다"는 것이다. 하지만 이 역시 허구적 가설과 막연한 추론에 불과하다. 진화론의 억지와 궤변을 성경으로 끌어와 회칠한 것이다. 성경을 있는 그대로 믿지 않는 또 하나의 반反성경적 논리다. 진화론과 마찬가지로 입증되지 않는 논리이다.

흥미로운 것은 창세기 부정을 통해 교회의 해체를 불러온 찰스 다윈이 실은 신학교 졸업생, 우리로 따지면 전도사였다는 사실이다. 1809년생인 다윈은 1825년 에든버러대학교 의대를 중퇴한 뒤 1828년 케임브리지대학교에서 신학을 전공했고 이것이 그의 최종학력이다. 이후 그는 1831년 해군

---

* 밀러 실험 혹은 밀러-유리 실험은 초기 지구의 가상적인 환경을 실험실에서 만들어, 그 조건에서 화학 진화가 일어나는지 여부를 알아보는 실험이다. 이 실험은 생명의 기원에 관한 고전적인 실험으로 여겨지며, 1953년 시카고 대학의 스탠리 밀러와 해럴드 클레이턴 유리가 처음 실행했다.

측량선 비글호에 탑승해 5년간 세계를 돌면서 생물학을 연구했다.* 원래 부자여서 평생 연구에만 전념했고 그의 나이 50에 《종의 기원》을 출판했다.

사실 다윈뿐 아니다. 소련의 학살자 스탈린도 사제를 꿈꿨던 인물로서, 트빌리시 신학교를 다녔다. 마르크스 역시 열아홉이 될 때까지는 미션스쿨을 다녔다. 김일성도 어린 시절 기독교 교육을 받았다. 어머니는 성경에서 이름을 딴 강반석 康盤石, 1892~1932, 기독교인이었다. 외조부 강돈욱 康敦煜, 1871~1943은 칠골교회 장로, 외숙부 강진석 康晉錫, 1890~1942과 어린 시절 김일성을 가르쳤던 6촌 강량욱 康良煜, 1903~1983은 모두 장로교 목사였다. 기독교의 대적자는 언제나 기독교 안에서 나온다. 신학교 안에서, 또 목사들 안에서 성경을 부정하는 사람들이 나오는 것은 만고불변의 공식이다.

목사건 아니건, 그전에 배웠던 세속적 이념과 천박한 집단 감정이 그대로 남아 있다면, 자신의 욕심과 욕망을 정당화하는데 성경을 도용한다. 실제로 사회주의는 물론 동성애·낙태까지 옹호하고, 북한 우상체제와 연합해 온 목사·신학자·신학생·신대원생들이 얼마나 많은가? 역사를 보면 기독교 안의 행악자行惡者들이 교회를 부수고 신앙을 짓밟아왔다. 진화론과 유신진화론을 포함하여 우리 안의 하나님을 대적하는 모든 이론들이 예수 그리스도 이름으로 무너질 수 있기를 기도한다.

한국의 보수주의 역사를 새로 쓴다

새 술을 담을 새 부대가 나와야 한다. 새로운 부대, 뉴 와인스킨new wineskin은 혼란, 혼돈, 무질서 속에서 성경의 핵심가치를 지켜낼 예수의 군대다.

---

* 이때 그 유명한 갈라파고스 군도의 각 섬, 그리고 섬의 해변이나 내지에 사는 거북이나 새들이 동일한 과에 속하는 종임에도 환경에 따라 약간씩의 차이점을 보이는 것을 보고 매료되었다.

세상에 평화를 전하기 위해 심령의 평강을 이룬 자이다. 그들은 불변의 가치가 있다는 것을 믿기에 세상 사람의 눈에는 보수주의자로 비춰진다. 보수에 대한 원론적 정리를 하고 갈 필요가 있다.

보수주의는 한 사회, 한 국가의 핵심가치, 코어 밸류Core Value를 지키는 것이다. 기득권을 지키는 것이 아니다. 돈과 권력, 명예를 지키는 것도 아니다. 무엇보다 이 핵심가치는 하나님이 인간 세상에 주신 가장 중요한 기초, 터에 해당하는 것이다. '교회', '가정' 그리고 '시장'이라는 성경적 질서를 지키는 것이다. 그래서 보수주의는 교회, 가정, 시장을 부정하고 부인하며 공격하는 낙태와 동성애, 사회주의는 물론 사회주의 변형 논리들을 반대한다. 흔히 보수는 대한민국 자유민주주의 체제를 지키는 것으로 생각한다. 맞는 말이다. 좀 더 정확히 말하면 이렇다. 교회, 가정, 시장을 지키기 위해 자유민주주의 체제가 필요하다는 것이다. 성경적 질서의 수호가 목적이고 자유민주주의는 그를 위한 수단이다.

같은 맥락에서 복음적 기독교인은 보수주의자가 될 수밖에 없다. 반대로 보수주의자는 복음적 기독교인이거나 복음적 기독교에 우호적이다. 유감스럽게도 한국은 기독교 역사가 오래지 않는다. 보수주의 뿌리도 얕다. 전체 국민의 교육 수준은 높지만, 보수주의 지식인·보수주의 지도자들의 지적인 교양과 영적인 지혜, 통찰력은 깊지 않다.

2022년 한반도는 신新냉전 구도 속에서 북한 주체주의·중국의 공산주의 영향력도 커져간다. 이러다 보니 전체주의 세력에 반대하면 보수인 것으로 자리매김해 왔다. 이들은 좌익에 반대는 하지만 정작 무엇을 하자는 것인지 어디로 가자는 것인지 알 수 없는 '아리송 보수'다. 보수의 가장 큰 뼈대인 기독교 정신이 취약한 탓이다.

자칭 보수언론, 보수정당, 보수단체들도 가치지향적 보수라기보다는 이익지향적 보수가 주류를 이룬다. 미국처럼 핵심 가치를 지키기 위해 투자하고 헌신하고 희생하지 않는다. 이유는 간단하다. 가치를 지키는 보수가 아니라 이익을 지키는 보수, '아리송 보수'인 탓이다. 기독교 정신이 취약, 일천한 탓이다.

가치價値 보수가 아니라 이익利益 보수로 흐르면 공산주의의 공격에 오래 버티지 못한다. 버티는 척하다 좌익·좌파·진보와 타협해 버린다. 자기편을 키워 싸우기보다는 타협하는 게 훨씬 더 경제적이기 때문이다. 대선, 총선 등 선거철만 되면 좌익에 대항한 승리를 말하긴 하지만, 최선이 안 되면 차선, 차선도 안 되면 차악을 선택할 수밖에 없다는 말도 함께 흘린다.

김대중·노무현 정권 이후 한국 보수는 하나의 거대한 진영이 되었다. 하지만 놀랍게도 이들은 대중을 설득해 세력화하지는 않았다. 세력이 되려면 반드시 후진을 길러야 하는데 다음 세대, 미래 세대를 기르지 않았다. 고식적 아카데미로 흉내는 냈지만, 청년을 상대로 한 '제대로 된' 양육은 하지 않았다. 양육은커녕 다음 세대·미래 세대를 경쟁자로 여겨왔다.

그 대신 전향을 자처한 좌파 운동권 출신을 영입했고 이들은 소위 보수정당을 장악해 버렸다. 나아가 전향하지 않겠다는 좌파 운동권 권력과 결탁해 왔다. 덩치는 크지만 멸종된 초식공룡이 되었다. 가치지향적 보수가 아닌 이익지향적 보수가 만들어 낸 당연한 열매다. 왜 이 지경이 되었나? 답은 같다. 보수의 가장 큰 뼈대인 기독교 정신이 취약, 일천, 천박한 탓이다.

한국의 보수정당과 보수언론은 그 정도가 더욱 심하다. 철저한 기회주의적 '이익보수'인 이들 정당과 언론은 동성애를 싫어한다 해도 동성애를 막기 위해 희생하지 않는다. 낙태를 싫어한다 해도 낙태를 막기 위해 헌신하지 않는다. 무엇보다 한반도 현상을 깨버리는 북한 체제 붕괴를 위해선 어떠한 비용도 치르려 하지 않는다. 틈만 나면 김정은을 비판해도, 말로 그칠 뿐이다. 세상이 혼탁해질수록 이들 자칭 보수정당·보수언론의 낙태와 동성애, 북한에 대해 입장은 애매해진다.

국민의힘 같은 소위 보수정당, 조·중·동 같은 한국의 대표적 보수언론이 북한체제 붕괴를 위해 목소리를 높이는 것을 들어본 적이 있는가? 가끔 북한인권 이야기를 하지만 거기까지다. 조선일보는 필자처럼 집요하게 북한구원 이슈를 기사화하지 않는다. 나와 봐야 통일비용이니 뭐니 하는 반통일 논리다. 개성공단이나 대북지원에 대해서도 본질적 비판을 하지 않는다. 적화통일엔 손사래 치지만 자유통일에도 심드렁하다. 그냥 이대로가 좋다는 것이다.

다 접어두자. 이들 보수언론·보수정당이 동성애·낙태에 반대하는 목소리를 들어본 적이 있는가? 간혹 국민의힘 내 몇몇 의원들이 개인적 소신을 밝히는 정도다. 웃기는 일이다. 동성애·낙태에 반대하지 않는 보수언론, 보수정당. 오히려 조·중·동은 동성애·낙태는 물론 사유리 등 비정상 가정을 옹호하기 바쁘다.

한국의 가장 큰 언론인 조선일보는 말 그대로 대표적인 친親LGBT다. 조선닷컴에 실린 김조광수 감독 특집 인터뷰 예를 들어 보자. 계열사인 스포츠조선에 2021년 6월, 5회에 걸쳐 진행한 인터뷰를 조선일보 인터넷판에 게재한 것이다.

제목만 봐도 〈"밝고 명랑한 퀴어도 있어요!"…'메이드 인 루프탑' 메이드인 김조광수〉〈"여전히 차별 심한 한국, 하지만 성소수자 밝은면 보여주고 파"〉〈"차기작은 퀴어판 미생… 퀴어 호러·퀴어 액션도 욕심"〉〈퀴어에 지레 겁먹는 지상파…'보헤미안 랩소디' 키스신 삭제=명백한 차별〉 등 김조광수 새 영화를 홍보하는 등 동성애 옹호 일색이다.

내용을 보면 "청춘들의 모습을 따뜻한 시선으로 담아내며 응원과 희망의 메시지를 전한다"며 "성소수자라는 딱지를 여전히 붙이고 검사를 선제적으로 받지 못하게 되는 상황이 여전히 이어지는 것을 보면 성소수자를 향한 차별 문제는 계속되는 것 같다. 노무현 정부에서 나온 차별금지법이 폐기되지 않나. 아직도 아쉬운 부분이 많다"는 등 노골적인 동성애 옹호 발언을 일방적으로 싣고 있다.

또 2021년 초 SBS에서 특집으로 방영된 영화 '보헤미안 랩소디'에 남성 간의 키스신 장면이 삭제된 것에 대해 "이성애 키스는 보여주면서 동성애 키스는 보여주면 안 된다는 건 명백히 차별이고 그냥 지레 겁먹고 있는 거라고 생각한다"는 등의 인터뷰 내용이 실려 있다. 웃기는 보수언론이다.

이 보수언론이 차별금지법 반대 기사를 실은 적이 없다. 국가보안법 폐지 관련 특집을 낸 적이 없다. 수십만 명이 모인 보수집회를 보도한 적도 없다. 동성애 반대·낙태 반대하는 보수 기독교단체 보도를 한 적도 없다. 오히려 동성애 옹호하는 식의 반성경적 기사는 아주 집요하게 보도한다.

2021년 6월 1일 조선일보가 1일 '성별 구분 없는 화장실' 즉 '성性중립' 화장실이 늘어나고 있는 현상을 옹호하는 기사를 신문 1면에 게재했다. 국내에서 공공시설 내 '성중립 화장실' 설치는 불법이다. '공중화장실 등에 관한 법률' 제7조는 "남녀화장실을 구분하여야" 한다고 규정하고 있기 때문이다.

무엇보다 미국과 유럽 등 서구 사회에서 성중립 화장실과 관련된 성범죄가 큰 문제가 되고 있음에도 이런 부작용은 "불법 촬영이나 성추행 등 범죄가 일어날 수 있다는 우려도 있다"며 단 한 줄로 언급되어 있다. 마치 성중립 화장실이 소수자와 약자에 대한 사회적 배려인 것처럼 미화한다.

　심지어 "성性 구분이 가장 엄격한 공간, 화장실의 성별 구분이 점차 흐려지고 있다" "완고했던 화장실의 변화는 달라지는 사회상을 반영한다"며 "가장 큰 동기는 남녀 성에 따른 사회적 역할과 고정관념이 점차 사라지고, 성소수자에 대한 인권 의식이 높아지고 있기 때문"이라고 주장한다.

　기사의 결론은 한 교수의 발언을 인용해 "성중립 화장실이나 가족 화장실의 등장은 성 소수자, 장애인, 영유아 같은 약자들도 다른 사회 구성원과 똑같은 수준으로 배려를 받을 수 있다는 공공의 책임이 구현되는 것으로 볼수 있다"고 나온다. 성중립 화장실을 '성 소수자와 같은 약자들에 대한 배려' '공공의 책임 구현' 등의 긍정적 프레임으로 보도한 것이다.

　이 치열한 세계관 전쟁 앞에서 믿을 것은 하나님 외에는 없다. 사회주의를 지향하는 진보에 대항하는 제대로 된 보수가 있다면 좋겠지만, 유감스럽게도 그런 세력은 존재하지 않는다. 그럼에도 불구하고 우리에겐 만군의 여호와 하나님이 계시다. 세상에 속한 자들은 칼과 창과 단창으로 무장해 있지만, 우리는 만군의 여호와의 이름으로 어둠의 골리앗 앞에 나선다. 다윗은 천만인이 둘러 진 쳐 있었지만 오직 만군의 여호와만을 믿음으로 기적을 이루었다.[*]

　오직 만군의 여호와만을 믿는 '남은 자들'이 선포할 때 북한 체제는 무너져 내릴 것이다. 분단구조에서 기생해 온 엉터리 보수정당·보수언론도 재편될 것이다. 성경적 가치를 지키는 진정한 보수가 일어나 북한의 거룩한 재건을 주도할 것이다. 하나님을 두려워하는 지도자, 하나님을 경외하는 지식인들이 일어나 선교하는 통일한국을 이끌고 갈 것이다.

하나님. 이 민족 가운데 오직 여호와만 믿음으로 승리하는 자들이 일어나게 하옵소서. 가열찬 세계관 전쟁에서 다윗처럼 승리하는 주의 청년들이, 백성들이 일어나게 하옵소서. 저희로 그런 삶을 살게 하옵소서.

---

* 천만인이 나를 에워싸 진 친다 하여도 나는 두려워하지 아니하리이다 여호와여 일어나소서 나의 하나님이여 나를 구원하소서 주께서 나의 모든 원수의 뺨을 치시며 악인의 이를 꺾으셨나이다 구원은 여호와께 있사오니 주의 복을 주의 백성에게 내리소서(시편 3:6-8)

8
종말의 전쟁

우리의 목표는 혁명이 아니다

자칭 진보, 인본주의자들의 바램과 다르게 세상은 갈수록 끝을 향한다. 물리학에는 열역학 제1법칙과 제2법칙이 있다. 1법칙은 에너지가 보존된다는 것이고. 2법칙은 엔트로피가 늘어난다는 것이다. 엔트로피는 무질서도無秩序度로 표현된다. 일종의 나쁜 에너지다.

지구라는 공간에 에너지는 보존되고, 시간이 갈수록 이 에너지 내 스트레스가 높아지고 무질서도, 엔트로피도 증가된다. 물리학적으로도 세상은 나빠질 수밖에 없다는 말이다. 이것이 성경에만 나와 있는 종말이다.

불교가 전하듯, 실존實存은 돌고 돌아 윤회輪回하는 게 아니다. 소위 전생체험은 악한 영들이 주는 환상일 뿐이다. 이것은 필자의 소싯적 부끄러운 체험이고 또한 진실이다. 공산주의자들의 거짓 예언처럼 지상천국 역시 나오지 않는다. 허탄한 묵시다. 인간의 죄는 부패와 타락을 향하고 결국 소돔과 고모라처럼 변해 하나님의 공의로운 심판을 맞게 된다.

나라 걱정, 세상 걱정이 많지만, 그로 인해 잠 못 이룰 필요는 없다. 원래 그런 것이다. 우리의 기도는 엉망인 이 나라, 앞으로 더 나락일 수밖에 없는 세상을 좀 더 좋게 하려는 게 아니다. 변혁變革이 아니요. 혁명革命도 아니다. 밑 빠진 독에 물을 붓는 그런 시시한 일들이 아니라 대大사명. 예수 그리스도께서 명령하신 존귀한 사명을 이루려는 것이다.

"예수께서 나아와 말씀하여 이르시되 하늘과 땅의 모든 권세를 내게 주셨으니 그러므로 너희는 가서 모든 민족을 제자로 삼아 아버지와 아들과 성령의 이름으로 세례를 베풀고 내가 너희에게 분부한 모든 것을 가르쳐 지키게 하라 볼지어다 내가 세상 끝 날까지 너희와 항상 함께 있으리라 하시니라"

마태복음 28:18-20

'가서 모든 민족을 제자로 삼아라.' 우리의 할 일은 하나님의 증인이 되기 위해 선교의 길을 열려는 것이다. 선교의 길을 막고 있는 북한 우상체제가 무너지도록 선포하는 것이다. "인도적 지원", "북한 살리기" 등으로 포장된 어리석은 체제지원과 정권지원을 중단하는 것이다. 북한체제와 노예동족인 북한의 2,500만을 하루빨리 살려내 땅 끝까지 함께 복음을 전하는 것이다.

거세개탁 더러운 세상은 끝난다

사명자使命者는 종말이 온다고 겁먹지 않는다. 중인개최衆人皆醉, 모두 다 취한 사람, 거세개탁擧世皆濁의 패역한 세상에 눌리지 않는다. 더욱 깨어 정신을 차린다. 지혜 있는 자가 되어 많은 사람을 옳은 데로 돌아오게 한다. 하나님께서 악인의 죽음을 기뻐하지 않으시듯 상해버린 갈대 같은 영혼들을 살리기 위해 더욱 분주해진다.

성경의 종말은 절망이 아니다. 하나님이 다시 오사 옛 하늘, 옛 땅을 끝내는 것이다. 새 하늘, 새 땅이 열리는 공의의 심판이 온다는 것이다. 종말의 '이때'는 치셨으나 싸매어 주시는 날이다. 시대의 징조를 보고 듣고 느끼며 복스러운 소망에 기뻐 춤추는 이유가 여기 있다.

세상을 보라. 예수님은 종말에 "처처에 큰 지진地震과 기근饑饉과 온역瘟疫이 있겠고 또 무서운 일과 하늘로서 큰 징조들이 있으리라"누가복음 21:11 고 하셨다. 실제로 온역, 전염병 코로나19의 세계적 확산과 함께 지구촌 곳곳에 기상이변과 유례없는 자연재해가 이어졌다.

요한계시록 6장의 일곱 인의 심판은 이 기근에 대해 더 자세히 기록해 놓았다. "셋째 인을 떼실 때에 내가 들으니 셋째 생물이 말하되 오라 하기로 내가 보니 검은 말이 나오는데 그 탄 자가 손에 저울을 가졌더라 내가 네 생물 사이로부터 나는 듯한 음성을 들으니 이르되 한 데나리온에 밀 한 되요 한 데나리온에 보리 석 되로다 또 감람유와 포도주는 해치지 말라 하더라"요한계시록 6:5-6

"검은 말과 그 탄 자"는 기근을, "손에 저울을 가진 것"은 식량배급, 또 식량부족을 뜻한다. 한 데나리온은 노동자의 '하루 품삯'이었다. 한 되는 보통 사람 '1일분 식량'이었다. '하루 품삯'으로 '1일분 식량'을 살 수 있음은 식량 값이 매우 비싸진 것을 뜻한다. 즉 종말에는 음식을 구하기 어려운 식량난, 경제적 위기가 온다는 것이다.

감람유와 포도주를 해치 말라는 것은 하나님의 긍휼이다. 기본적 식료품, 음료수는 하나님께서 마지막까지 허용해주실 것임을 말한다. 이 부분에서 문득 '시드볼트' 이야기가 떠오른다. 시드볼트는 인류의 대재앙에 대비해 만들어진 종자 저장시설이다. 씨앗을 말하는 시드Seed와 금고를 뜻하는 볼트Vault를 합친 말이다. 종자를 보존해 두었다가 핵전쟁 등으로 지구가 폐허가 되었을 때 꺼내서 쓰자는 것이다.

시드볼트는 현대판 '노아의 방주'로 불린다. 하나님을 모르는 세상 사람도 최악의 기근을 대비하고 있다는 의미다. 흥미로운 것은 시드볼트가 노르웨이와 한국, 단 두 나라에 있다는 점이다. 노르웨이는 유럽통합의 중심 국가 중 하나다. 요한계시록 대大환란이 시작되면, 한국의 시드볼트는 어떻게 사용될 것인가? 염소의 국가에 악용될 것인가? 양羊의 국가에 선용될 것인가?

세계, 짐승은 반드시 나온다

그렇다. 믿지 않는 이들도 시대의 징조를 느낀다.《렉서스와 올리브나무》등의 책으로 유명한 토머스 프리드먼 뉴욕타임스NYT 칼럼니스트는 "코로나19 이후 재앙은 기후변화에서 올 것"이라며 이렇게 말한다. "세계는 더 평평해졌고 동시에 취약해졌다. 9·11테러와 같은 지정학적 팬데믹, 글로벌 금융위기 같은 금융 팬데믹, 코로나19 사태와 같은 생물학적 팬데믹에 이어, 팬데믹은 생태학적 팬데믹으로 급격한 기후변화를 초래할 것이다."2022.1.24. 매경 인터뷰

토머스 프리드먼은 2005년 자신의 책《세계는 평평하다 The World Is Flat》에서 초超연결hyper-connected된 세계를 예측했다. 이날 인터뷰에서도 "초연결된 세계는 더없이 평평해졌지만 더 취약해졌다"며 "매우 흥분될 수도 있고, 안정적일 수도 있고, 충격적이고 불안감을 야기할 수도 있다"고 했다.

약간의 해설을 덧붙여보자. '초연결hyper-connected, 세계가 하나로 묶인 결과, 위기는 광역화, 상습화되었다는 것'이다. 한 나라의 위기가 다른 나라에 퍼지는 속도와 정도가 커진 것이다. 마치 언어 혼잡 이전 바벨탑 시대처럼 말이다.

토머스 프리드먼은 또 "앞으로 혁명적인 글로벌 디지털화가 일어날 것"이라고 예측한다. 무슨 말인가? '위기 해결'을 이유로 나라와 나라 사이 경계가 무너진 초연결된 세계는 더 확장된다는 말이다. 그렇다면 초연결된 세계, 그 네트워크를 장악한 사람 또는 세력의 출현은 필연이 아닐까? 언젠가 들었던 미국의 존 맥아더John MacArthur 목사의 설교와 같은 맥락이다.

맥아더 목사는 2020년 12월 한 설교에서 '적그리스도 출현은 필연'이라고 역설했다. '코로나 대응에 대한 통제와 감시의 강화는 국경을 넘어 연결network되었다. 이것은 위기의 해결을 제시할 적그리스도 정부의 출현을 가능케 할 것이다.' 지금은 "적그리스도가 출현할 적기"라고 강조했다. 2천 년 전 예언대로다.

나이지리아 순교 행렬과 불타는 유럽 교회

코로나 팬데믹 기간에 창궐한 난리와 난리의 소문들, 지진·기근·온역. 그러나 아직은 끝이 아니다. 성경이 말하는 진짜 끝은 이렇다. "그 때에 사람들이 너희를 환난에 넘겨주겠으며 너희를 죽이리니 너희가 내 이름을 위하여 모든 민족에게 미움을 받으리라 그 때에 많은 사람이 시험에 빠져 서로 잡아 주고 서로 미워하겠으며 거짓 선지자가 많이 일어나 많은 사람을 미혹하게 하겠으며 불법이 성하므로 많은 사람의 사랑이 식어지리라"마태복음 24:9-12

불법의 발호跋扈는 그리스도인을 향한 박해迫害로 이어질 수밖에 없다. 코로나 팬데믹 중 공공안전public safety을 이유로 한 감시와 통제 강화, 억압이 번졌다. 중국은 물론 전 세계에 예배는 제한되고 참석한 이들에 대한 처벌은 늘었다. 순교자들의 핏자국 또한 번져간다. 아프리카 나이지리아의 기독교인들은 이슬람의 노략거리가 되었다. 2억1천만 명의 인구 대국 나이지리아는 남쪽은 기독교인, 북쪽은 무슬림으로 나뉘져 있다.

2022년 5월 12일에도 나이지리아 북서부 지역의 기독교인 여대생 데버러 새뮤얼이라는 여성이 살해되었다. 그녀는 소위 이슬람 신성모독 혐의로 구타를 당한 후 화형당했다. 통계에 따르면, 2021년 한 해 동안 나이지리아에서 무슬림에 의해 살해당한 기독교인은 4,650명이고, 2019년보다 각각 3.8배가 늘었고 2020년에 비해 천여 명이 늘어난 수치다.

안타까운 일이지만, 믿는 자를 향한 박해는 말세의 조짐 중 하나다. 계시록 6장 다섯째 인을 떼는 심판 앞에서도 "하나님의 말씀과 그들이 가진 증거로 말미암아 죽임을 당한 영혼들이" 이렇게 외친다. "큰 소리로 불러 이르되 거룩하고 참되신 대주재여 땅에 거하는 자들을 심판하여 우리 피를 갚아 주지 아니하시기를 어느 때까지 하시려 하나이까 하니" 즉 공의의 심판을 하시어 순교의 피를 신원해 달라는 절규다.

하나님께서는 11절로 "각각 그들에게 흰 두루마기를 주시며 이르시되 아직 잠시 동안 쉬되 그들의 동무 종들과 형제들도 자기처럼 죽임을 당하여 그 수가 차기까지 하라 하시더라"요한계시록 6:11고 하셨다. 무슨 말인가? 신앙인들이 자기처럼 죽임을 당하는, 더 많은 순교가 벌어질 것임을 말씀해 주셨다.

아프리카 뿐 아니다. 코로나 팬데믹 중 기독교 박해는 일상적 사건이 되었다. OIDAC*, 유럽기독교차별관측소라는 기관이 있다. 유럽 내 기독교인에 대한 차별과 박해를 조사하는 곳이다. OIDAC이 2021년 12월 발표한 보고서 내용은 끔찍하다. "2019년부터 2020년 사이 유럽에서 반기독교 증오범죄 70% 증가!" 보고서는 영국·독일·프랑스·스웨덴·스페인의 기독교인들이 '가장 심각한 도전'에 직면해 있다고 밝혔다. 한때 기독교 강국, 선교의 일꾼을 감당한 나라들, 지금도 복지의 천국으로 불리는 저 땅이 기독교 혐오의 오지가 되어가는 것이다.

이들 나라에 만연한 증오범죄는 부수고 태우고 욕하고 심지어 죽이는 것이다. 교회와 기독교 건물에 대한 방화, 파손, 모독, 기독교인에 대한 물리적 공격과 종교의 자유·표현의 자유 및 부모 권리에 대한 제한이 포함되었다. OIDAC은 이 같은 현상의 원인을 세속적 흐름의 확산과 '이슬람'을 들었다.

아이러니한 일이다. 안티기독교 확산은 이슬람 국가와 북한·중국 같은 공산정권 뿐 아니라 혐오와 차별을 막자며 '차별금지법'을 앞다퉈 제정한 서구 유럽 국가에서 빈발頻發한다. 혐오와 차별을 막자고 했지만 현실은 동성애 확산과 이슬람 범람, 이로 인한 교회의 몰락과 반反교회적 테러리즘 악순환이 빨라진 것이다.

OIDAC 보고서는 유럽의 이 같은 "반反기독교적 차별"을 "종교적 문맹"으로 비판한다. 또 "이는 급진적이고 이념적 그룹에 의해 주도되고 있다"고도 첨언한다. 급진적이고 이념적 그룹, 즉 마르크시즘·네오 마르크시즘 등에 천착한 이들을 뜻한다. 혀로는 '관용', 똘레랑스tolérence를 말하곤 실제는

---

* Observatory on Intolerance and Discrimination Against Christians in Europe

반反기독교적 편견·편협·차별을 주도하는 거짓 복술자卜術者, 우매한 선지자
들 말이다.

우크라이나 전쟁 그리고 곡과 마곡의 전쟁

예수 그리스도께서 말씀하신 종말의 또 다른 징후는 전쟁이다. "민족이
민족을, 나라가 나라를 대적하여 일어나겠고 곳곳에 기근과 지진이 있으
리니 이 모든 것은 재난의 시작이니라"마태복음 24:7-8 그런 면에서, 신新냉
전 구도 속에서 벌어진 러시아의 우크라이나 침공은 영적인 긴장감을 준다.
성경에 따르면, 종말에는 세 종류의 큰 전쟁이 터지고 그 중 첫 번째는 에
스겔 38·39장의 곡과 마곡의 전쟁으로 묘사된다. 이 곡과 마곡의 전쟁은
하나님을 대적하는 이스라엘 북방국가들이 연합해 이스라엘을 친다는 것이
핵심이다. 이후 평화조약이 맺어지고 7년 대大환란이 시작된다고 성경에는
예언된다.*

여기서 에스겔서에 기록된 "이스라엘을 치러 오는" 로스, 고멜, 메섹과 두
발, 바사, 구스, 붓 등이 어딘지는 논쟁거리이다. 하지만 이들 지역 중 로스
는 러시아, 고멜은 터키튀르키예**, 바사는 중동 국가들이라는 점에 대해서는
학자들 사이 이견異見이 크지 않다. 요컨대 러시아를 중심으로 터키·중동 등

---

* 여호와의 말씀이 내게 임하여 가라사대, 인자야 너는 마곡 땅에 있는 곡 곧 로스(편집자 주 : 러시아)와 메섹과 두발
(편집자 주 : 북방세력) 왕에게로 얼굴을 향하고 그를 쳐서 예언하여 이르기를 주 여호와의 말씀에 로스와 메섹과 두발
왕 곡아 내가 너를 대적하여(에스겔 38:1-3) 너를 돌이켜 갈고리로 네 아가리를 꿰고 너와 말과 기병 곧 네 온 군대를
끌어내되 완전한 갑옷을 입고 큰 방패와 작은 방패를 가지며 칼을 잡은 큰 무리와 그들과 함께한 바 방패와 투구를 갖
춘 바사(편집자 주 : 이스라엘 동쪽)와 구스(편집자 주 : 이디오피아)와 붓(편집자 주 : 북아프리카)과 고멜(편집자 주
: 터키)과 그 모든 떼와 극한 북방의 도갈마 족속과 그 모든 떼 곧 많은 백성의 무리를 너와 함께 끌어 내리라(에스겔
38:4-6) 네가 네 고국 땅 북쪽 끝에서 많은 백성 곧 다 말을 탄 큰 무리와 능한 군대와 함께 오되 구름이 땅을 덮음
같이 내 백성 이스라엘을 치러 오리라 곡아 끝 날에 내가 너를 이끌어다가 내 땅을 치게 하리니 이는 내가 너로 말미암
아 이방 사람의 눈앞에서 내 거룩함을 나타내어 그들이 다 나를 알게 하려 함이라(…)그 날에 곡이 이스라엘 땅을 치
러 오면 내 노여움이 내 얼굴에 나타나리라 주 여호와의 말씀이니라(에스겔 38:15-17, 18)
** 터키는 2022년 국호를 튀르키에로 바꿨으나 편의상 이 책에서는 터키로 통칭한다.

하나님을 대적하는 국가들이 '연합하여' 이스라엘을 공격한다는 예언이다.

　현실은 어떠한가? 공교롭게도 우크라이나전쟁 이후, 반反이스라엘 국가들의 연합구도, 어둠과 어둠의 결탁은 뚜렷해진다. "이스라엘을 세계지도에서 없애겠다"고 공언해 온 이란은 2022년 7월 19일, 러시아와 에너지 개발 협약을 맺었다. 러시아와 이란은 세계 천연가스 매장량 1·2위 국가다. 이 두 나라를 포함해 역시 이스라엘에 적대적인 이라크, 시리아는 RSII Russia - Syria - Iran - Iraq라는 군사동맹으로도 묶여 있다.* 러시아와 중동국가들이 서구권 제재에 맞서 정치·군사·경제 모든 면에서 밀착 중이다.**

　우크라이나전쟁에 나타난 또 다른 흐름은 러시아·이란에 이어 터키와의 교감이다. 러시아 대통령 푸틴은 2022년 7월 이란의 라이시 대통령, 터키의 에르도안 대통령과 3자회동에 나섰다. 이슬람 국가가 되어버린 터키는 이란만큼이나 이스라엘에 적대적이다. 대통령 에르도완은 집권 19년차로 현재 종신 집권을 꿈꾼다. 별명은 '21세기 술탄' 아랍의 왕이다. 에르도완은 2021년 10월 "예루살렘은 터키에 속해야 한다"고 목청을 높였다. 과거 1516년부터 1917년까지 오토만 제국Ottoman Empire, 즉 오스만 투르크가 예루살렘을 지배했던 것을 지적한 것이다. 이 오토만제국은 400년간 예루살렘을 통치했다. 그러나 대영제국이 1차 대전 이후 이곳을 점령했고, 2차 대전 뒤엔 이곳에서 이스라엘이 건국되었다. 에르도안은 이 역사를 다시 뒤집으려고 칼을 갈고 있다.

---

* 2015년 9월 나온 RSII 동맹은 이슬람 극단주의 무장세력 IS(Islam State: 이슬람국가) 퇴치가 명분이다. 하지만 사실상 '레바논 헤즈볼라'까지 포함한, 러시아 주도 아랍군사 동맹체다. 러시아는 칼끝을 숨기고 있지만 이란·이라크·시리아의 최종목표는 이스라엘을 지도에서 없애는 것이다.

** 이에 맞서 이스라엘은 또 다른 전선을 형성중이다. 2020년 9월 아랍에미리트(UAE) 및 바레인과 '아브라함 협정'이라는 평화협정을 체결했다. 같은 해 10월 또 다른 아랍국 수단과 '이스라엘·수단 정상화협정'을 맺었다. 친미 성향 사우디아라비아와의 평화협정 체결도 시도해왔다.

에르도완은 2020년 7월 이스탄불의 하기아 소피아 성당을 모스크 사원으로 바꾸기도 했다. 당시 그는 다음 목표가 이 거룩한 도시예루살렘에 있다고 말했다. 터키를 '세속국가'에서 '이슬람 국가'로 바군데 이어 예루살렘을 향한 음흉한 속내를 숨기지 않는다. 터키는 지난해 11월 12일 카자흐스탄, 아제르바이잔, 우즈베키스탄, 키르기스스탄 등으로 구성된 '투르크어사용국기구Organization of Turkic States·OTS'도 출범시켰다. 전체적으로 이스라엘을 싫어하는 나라들이 여기저기 연대하는 모양새다.

특이한 것은 터키와 러시아다. 이 두 나라는 사이가 좋지 않았다. '시리아 내전'에서 각각 정부군과 반군을 지원하며 대적했다. 헌데 반미反美라는 교집합에 우크라이나전이 겹치면서 급속히 친해졌다. 실례로, 터키는 우크라이나 사태 이후 나토의 대對러시아 제재에도 불참했다. 오히려 같은 무렵 터키는 러시아제 미사일*을 도입했다. 2008년 러시아의 조지아러시아명 그루지야 침공 때도 그랬다. 미국이 흑해에 전함을 보내려 하자 터키는 러시아 편을 들면서 미군의 진입을 막았다.

중국 역시 흥미롭다. 중국은 2021년 3월 27일 이란과 소위 '포괄적·전략적 동반자 협정'을 체결해 역시 같은 흐름에 올라탔다. 또 미국이 인도, 일본, 호주 4개국 쿼드Quad 반중反中연합 전선을 강화하자 중국은 러시아와 '반미反美연합전선'을 강화한다. 또 인도와 앙숙인 파키스탄과의 연대 역시 강화중이다.

복잡해 보이지만, 이스라엘을 기준으로 정리하면 명료하다. 중동의 이란·이라크·시리아·헤즈볼라·파키스탄+중국·러시아의 '반反이스라엘 연합'과 역시 같은 중동의 사우디·아랍에미리트·바레인·수단·인도·일본·호주 등이

---

* S-400 지대공미사일

들어간 미국의 '친親이스라엘 연합'으로 대치중이다. 그리고 이 반反이스라엘 연합은 예외 없이 기독교를 핍박하고 이스라엘을 저주한다. 공교롭게도 북한은 이 지옥의 군대에 똘마니 역할을 하고 있다. 실제로 북한은 중국·러시아는 물론 이란·시리아·파키스탄과 사실상 형제국가처럼 지낸다. 핵무기·미사일 거간꾼처럼 행동하며 이익을 취한다.

이란을 위시한 반反이스라엘 연합의 이스라엘 공격은 국지전 형태로 계속되어왔고 향후 전면전 양상으로 확전될 수도 있다. 바로 이 첨예한 대치 국면에 러시아가 우크라이나를 침공하며 포문을 열었다. 무화과나무 가지가 연하여지고 잎사귀를 내고 있다. 여름이 멀지 않은지 모른다.

적그리스도는 누구인가?

마지막 때 나라와 나라의 연합은 '곡과 마곡의 전쟁' 주인공 중에만 나오는 건 아니다. 요한계시록을 보면, 마지막 때 "열 뿔과 일곱 머리를 가진 붉은 용"요한계시록 12:3*이 등장한다. 통상 '붉은 용'은 사탄 또는 사탄의 힘을 받아 7년 대환란의 마지막 3.5년에 등장할 '적그리스도'로 해석된다. 적그리스도 역시 열 뿔과 일곱 머리, 즉 하나님을 대적하는 국가와 국가연합에서 나오는 것으로 통상 해석된다. 요한계시록에는 이 붉은 용을 탄 '큰 음녀 great prostitute'도 나오는데, '큰 음녀'는 이 열 뿔과 일곱 머리 국가연합에 속한 백성들을 적그리스도에게 경배케 만드는 종교 지도자로 해석된다.

구체적으로 '붉은 용'과 '큰 음녀'가 누구인지도 2천 년 넘는 해묵은 논쟁거리였다. 개혁주의 신학자 윌리암 헨드릭슨William Hendriksen, 1900~1982

---

* 하늘에 또 다른 이적이 보이니 보라 한 큰 붉은 용이 있어 머리가 일곱이요 뿔이 열이라 그 여러 머리에 일곱 면류관이 있는데(요한계시록 12:3)

은《정복자 그 이상》이라는 책에서 이들을 향후 나올 세계정부라고 불렀다. 어떤 신학자들은 세계정부보다 더 큰 소위 신세계 질서, 뉴 월드 오더New World Order·NWO로 부르기도 한다. 또 다니엘 7장에 나오는 바벨론·바사, 그리스·로마를 잇는 철鐵의 제국, 부활한 로마제국으로 해석하기도 한다.

통상적 해석에 따르면, 2차 대전 이후 과거 신성로마제국Holy Roman Empire*에 속했던 국가가 연합해 탄생한 '유럽연합EU'에 등장할 강력한 리더를 붉은 용으로, 종교통합을 추진해 온 로마교황을 '큰 음녀'로 보는 해석이 많았다. 정확한 것은 하나님만이 아시겠지만, 인류의 마지막 때 세계정부나 신세계 질서, 또는 유럽연합이건 어디건, '하나님을 대적하는' 국가연합 또는 '교회를 없애려는' 글로벌 네트워크가 출현할 것임을 성경은 예언한다.

이런 차원에서 2022년 7월 독일에서 열린 G7정상회의에서 매우 흥미로운 사건이 있었다. 프랑스 마크롱 대통령이 영국 존슨 총리에게 '새로운 로마제국의 부활'을 제안한 것이다. 명분은 유럽 핵심가치의 수호와 안전보장의 지속. 브렉시트Brexit**로 이탈한 영국을 포함해 현재 유럽연합 이상의 강력한 제국의 건설을 제안한 것이다. 흘려넘기기 어려운 사실은 이들 국가가 동성애·이슬람 등으로 반기독교 성향이 더욱 노골화되고 있다는 점이다.***

혹 수년 내 이런 일이 터지는 것은 아닐까? 러시아·터키·중동이 연합해

---

* 신성 로마 제국은 중세 초기에 형성되어 1806년 해체될 때까지 중앙유럽에서 발달한 다민족 영토복합체 제국이다. 신성 로마 제국이라는 복합체를 구성한 영토 가운데 중 가장 큰 국가는 독일 왕국이었고, 그 외 왕국으로 보헤미아 왕국, 부르군트 왕국, 이탈리아 왕국 등이 있었다.
** 영국이 유럽 연합을 탈퇴한다는 의미로, 영국과 탈퇴를 합쳐서 만든 합성어
*** 반면 중국의 미래는 흥미롭다. 국내적으로 감시와 통제의 전체주의를 완비해 놓았다. 또 UN에서 영향력을 확대하는 한편 일대일로(一帶一路) 기치 아래 반(反)교회 체제를 묶어간다. 중국은 로마 교황과의 밀월관계도 강화 중이다. 2021년 10월에는 바티칸과 중국 사이 '주교 임명에 관한 협약'을 연장했다. 어이없는 일이지만, 중국 공산당이 임명한 7명의 대주교를 바티칸이 승인해주는 내용이다. 종교탄압 주체인 중국공산당 당원을 가톨릭 주교로 임명할 수 있도록 타협했다.

이스라엘을 침공하는 곡과 마곡의 전쟁이 터지고, EU가 이를 중재하며 7년간의 평화조약이 맺어지는 것은 아닐까? EU에 등장할 지도자 X는 '붉은 용'으로, 교황은 '큰 음녀'로 본색을 드러내 러시아·터키·중동과 유럽 등 유라시아 대륙은 적그리스도 권역에 들어가는 것은 아닐까? 미국은 이스라엘을 끝까지 감싸지 못하고 결국 '멸망의 가증한 것'이 서지 못할 곳에 서게 되는 것은 아닐까? 그리고 이 권역 안의 주민들은 666을 강요받게 되는 것은 아닐까?

우리는 하나님이 오실 그날과 그때를 알 수 없다. '붉은 용'과 '큰 음녀'가 어떤 세력일지도 단정할 수 없다. 그들은 상황에 따라 EU 또는 중국, 또는 그 배후의 소위 프리메이슨·일루미나티·딥 스테이트 또는 빅테크 기업과 헐리우드 등이 철마다 화장을 바꾸며 만국萬國을 미혹할 것이다.

대한민국은 어떻게 될 것인가? 우리의 선택이다. 언젠가 모습을 드러낼 흑암의 네트워크에 편입될 수도 있고 복음으로 통일되어 마지막 선교의 사명을 감당할 수도 있다. 그러기에 세상 끝의 징조가 짙어질수록 믿는 자는 더욱 깨어 기도할 뿐이다. 하나님이 맡기신 사명을 이루려 애쓸 뿐이다. 하나님은 북한을 열고 중국의 가련한 자들을 구원해 이스라엘의 남은 자들이 '예수아는 하마시아향유의 세례를 받은 자'임을 선포하는 내일이 오기를 원하고 계신다.

반유대주의는 잘못된 음모론

'열 뿔과 일곱 머리 붉은 용'에 대한 계시록 예언과 관련해 흥미로운 인물이 있다. 프랑스의 임마누엘 마크롱Emmanuel Macron, 1977~ 이다. 마크롱은 2022년 4월 24일 치러진 프랑스 대선 결선투표에서 대통령 재선에 성공했다. 그는 1977년생으로 프랑스 역대 최연소 대통령이라는 기록을 세웠던 인물이다. 이날 승리로 프랑스에서 20년 만에 재선에 성공한 대통령이라는 새로운 기록도 갖게 되었다.

마크롱은 서구사회 음모론의 단골 소재로 거론된다. '유럽을 통합해 등장할 적그리스도가 아니냐?'는 의혹과 함께 '동성애자 아니냐?'는 공격도 제기되어 왔다.

이런 설이 판치는 배경은 있다. 마크롱은 30대 나이에 로스차일드 가문 Rothschild family의 은행에서 막대한 부를 축적했다. 로스차일드는 약간의 설명이 필요하다. 이 가문은 유럽의 유대계 금융 가문이다. 가문을 시작한 인물은 18세기 독일 프랑크푸르트 유대인 게토ghetto에서 태어난 마이어 암셸 로스차일드1744~1812다. 그는 재산을 모은 뒤 다섯 아들을 유럽 각지에 보내 국제금융 네트워크를 만들었다.*

로스차일드 가문이 세계사에 미친 영향은 실로 어마어마하다. 세계의 금광을 사들여 국제 금 가격을 마음대로 주물렀다. 1819년 영국을 세계 최초 금본위제 국가로 만든 세력이 로스차일드 가문으로 알려져 있다. 이들은 여세를 몰아 서구 전체를 금본위제로 끌어들였다. 1872년 독일, 1878년 프랑스, 1879년 미국, 1881년 이탈리아, 1897년 러시아 등등. 세계 주요국이 모두 금본위제에 편입되었다.

로스차일드 가문은 이스라엘 건국에도 결정적 기여를 하였다. 이 부분에선 피아彼我 구분이 모호해진다. 이스라엘 건국에 기여를 했다면 하나님 편에 서 있었나? 로스차일드는 철저한 반성경적 행보를 보이지 않았나? 진실은 무엇인가?

---

* 프랑크푸르트(첫째 암셸), 빈(둘째 솔로몬), 런던(셋째 네이선), 나폴리(넷째 칼), 파리(다섯째 제임스)

우선 역사에 나오는 팩트를 보면 이렇다. 1882년 어느 날 일이다. 프랑스 랍비 사독 칸이라는 인물은 러시아 랍비 사무엘 모히레버를 데리고 암셀 로스차일드의 손자 에드몽 로스차일드를 찾아왔다. 이들 랍비는 러시아 참상을 전했고 팔레스타인에 유대인 정착촌 건설에 대한 지원을 요청했다. 에드몽은 가슴이 뜨거워졌다. 은행 일은 다른 형제들에 맡기고 시오니즘 운동에 투신했다. 에드몽은 이스라엘 건국 66년 전인 1882년부터 팔레스타인 지역에 농장용 땅을 사들이기 시작했다. 이주한 유대인들이 자립할 수 있게 하기 위함이었다. 통계에 따르면, 이스라엘 영토의 80% 이상이 에드몽이 사준 땅이었다.

여기에 함정陷穽이 있다. 이스라엘 건국에 결정적 기여를 한 이들이 소위 '돈밖에 모르는' 로스차일드이다 보니 '유대인＝이스라엘＝로스차일드'라는 등식에 빠지기 쉽다. 이른바 음모론 쪽에서는 로스차일드를 프리메이슨·일루미나티·딥 스테이트 등 속물들과 일반화한다. 이러다보니 '유대인＝이스라엘＝악惡의 세력'으로 보는 반反유대주의anti-semitism 공식도 만들어진다.

실제로 소위 프리메이슨·일루미나티·딥 스테이트에 대한 유튜브 등에 천착하다보면 어느 순간 '반反유대주의' 내지 '이스라엘 회복에 대한 무관심'으로 흐르곤 한다. 결과적으로 성경 전체에 흐르는 이스라엘 회복을 향한 하나님의 마음을 보지 못하게 만든다. 북한을 열고 선교의 길을 터 이스라엘을 회복해야 할 한민족의 부르심을 혼잡케 만든다.

헷갈리는 이들을 위해 정리하면 이러하다. 반反유대주의anti-semitism. '유대인＝이스라엘＝로스차일드＝악惡의 세력'으로 보는 극단적 음모론·치우친 음모론은 사실이 아니다. 이런 일반화는 역사의 파편만 보고 전체를 보지 못한 결과다. 과장한 것이다. 성경에 나오듯 이스라엘은 하나님의 눈동자이다. "만군의 여호와께서 이같이 말씀하시되 영광을 위하여 나를 너희를 노략한 여러 나라로 보내셨나니 너희를 범하는 자는 그의 눈동자를 범하는 것이라"스가랴 2:8

하지만 하나님의 눈동자 이스라엘은 나라 없는 시련과 수난의 역사를 숱하게 겪었다. 머리 좋은 유대인들은 하나님을 원망하기 일쑤였고 그로 인해 세속적 인본주의 흐름을 주도적으로 만들었다. 하나님이 아닌 인간이 지상의 천국을 만들려는 시도였다. 실제로 앞서 언급한 것처럼, '마르크시즘'도 '네오 마르크시즘'도 주도세력은 유대인이었다. 음모론에서 자주 언급되는 프리메이슨·일루미나티·딥 스테이트 등도 유대인이 큰 축을 이룬다.

그러나 마귀적이고 세상적이고 정욕적인 지식. 뱀의 지혜로 땅의 번영을 쫓는 권세도 하나님의 섭리에서 벗어날 순 없다. 인본주의자들의 노력도 결국 성경적 예언의 성취라는 궤적 속에서 흘러간다. 모두 하나님의 손바닥 안이다.

결론은 이렇다. 성급한 일반화 오류에 빠지지 말라. 정밀하게 분별하라. 유대인 가운데 일부 적敵그리스도 세력의 행보로 인해 이스라엘 전체를 적으로 간주하는 것은 잘못된 일이다. 일반화의 오류이다. 반反유대주의는 사탄이 바라고 원하는 것이다. 그래서 프리메이슨 이야기는 양날의 검이다. 그림자 조직의 실체를 드러내 역사의 감춰진 미싱링크missing link를 확인시켜 줄 때도 있다. 그러나 맹목적 추종은 영적인 독초다. 혼돈의 늪에 빠진다. 다시 로스차일드로 가 보자.

안개 속의 명문가 로스차일드

로스차일드 가문은 세계대전을 주무르기도 했다. 1차 대전에서는 미국의 참전을 이끌어내었다. 당시 영국은 항복을 고려할 정도로 상황이 나빴다. 유일한 살길이 미국의 참전인 때였다. 이를 위해 워싱턴 정가를 움직여 온 미국 내 유대인들의 도움이 절실했다. 영국 내각은 1916년 10월 '세계시온주의자연맹' 대표이자 암셀 로스차일드의 또 다른 손자 라이어널 로스차일드와 비밀리에 회동했다. 전쟁이 끝나면, 중동의 화약고 팔레스타인 땅을 유대인에 넘겨줄 것을 약속하는 내용이었다.

영국의 공작은 미국 내 유대인 그룹을 관통해 워싱턴 정가를 흔들었다. 1917년 4월 2일 독실한 장로교도였던 윌슨Thomas Woodrow Wilson, 1856~1924 대통령은 "미국은 독일에 대해 선전포고를 해야한다"는 의회 연설에 나섰다. 그로부터 4일 뒤 미국은 1차 대전에 참전했다. 대단한 일 아닌가? 이러다 보니 마치 로스차일드 같은 세속권세가 역사를 주무르는 것처럼 보이기도 한다.

특이한 것은 로스차일드 가문의 철저한 폐쇄성이다. 나치에게 엄청난 피해를 입은 로스차일드 가문은 2차 대전 이후 더욱 철저히 베일 뒤로 숨었다. 은행의 요직은 로스차일드 성을 쓰는 사람만 맡았다. 친족끼리 결혼해 재산 유출을 막았다. 재산을 공개한 적도 없다. 자산규모 50조 달러, 한국 돈 6경 원에 달한다는 추정치만 있다. 이들은 상속 때 변호사 개입도 금지한다. 그렇다 보니 온갖 억측과 오해를 자초해왔다.

마크롱은 이런 로스차일드 은행에서 젊은 시절 막대한 부를 축적했다. 그를 둘러싼 억측도 많지만, 적어도 마크롱이 로스차일드 가문과 사활적 이해관계를 공유해 왔다는 사실은 부인하기 어려워 보인다. 로스차일드 가문이 철저히 세속적 권세를 추구해 온 점에서, 마크롱 역시 마지막 때 반기독교 세계통합을 주도하는 대표적 인물로 제기되어 온 것은 이 때문이다.

실제로 그는 코로나 팬데믹 기간 코로나19 백신 접종을 사실상 강제해 프랑스를 감시사회·통제사회로 몰아간다는 비판을 받아왔다. 우크라이나전쟁 중 행보도 특이하다. 그는 푸틴 러시아 대통령과 잇따라 회동 및 통화를 가지며 서방의 대화 창구 역할을 해왔다. 프랑스 대선을 앞둔 시점에도 국내 정치보다 우크라이나 위기 해결사 역할에 몰두했다. 메르켈 독일 총리 퇴임 이후 유럽의 리더쉽 공백을 메울 기회를 엿보고 있다는 해석이 많았다.

혹자는 이런 가설을 세운다. 러시아의 우크라이나 침공이 확전되어 곡과 마곡의 전쟁이 현실이 된다면, 마크롱이 유럽의 리더로 평화조약을 이끌어내는 건 아닐까? 예수 그리스도께서 다시 오실 세상 끝의 서막을 여는 것은 아닐까?

"어찌하여 열방이 분노하며 민족들이 허사를 경영하는고"시편 2:1 이스라엘 건국을 지원한 로스차일드 가문의 행보가 그랬듯, 교만한 자들의 모략은 결국 성경적 역사의 성취 앞에 먼지 같은 것이다. 성경의 예언은 지금까지 이뤄진 것처럼 앞으로도 이뤄질 것이다. 세상의 조짐을 보며 게을러지지 않고 두려워하지 않고, 하나님의 뜻을 하늘에서처럼 이 땅 가운데 이루려 더 기도할 뿐이다.

"세계가 다 내게 속하였나니 너희가 내 말을 잘 듣고 내 언약을 지키면 너희는 모든 민족 중에서 내 소유가 되겠고 너희가 내게 대하여 제사장 나라가 되며 거룩한 백성이 되리라 너는 이 말을 이스라엘 자손에게 전할지니라"출애굽기 19:5-6 하나님. 하루속히 남과 북을 복음 안에서 띠 띄워주시어 마지막 때 이 민족이 하나님의 말과 언약을 지키는 하나님의 소유된 백성, 제사장 나라 되어 이 기쁜 소식을 이스라엘 자손에게 전하는 거룩한 백성이 되게 하옵소서.

9
말세에 판치는 거짓말

님아 거짓을 전하지 마오

이제 마지막 때의 가장 강력한 징조를 말하려 한다. 바로 '거짓'이다. 하나님은 진리의 영이다.* 진리의 영이신 하나님은 거짓을 미워하신다. 잠언 12장 22절로 "거짓 입술은 여호와께 미움을 받아도 진실하게 행하는 자는 그의 기뻐하심을 받느니라".잠언 12:22 잠언 6장16-19절은 "여호와께서 미워하시는 것 곧 그의 마음에 싫어하시는 것이 예닐곱 가지"라며 "거짓된 혀""거짓을 말하는 망령된 증인""악한 계교를 꾀하는 마음""형제 사이를 이간하는 것"이라고 나온다. 거짓된 혀, 거짓을 말하는 망령된 증인은 물론 악한 계교, 이간질 모두 거짓을 말하는 것이다.

---

* 내가 아버지께 구하겠으니 그가 또 다른 보혜사를 너희에게 주사 영원토록 너희와 함께 있게 하리니. 그는 진리의 영이라 세상은 능히 그를 받지 못하나니 이는 그를 보지도 못하고 알지도 못함이라 그러나 너희는 그를 아나니 그는 너희와 함께 거하심이요 또 너희 속에 계시겠음이라(요한복음 14:16-17)

이 거짓은 요한복음 8장 44절에서 예수께서 말씀하신 것처럼 마귀의 속성이다. 마귀는 "처음부터 살인한 자"일 뿐 아니라 "진리가 그 속에 없으므로", "거짓말쟁이요 거짓의 아비"다.* 그래서 거짓은 사탄의 역사다.

우리 모두 불가피한 변명을 할 때가 있다. 나도 그렇다. 그러나 치밀하고 논리적인 거짓말을 '지속적', '반복적'으로 하고 있다면 그것은 사람의 역사가 아니다. 그래서 계시록의 14만 4천명은 "그 입에 거짓말이 없고 흠이 없는 자들"요한계시록 14:5이다. 새 하늘 새 땅이 열린 뒤 새 예루살렘 성읍에도 "거짓말을 지어내는 자"는 "살인자, 우상숭배자, 음행하는 자, 점술가들"과 함께 성안에 들어올 수 없다.**

자. 그런데 이 거짓이 더욱 번지는 때가 있다. 바로 말세다. 예수님도 마태복음 24장에서 세상이 끝으로 갈수록 거짓이 더욱 창궐할 것임을 6차례나 강조하셨다.*** 택하신 자들도 미혹케 한다고 하셨다.

"예수께서 대답하여 가라사대 너희가 사람의 미혹을 받지 않도록 주의하라"마태복음 24:4

"거짓 그리스도들과 거짓 선지자들이 일어나 큰 표적과 기사를 보이어 할 수만 있으면 택하신 자들도 미혹하게 하리라"마태복음 24:24

한국도 거짓이 갈수록 뻔뻔한 민낯을 내민다. 핵무기로 무장한 김정은을 도와야 평화가 온다는 '가짜 평화', 양극화만 부추기는 사회주의 퍼주기가

---

* 너희는 너희 아비 마귀에게서 났으니 너희 아비의 욕심대로 너희도 행하고자 하느니라 그는 처음부터 살인한 자요 진리가 그 속에 없으므로 진리에 서지 못하고 거짓을 말할 때마다 제 것으로 말하니니 그가 거짓말쟁이요 거짓의 아비가 되었음이라(요한복음 8:44)
** 개들과 점술가들과 음행하는 자들과 살인자들과 우상 숭배자들과 및 거짓말을 좋아하며 지어내는 자는 다 성 밖에 있으리라(요한계시록 22:15)
*** 많은 사람이 내 이름으로 와서 이르되 나는 그리스도라 하여 많은 사람을 미혹케 하리라(마태복음 24:5). 그때에 사람이 너희에게 말하되 보라 그리스도가 여기 있다 혹 저기 있다 하여도 믿지 말라(마태복음 24:23). 거짓 그리스도들과 거짓 선지자들이 일어나 큰 표적과 기사를 보이어 할 수만 있으면 택하신 자들도 미혹하게 하리라(마태복음 24:24). 보라 내가 너희에게 미리 말하였노라 그러면 사람들이 너희에게 말하되 보라 그리스도가 광야에 있다 하여도 나가지 말고 보라 골방에 있다 하여도 믿지 말라(마태복음 24:25-26)

평등을 가져온다는 '가짜 평등', 동성애가 맺은 나쁜 열매와 썩은 가지가 저렇게 많은데 동성애 교육이 인권인 양 떠드는 '가짜 인권', 광우병 괴담·천안함 괴담·세월호 괴담·원전 괴담 등 수많은 괴담들, 박근혜 대통령 탄핵 때는 어땠나? 바야흐로 가짜의 폭주 시대가 아닌가?

거짓말이 화산처럼 폭발했던 2016년 말로 돌아가 보자. 최순실 사태 후 박朴대통령이 굿판을 벌였다, 무속에 빠졌다는 등 별의별 소문이 돌았다. 시간이 지난 뒤 사실로 드러난 것은 많지 않았다. 있다면 최서원, 개명 이전 최순실이라는 인물이 대통령 주변에 있었다는 것, K스포츠·미르재단에 기업이 후원을 했다는 것, 이 정도 뿐이다.

2017년 2월 21일 조선일보는 '최순실 사태 25개 사례로 본 허위·과장·왜곡보도 : 최순실 사태 관련 보도 어디까지 진실인가?'라는 제목의 기사를 온라인에 실었다. 탄핵을 주도한 조선일보의 '몸서리쳐지는' 뒷북이다. 평가를 별개로, 25개의 허위·과장·왜곡보도 사례 제목과 이후 확인된 결과를 몇 가지만 인용하면 이러하다.

〈비아그라에 이어 '제2의 프로포폴'까지 구입·투약 의혹 : 이후 허위로 판명/세월호 가라앉을 때 '올림머리' 하느라 90분 날렸다는 의혹 : 허위/최순실이 예약자로서 강남의 한 성형외과를 찾아 줄기세포 시술을 받았다는 의혹 : 허위/ 박근혜 대통령은 집무실인 청와대 본관이 아니라 개인 공간인 관저에 머무는 시간이 압도적으로 많았고 관저에서 TV를 보고 혼자 식사하는 경우가 많았다는 의혹 : 과장·왜곡/ 차움 시설 무상 이용… 가명은 '길라임' 관련 의혹 : 허위/ 靑, 태반주사 8개월간 150개 구매 의혹 : 허위/ 박근혜 섹스 관련 테이프 나올 것 의혹 : 허위 / 차은택씨는 박근혜 대통령의 보안손님이어서 출입증 없이도 아무 때나 대통령 관저를 드나들 수 있었던 특별한 손님이었다는 의혹 : 허위/ 박근혜 대통령의 옷 수백 벌을 최순실이 개인 돈으로 비용을 지불했다는 의혹 : 허위/최순실씨는 대통령 전용기인 대한민국 공군 1호기를 타고 수차례 박근혜 대통령의 해외순방에 동행했다는 의혹 : 허위/ 최순득최순실 언니은 박근혜 대통령과 성심여고 동기동창 의혹 : 허위 / 최순실씨가 첫 번째 결혼기간에 낳았던 아들이 박근혜 정부 청와대에서 최소한 2014년 12월 말까지 5급 행정관으로 근무했다는 의혹 : 허위/ K 스포츠 이사장은 최순실 단골 마사지집 사장이라는 의혹 : 허위/ 청와대서 사용하던 마약류 투약 의혹 : 허위〉

"그들의 입은 거짓을 말하며 그의 오른손은 거짓의 오른손이니이다"시편 144:8 거짓의 산은 대통령을 묻어버렸다. 한국 교회는 언제나 그렇듯 부화뇌동했다. 2008년 미국산 쇠고기 파동, 2010년 천안함 폭침, 2014년 세월호 침몰 등 그리스도인들조차 이 세대를 쫓으며 거짓을 밥 먹듯 즐겼다.

서로 속고 속이는 그리스도인들

한민족 교회의 민족적 사명을 감당키 위해 가장 먼저 버려야 할 인습은 거짓이다. 안타깝고 놀랍게도 애국심 강한 자, 경건한 자, 신실한 자, 하나님을 사랑하는 많은 그리스도인들조차 거짓말을 퍼뜨린다. 서로 속고 또 속인다. 카톡은 가짜뉴스의 배양실이 되어 있다. 유튜브를 통해 전해지는 온갖 류類의 메시지도 비슷하다.

메시지를 검증할 수 없다면 메신저를 검증해야 한다. 그런데 어떤가? 스피커 A가 B라는 충격적 주장을 했지만 한참의 시간이 지난 뒤 거짓말로 확인되었다고 치자. 또 얼마의 시간이 지나면 A는 새로운 C라는 충격적 주장을 터뜨린다. 얼마의 시간이 흘러 거짓말로 확인이 되지만, A가 새로운 D

라는 거짓을 말할 때 대중은 또 다시 속는다. 대개 이런 이들은 유튜브 등을 통해 약간의 팩트에 치명적 왜곡을 섞어 놓는다. '아니면 말고'식 선동을 벌인다.

이런 거짓된 입술들 중에는 의외로 진지하고 논리적인 하나의 세계관 Worldview을 갖춘 이들도 많다. 세계관이라는 것은 세상을 바라보는 하나의 논리적 사고구조, 생각의 틀이다. 인간적인 측면에서 보면, 세계관은 상당히 매력적이다. 이 망원경이 머릿속에 탑재되면 요술방망이처럼 모든 것이 해석되어 버린다. 공부를 안 해도 된다. 연구할 필요도 없다. 사실의 확인·진실의 검증도 의미를 갖지 못한다. 세계관의 헬멧만 머리에 씌우면, 이해할 수 없었던 숱한 현상도 이해된다. 약간의 재료, 몇 개의 팩트만 있으면 족하다. 세계관은 이 재료를 요리해 가공의 결론을 만들어 버린다. 끊어진 점들을 이어 확실한 답안을 만든다.

우리가 따르는 세계관은 성경적 세계관이다. 실은 하나님의 마음이다. 하지만 세상 사람들의 세계관은 불교적 세계관, 이슬람 세계관, 뉴에이지 세계관 등 허다하다. 여기에 첨가해 한국 그리스도인들마저 쉽게 '혹'하는 치명적 세계관, 실은 견고한 거짓의 얼개를 두 개만 들어보자.

우선 꼽을 것은 사회주의 세계관이다. 이것은 비슷비슷한 사람끼리 비교하며 모여 사는 한국인의 뿌리 깊은 저주이다. 사촌이 땅을 사면 나도 사려는 생각을 하는 게 아니라 배가 아파 탈이 나는 못난이 생각이 조합된 것이다. 우선 전제할 것이 있다. 사회주의, 좌익 이데올로기에 반대되는 자본주의, 소위 우익 이데올로기는 세계관이 아니다. 시장이라는 자생적 질서가 옳다는 하나의 판단일 뿐이다.

반면 사회주의, 좌익 이데올로기는 가진 자와 갖지 못한 자의 계급투쟁으로 모든 현상들을 설명하는 견고한 진이다. 가령 갑甲이라는 사람이 가난하다고 하자. 사회주의는 명쾌한 설명을 대준다. '가진 자의 착취 탓'이란 것이다. 갑甲이 나태하다거나, 불의의 사고나 재난, 정권의 잘못된 정책에 희생되었다거나, 하나님의 크신 계획 아래 연단이 있다거나 하는 숨겨진 진실은 의미를 갖지 못한다.

사회주의 세계관이 메모리칩처럼 장착되면 사실·진실·진리는 폐기되어 버린다. 이미 내려진 결론을 확증키 위한 악세사리가 될 뿐이다. 가진 자의 착취로부터 갖지 못한 자를 해방하는 변혁만이 정의가 된다. 거짓은 이들의 주식主食이다. 그러니 썩어 없어질 세상 권력을 탐하는 자들의 최고의 무기가 바로 사회주의 세계관이다. 무지한 대중을 1% 대 99%의 논리로 선동해 권력을 뺏는다. 2002년 효순이·미선이 사건을 필두로 '광우뻥'을 거쳐 '박근혜 탄핵'으로 단을 거둔 촛불시위는 그들의 잔칫상이었다.

사회주의라는 세계관에 민족주의가 더해지면 더 심각한 아편이 된다. 주사파 또는 주사파에 영향받은 부류가 그렇다. 기독교인임에도 거짓을 말한다. 거리낌이 없다. 한국의 정치권, 언론계, 문화계, 학계는 물론 숱한 선교단체 실무진을 장악한 이들이 그렇다. '북한선교' 명찰을 붙이고 김정은의 '쓸모 있는 바보'가 된다. 어두운 이념의 망토가 켜켜이 쌓여 있다. 성경을 자신의 정욕을 채울 물맷돌처럼 사용한다.

음모론이 세계관이 되는 비극

견고한 거짓의 얼개인 사회주의 세계관만큼이나 중독성이 강한 것이 '음모론陰謀論'이라 불리는 것이다. 음모론에서는 프리메이슨·일루미나티·딥 스테이트 같은 용어들이 자주 사용된다. 음모론적 세계관은 세계관을 다룬

책 어디에도 나오지 않는다. 하지만 하나님을 대적하여 높아진 강력한 진 stronghold 중 하나다.

나 역시 프리메이슨·일루미나티·딥 스테이트에 관심이 많은 사람이다. 젊을 때부터 한국어로 출판된 책들은 도서관에 가서라도 닥치는 대로 읽어보고 메모하며 공부해왔다. 이런 종류 이야기들이 굳이 음모론으로 불리는 것은 이들 조직의 은밀함, 비밀성 탓이다. 그러나 음모론이 하나의 '세계관'이 되어버리면 심각해진다. '미확인未確認 첩보'와 '근거 없는 낭설浪說'을 뒤섞어 하나의 그럴싸한 논리적 우상이 되고 만다.

프리메이슨은 분명 존재하는 실체이다. 미국에 가 보면 프리메이슨이 모이는 롯지lodge를 어딜 가든 쉽게 볼 수 있다. 몰몬교Mormon 주 거점인 유타주에 가보시라. 롯지에 스핑크스 머리까지 세워 놨다. 어마어마하다. 인근 공동묘지에는 무덤 앞에 오벨리스크나 피라미드 모양 비석들이 즐비하다. 모두 프리메이슨 상징들이다. 워싱턴 D.C.나 미국 동부 초기 개척지도 그렇지만 유타주는 특히 심하다. 유타주를 장악한 몰몬교와 프리메이슨의 연관성을 짐작케 해 준다.

몰몬교 교주 죠셉 스미스가 쓴 《후기성도 그리스도의 교회 믿음 지침서 Articles of Faith of the Church of Jesus Christ of Latter Day Saints》라는 교리집을 본 적이 있다. 그들이 믿는 하나님은 성경이 말씀하시는 삼위일체의 하나님이 아니다. 신神은 옛적에 우리와 같은 인간이었는데, 그들이 승화되어 신의 존재로 변한 것이라고 주장한다. 따라서 우리도 신神이 되도록 힘써야 한다는 것이다.

인간의 자력구제自力救濟는 프리메이슨 종교관과 유사하다. 프리메이슨도 절대적 존재supreme being, 즉 신의 존재를 인정한다. 그러나 예수를 그리스도로 믿지 않는 일종의 범신론적 세계관이다. 그러다보니 서양의 미신인 오컬트Occult 소위 신비학神祕學·은비학隱祕學적 요소들로 범벅이 되어 있다. 이 다원주의 종교관은 모든 종교를 통합할 수 있는 혼합주의 길도 터준다. 최근의 WCC 등 종교통합이라는 흐름 뒤에 프리메이슨이 자주 언급되는 것은 이 때문이다.

좀 더 은밀한, 좀 더 사악한 조직인 일루미나티는 18세기 공식적으로 해산된 것으로 알려졌다. 하지만, 다른 이름으로 또는 다른 간판을 내걸고 존재해 있다고 보는 게 상식적이다. 스스로 일루미나티로 부르지 않아도 이런 성격의 조직은 아마도 스멀스멀 베일 뒤에서 득실거릴 것이다. 세상 신에 의탁해 이 땅의 번영을 독차지하려는 세력은 항상 있어왔기 때문이다.

민주적 통제를 벗어난 관료집단인 딥 스테이트deep state도 마찬가지다. 과거 아이젠하워 대통령은 이들을 군산복합체軍産複合, military - industrial complex, MIC로 불렀다. 주류언론이 소위 극우 음모론자들로 불러온 큐어넌QAnon의 핵심키워드가 바로 딥 스테이트이다. 큐어넌은 트럼프 전 대통령이 홀로 전 세계 딥 스테이트들과 싸우고 있다고 주장해 왔었다.

실제로 트럼프는 미국 대통령 최초로 '딥 스테이트'라는 단어를 공식 석상에서 언급했다. "딥 스테이트가 백신 개발에 발목을 잡고 있다"는 것이었다. 큐어넌 역시 백신 유통을 막고 있는 어둠의 세력을 집중적으로 비난했다. 아니나 다를까 트럼프가 낙선하고 바이든이 집권하자 기다렸다는 듯 백신이 유통되기 시작했다. 이후 백신부작용 논란이 커지자, 큐어넌 쪽에서 딥 스테이트가 백신을 통해 인류말살을 꾀하고 있다고 나섰다. 이전과 모순된 주장이었다. 진실 앞에 검증되어야 함에도 하나의 세계관으로 굳어진 결과다.

이런 유튜브 너무 심하잖아요?

프리메이슨·일루미나티·딥 스테이트 또는 뭐라고 부르건 이들 땅에 속한 세력은 썩어 없어질 것을 쫓는다. 육신의 정욕·안목의 정욕·이생의 자랑, 욕심이다. 그리고 쾌락의 극대화를 위해 사회를 통제하고 사람을 감시하는 억압구조를 갖춰간다. 이 어두운 새장 안에서 결국 성경에 나오듯 적그리스도를 불러들일 것이다.

문제는 이들 땅에 속한 세력이 워낙 은밀하다는 점이다. 이러다 보니 하나하나 검증하고 확인하는 일이 쉽지 않다. 결과적으로 호사가들은 프리메이슨 이야기를 뻥 튀겨 튼튼한 거짓의 얼개를 만들어 버린다.

프리메이슨·일루미나티·딥 스테이트 이야기를 종말론과 결합하면 거짓의 무게는 더 육중해진다. 이른바 과장된 음모론 내지 극단적 음모론의 탄생이다. 기독교인이라 해도 과장된 음모론·극단적 음모론이 장착되면 사회주의 세계관처럼 진실을 무시해 버린다. 사실 확인이나 팩트체킹fact checking도 하지 않는다. 마지막 때의 미세한 조짐, 약간의 징조만 나와도 일루미나티 류類가 저지른 음모로 단정짓는다. 그리고 세상은 바로 지금 심판 받아 끝으로 왔다는 요지의 결론을 내린다.

이런 담론을 즐기는 이들은 종말의 때와 시기를 확정한 시한부時限附 종말론 그리고 더 이상 이 세상엔 소망이 없으니 산으로 피해야 한다는 '극단적極端的 종말론'으로 이어진다. 그런 면에서 과장된 음모론·치우친 음모론과 시한부 종말론·극단적 종말론은 같은 세트다. 이 독버섯 전골은 유튜브로 만들어져 카톡뉴스로 날라지고, 결과적으로 경건한 성도들마저 한 달란트를 땅속에 집어넣는 게으르고 악한 종이 되게 한다. 하나님의 약속에 대한 믿음 대신 사탄의 역사에 집중케 만든다.

세대주의에 빠진 사랑하는 나의 친구들아

슬픈 일이다. 나는 극단적 종말론·시한부 종말론에 빠진 이들을 많이 알고 있다. 하나같이 경건했던 이들이다. 흔히 세대주의Dispensationalism로 부를 수도 있다. 세대주의라는 것은 정통교리로 받아 들여지지 않는다. 그래도 요약해 본다면, 성경의 역사를 시대별로 구분해 하나님의 통치 원리, 구원 원리가 각 시대마다 다르다는 지적이다. 특히 마지막 때에는 하나님의 백성을 구원할 마지막 때의 방식이 있다고 말한다.

예컨대 19세기 플리머스 형제단의 존 다비1800~1882는 종말이 임박해 있으니 세상과 교회는 파멸될 운명에 처했다고 단정했다. 존 다비는 교회의 기능은 세상을 변화시키는 것이 아니라고 봤다. 사람들을 더럽고 추악한 세상 안에서 세상 밖으로 끌어내는 것이라고 했다. 이런 시각에선 사회정의와 공의의 회복을 위해 기도하는 것은 유치한 일이 된다. 어차피 가라앉을 배의 갑판에서 가구를 재배치하는 것에 불과하기 때문이다. 끝날 세상, 가라앉는 배에서 가구를 옮기는 것은 시간낭비라는 것이다.

세대주의 시각에서는 소위 정교분리政敎分離는 필연이 된다. 그들은 말한다. "교회는 세상정치, 사회, 경제, 입법에 영향력을 행사할 수도 없고 행사해서도 안 된다. 종말이 임박해 있으니 오직 복음만 말해야 한다. 세상의 불의不義와 악惡에 대한 말과 행동은 물론 때론 나라와 민족을 위한 기도조차 성도의 역할이 아니다. 어차피 세상은 끝으로 가는 것이다. 자신과 가족의 신앙만 지켜도 감사한 일이다. 거룩한 신부단장하기에도 바쁘지 않은가?"

하지만 세대주의건, 극단적 종말론·시한부 종말론, 치우친 음모론·과장된 음모론, 뭐라고 부르건 종말론에 병적으로 집착한 이들은 공통된 특징이 있다. 바로 '거짓'이다. 음모라고밖에 볼 수 없는 가정과 추론이 하나님의 말씀을 대체해 버린다. 이들은 당연히 북한의 구원과 해방의 기도도 의미가 없다고 믿는다. 그럼에도 신유, 치유, 예언, 각종 은사와 개인적 기복에는 집착한다.

이들은 또 코로나 팬데믹과 백신 문제, 한국과 미국 대선, 박근혜 탄핵과 세월호 침몰 등 흉흉한 사건이 터지면, 온갖 거짓과 선동에 미혹되어 버린다. 자신이 살아 있는 동안, 실은 종말의 조짐을 느낀 바로 그 때, "예수 그리스도가 다시 오셔야 한다"고 믿는다. 종말의 시기를 확정해 놓는다. 험한 세상을 알리는 단편적 사실이 뉴스에 나오면, 엉터리 결론에 끼워 맞춘다. 사실이 없으면 꿈과 환상, 계시 등을 끌어온다. 그리곤 입만 열면 "딥 스테이트" "일루미나티" "프리메이슨" "666"이다.

말씀으로 돌아가자. 마지막 때는 성경이 달라지는가? 아니다! 예수 그리스도는 어제나 오늘이나 영원토록 동일하시다.

"예수 그리스도는 어제나 오늘이나 영원토록 동일하시니라. 여러 가지 다른 교훈에 끌리지 말라" 히브리서 13:8-9

말씀은 또한 명령한다. 마지막 때 적그리스도가 발호할 바로 그때, 강하여 용맹을 발하라고. 지혜로운 자가 되어 많은 이들을 옳은 길로 돌이키라고 명령하신다.

"그가 또 언약을 배반하고 악행 하는 자를 궤휼로 타락시킬 것이나 오직 자기의 하나님을 아는 백성은 강하여 용맹을 발하리라" 다니엘 11:32

"지혜 있는 자는 궁창의 빛과 같이 빛날 것이요 많은 사람을 옳은 데로 돌아오게 한 자는 별과 같이 영원토록 비취리라 다니엘아 마지막 때까지 이 말을 간수하고 이 글을 봉함하라 많은 사람이 빨리 왕래하며 지식이 더하리라" 다니엘 12:3-4

골리앗이 발악하는 세상의 종말은 피하고 숨고 달아나 버리는 때가 아니다. 거룩한 옷을 입고 헌신하며 주께 나오는 때이다. 하나님의 사명을 더 열심히 행하는 때이다. 게을러져서도 악해져서도 안 되는 때이다. 예수 그리스도의 심판대 위에 올라갈 날이 멀지 않은 탓이다. 예수님도 분명하게 말하셨다.

"이르시되 때와 시기는 아버지께서 자기의 권한에 두셨으니 너희가 알 바 아니요 오직 성령이 너희에게 임하시면 너희가 권능을 받고 예루살렘과 온 유대와 사마리아와 땅 끝까지 이르러 내 증인이 되리라 하시니라"사도행전 1:7-8

그 때와 시기는 우리의 알 바가 아니고 하나님의 일을 하라고 말이다. 예수의 증인이 되어 복음을 전하는 것이다. 우리는 왜 북한구원과 복음통일, 제사장 나라의 민족적 부르심을 위해 기도하는가? 복음을 전하기 위함이다. 선교의 길을 열기 위함이다.

세상은 어차피 끝을 향한다. 이 끝은 하나님의 완전한 승리요, 공의의 심판이다. 다시 오실 예수님을 앙망하며, 복음이 사마리아와 땅 끝까지 전해질 수 있도록 기도하자. 북한 땅 지옥의 철문, 그 너머 사망의 석문이 열릴 수 있도록 기도하자. 하나님이 기도 중에 주신 감동을 행하자.

"만물의 마지막이 가까이 왔으니 그러므로 너희는 정신을 차리고 근신하여 기도하라"베드로전서 4:7

세상이 끝을 향하니 갈수록 정신을 차리자. 베드로전서 2장 1절의 말씀에 나오듯 "모든 기만을 버리자." 그렇게 부르심과 택하심을 굳게 하여 모든 민족을 제자 삼아 예루살렘과 온 유대와 사마리아와 땅 끝까지 이르러 하나님의 증인이 되는 이 땅의 삶을 살아내자.

10
죽기 전에 이 일만은

태양신의 오벨리스크를 태워라

한민족 교회에 주어진 황금 같은 시간에 하나님의 민족적 부르심, 시온의 대로를 열어야 한다. 북한 김일성 왕조의 평화적 해체와 땅 끝을 향해 뻗어 갈 선교의 길을 터야 한다. 지체할 겨를이 없다. 입술을 가진 자. 김일성 아세라Asherah 목상을 태우고 바알Baal의 재단을 부숴라. 지옥의 진이 무너질 것임을 외처라. 목사가, 장로가, 권사가, 집사가 그리고 청년이 넓게 열린 공간에서 선포하라.

"예수 그리스도 이름으로 명하노니 평양정권은 무너질지어다"

사명의 성취는 교회의 몫이다. 잠시의 '숨 쉴 틈'은 졸고 자는 때가 아니다. 교회마저 세상을 쫓으면 촛대는 옮겨갈 것이다. 한국의 교회가 겉으로는 '복음통일', '북한구원', '지하교회'의 그럴싸한 노래를 부르며 여전히

"인도적 대북지원"을 고수한다면, 끝끝내 북한 땅 곳곳에 지옥의 신상을 세우려 한다면, 5년 뒤 돌아올 심판은 가혹할 것이다.

미혹에서 돌이키라. 북한의 우상체제·주체정권을 돕는 인도적 대북지원의 허탄한 거짓을 멈추라. 태양신의 오벨리스크를 무너뜨리라. 촛불로 포장한 조작·선동·날조를 중단하라. 머릿속 찌꺼기처럼 끼어있는 마르크시즘·네오 마르크시즘의 침전물을 청소하라. 유튜브 중독이 빚어낸 시한부 종말론·극단적 종말론·허황된 음모론에서 벗어나라. 광기에 접신한 듯 정죄定罪의 작두만 내리치는 거짓 예언자, 거짓된 복술을 멀리하라. 하나님의 시대적 부르심, 역사적 택하심을 분별하라. 절망이 아닌 소망의 길을 열라.

예수의 심장으로

길을 여는 자들은 잊지 말라. 중요한 것이 있다.

"너는 마음을 다하고 뜻을 다하고 힘을 다하여 네 하나님 여호와를 사랑하라" 신명기 6:5

"네 마음을 다하고 목숨을 다하고 뜻을 다하고 힘을 다하여 주 너의 하나님을 사랑하라 하신 것이요" 마가복음 12:30

우리의 마음, 뜻, 생각, 감정, 기분 안의 가시와 찔레들. 말씀이신 여호와를 사랑하지 못하게 하는 뱀과 전갈들, 항상 기뻐하지 못하고 범사에 감사하지 못하고 쉬지 않고 기도하지 못하게 하는 각양 곤충과 가증한 짐승들, 내 안의 이 지긋지긋한 '죄罪', 죄악된 성질·기질·체질과 피 흘려 싸워 이기지 않으면 아무런 변화도 없을 것이다.

나는 알고 있다. 성을 빼앗는 것보다 나의 마음을 다스리는 것이 더 나은 것이다.* 하나님은 북한의 구원보다 나의 구원을 더 바라고 계시지 않는가? 사랑·희락·화평·오래 참음·자비·양선·충성·온유·절제, 성령의 열매 맺기를 원하고 계시지 않는가?

의의 평강한 열매를 맺지 못한 부실不實한 자, 쉽게 성내고 노하고 짜증 내고 오래참지 못하는 자,** 쫓긴 자, 상한 자, 병든 자, 잃어버린 자, 상해버린 갈대, 꺼져버린 심지 같은 내가 먼저 살기를 기다리고 계시지 않는가?

심장이 아닌 머리로 살게 하는 겉사람의 불순물, 여호와를 향한 사랑이 아닌 미움·증오·분노, 둘러싼 상황과 환경 속에 가스처럼 남아 있는 패배감, 상실감, 절망감, 우울감, 상처와 쓴 뿌리로 박혀 있는 억울함, 원통함, 후회감. 지나간 일에 대한 후회와 오지 않은 것에 대한 두려움. 걱정, 근심, 염려. 나의 마음과 뜻은 여호와 하나님에 대한 사랑이 아닌 것들이 어찌 그리 많은가? 오, 하나님. 나는 죄인이로소이다.

진실을 아는 것은 중요한 시작점이다. 거짓에 속지 않는 것, 미혹되지 않는 것도 귀한 일이다. 그러나 나의 마음과 뜻이 여호와만을 사랑하지 않는다면, 여전히 죄에 눌려 있다면, 항상 기뻐하지 않는다면, 범사에 감사하지 않는다면, 성령 안에 의와 평강과 희락이 샘물처럼 넘치지 않는다면, 우리는 하나님의 일을 시작해도 인간의 일로 끝이 날 뿐이다. 기적은 일어나지 않는다. 예수의 심장을 가지고 죄와 피 흘려 싸우며 천국을 침노해야 한다.

---

* 노하기를 더디하는 자는 용사보다 낫고 자기의 마음을 다스리는 자는 성을 빼앗는 자보다 나으니라(잠언 16:32)
** 오직 성령의 열매는 사랑과 희락과 화평과 오래 참음과 자비와 양선과 충성과 온유와 절제니 이같은 것을 금지할 법이 없느니라 그리스도 예수의 사람들은 육체와 함께 그 정과 욕심을 십자가에 못 박았느니라 만일 우리가 성령으로 살면 또한 성령으로 행할찌니(갈라디아서 5:22-25)

광야의 세월

눈물 골짜기를 울면서 걸었다. 20년 넘게 주사파, 실은 김일성 왕조와 싸우며 12억 원 넘는 소송을 당했다. 누군가를 고소한 적은 한 번도 없지만, 틈만 나면 경찰, 검찰, 법원에 불려 다녔다. 온갖 음해, 비방, 비난에 시달려야 했다. '하지도 않은 일을 했다'며, 청산될 적폐로 몰렸다. 언론을 가장한 거짓 입술들, 들어본 적도 없는 시민단체, 사회단체, 말쟁이들에게 조리돌림 당하며 온종일 신음했던 계절도 있었다. 들짐승의 밥처럼 유린당하며 먼지처럼 짓밟혔던 삶이었다.

나에게 잘못이 있다면 약삭빠르지 않았던 것이다. 나의 유익을 구하지 않았고 남의 유익을 구했던 것이다. 2,500만 북한 동족을 살리고 5,000만 국민을 구해야 한다는 급박한 마음이었다. 겁대가리 없이 외쳤고 때론 미치광이처럼 호소했다. "가련한 동족들을 살려냅시다. 김일성 신들림은 악이요, 멸망되어야 할 어둠입니다."

하지만 간사한 자들은 나를 밟았고, 교활한 집단 앞에 나는 욥이 되었다. 휴가처럼 '휴거'를 꿈꾸며 눈물은 밥이 되었다. 거룩한 산에 계신 이, 옛적부터 항상 계신 이에게 부르짖었다.

"여호와여 악인이 언제까지, 악인이 언제까지 개가를 부르리이까" 시편 94:3

언제까지입니까? 지존자는 대답하지 않으셨다. 말없이 그렇게 광야로 아들을 몰았다. 그리고 시애틀의 아름다운 아둘람 굴窟에서 내 영혼의 지독한 허물을 보게 하셨다. 평강을 도둑질하는 것들, 희락을 빼앗는 것들, 내 안의 영적인 독사, 독뱀, 독충들, 이 더러운 잡념과 망상들, 세상이 문제가 아니라 하나님의 의를 이루지 못하게 만드는 내 안의 불의와 불법, 부정에 치를 떨게 하셨다.

"사람의 성내는 것이 하나님의 의를 이루지 못함이니라"야고보서 1:20 나는 타고나기를 혈기와 분忿이 많은 사람이다. 의협심義俠心과 열정熱情으로 정당화했지만 그것은 악이다. 나라와 민족의 형편을 알게 될수록 이 불결한 베옷은 미라처럼 나의 영을 두르고 스스로 깨닫지 못하는 심장의 염병처럼 깊어갔다. 헌법학 교수셨던 아버지가 물려주신 대한민국의 헌법과 하늘의 아버지께서 남겨주신 완전한 율법은 오히려 타인을 찌르는 견고한 창이 될 때가 많았다. 광야는 이 모든 판단, 정죄, 심판, 비판이 죄임을 깨닫게 하셨다. 남을 판단하는 그 판단이 나를 심판하는 저울이 되게 하셨다.*

내 안에 더럽고 불결한 것들, 절망감과 우울감, 고독감, 어느 순간 터지는 분노와 혈기, 감춰졌던 버러지, 숨겨져 있던 쓰레기들을 드러내 주셨다. 그랬다. 굽이 갈라지지 않은 부정한 사반, 토끼, 돼지와 주검이 마음에 살고 있었다. 생각·감정·기분에 여전히 기숙해 있었다.**

영적인 문둥병자

나는 영적인 문둥병자였다. "그들은 하나님께 제사하지 아니하고 귀신들에게 하였으니 곧 그들이 알지 못하던 신들, 근래에 들어온 새로운 신들 너희의 조상들이 두려워하지 아니하던 것들이로다"신명기 32:17

죄악은 세상의 신들을 끌어당긴다. 절망감은 죽음의 신神을, 우울감은 사망의 신神을, 패배감은 지옥의 신神을 접하게 만든다. 천만인의 사람으로부터 받았던 수치와 모욕감, 섭섭함, 원통함, 이 멸망 받아 마땅한 한恨의 정

---

* 그러므로 남을 판단하는 사람아, 누구를 막론하고 네가 핑계하지 못할 것은 남을 판단하는 것으로 네가 너를 정죄함이니 판단하는 네가 같은 일을 행함이니라(로마서 2:1)
** 새김질하는 것이나 굽이 갈라진 짐승 중에도 너희가 먹지 못할 것은 이러하니 약대는 새김질은 하되 굽이 갈라지지 아니하였으므로 너희에게 부정하고 사반도 새김질은 하되 굽이 갈라지지 아니하였으므로 너희에게 부정하고 토끼도 새김질은 하되 굽이 갈라지지 아니하였으므로 너희에게 부정하고 돼지는 굽이 갈라져 쪽발이로되 새김질을 못하므로 너희에게 부정하니 너희는 이 고기를 먹지 말고 그 주검도 만지지 말라 이것들은 너희에게 부정하니라(레위기 11:4-8)

서는 음부陰府의 문을 열었다. 세상의 악인을 칠수록, 거꾸로 가는 세상은 내 영혼을 더 깊숙한 굴속으로 밀어 넣었다.

나는 은혜 없이는 살 수 없는 자였다. 두드렸고 구하였고 찾았다. 그리고 하나님은 문을 열어주셨다. 깨닫게 하셨다. 보고 듣게 하셨다. '나라와 민족을 바꾸는 것보다 나를 바꾸는 것이 더 절박한 것이다. 하나님은 그것을 더 기쁘게 받고 계시다. 내 안의 분노와 혈기, 미움과 증오, 절망감과 우울감, 수많은 죄악된 본성과 먼저 싸워 이겨야 할 것이다. 심령의 천국이 임할 때 그 천국의 기쁨이 생각·감정·기분, 마음을 정복하고 다스릴 때, 하나님이 나를 둘러싼 모든 환경에 승리를 주실 것이다.'

밖에서 찾지 말라. 해답은 안에 있다. "회개하라 천국이 가까이 왔느니라." 하나님의 일성一聲을, '머리'가 아닌 '마음'으로 깨닫는 데 인생의 많은 시간이 걸렸다. 그리고 하나님의 말씀들이 믿어지기 시작했다. 마음속 원수의 뇌수가 깨질 때, 모든 이론과 하나님 아는 것을 대적해 높아진 것들이 하나님의 강력으로 깨어질 때, 주께서 기이한 사적을 인생 중에 행하실 것이다. 기적을 만드실 것이다. 안식을 누리는 자들에게 하나님은 자신의 선한 말씀으로 응하실 것이다.*

편력의 끝에 만난 예수

마음속 원수는 수가 많고 크고 장대한 자들이다. 우리의 힘으로 능으로 다스릴 재간이 없다. 당신의 의지로 당신의 마음을 다스릴 수 있는가? 동양의 모든 종교적 수행은 마음을 다스리기 위함이다. 나는 20대 십년을 이 들나

---

* 여호와께서 그들의 주위에 안식을 주셨으되 그 조상들에게 맹세하신 대로 하셨으므로 그들의 모든 원수들 중에 그들과 맞선 자가 하나도 없었으니 이는 여호와께서 그들의 모든 원수들을 그들의 손에 넘겨주셨음이니라. 여호와께서 이스라엘 족속에게 말씀하신 선한 말씀이 하나도 남음이 없이 다 응하였더라(여호수아 21:44-45)

귀 같은 마음을 다스리기 위해 몸부림쳤다. 틈만 나면 미숫가루를 싸 들고 명산대천을 찾아다녔다. 접할 수 있는 모든 종교를 접했고 온갖 수행을 해 봤다. 산속에 굴을 뚫고 지낸 적도 있었다. 그러나 빛보다 더 빠른 마음은 내 힘과 능으로는 다스릴 재간이 없었다. 있다면 세상을 피해 은둔해서, 마음을 다스린 것처럼 위선僞善하는 것뿐이었다.

나이 서른, 다시 교회로 돌아올 때까지 지옥에 끌려갈 가련한 삶이었다. 그러나 예수를 만나고, 거듭난 뒤에도 경건한 의식 아래 빙산처럼, 죄악의 가스가 여전히 채워져 있었다. 이 절망감·우울감·패배감·원통함·억울함·비통함의 죄성은 내 힘으로는 다스릴 수 없었다. 능으로는 다스릴 수 없었다.

그래서 하나님이 오셨다. 이 마귀의 일을 멸하려 하나님의 독생자 예수가 오셨다. 나는 이 말씀을 확실히 믿는다. 아니 부르짖는 어느 순간 믿어졌다.

"죄를 짓는 자는 마귀에게 속하나니 마귀는 처음부터 범죄함이라 하나님의 아들이 나타나신 것은 마귀의 일을 멸하려 하심이라"요한일서 3:8

하나님은 우리를 대신해 싸우러 오셨다.*

"너희의 하나님 여호와 그가 너희 앞에서 그들을 쫓아내사 너희 목전에서 그들을 떠나게 하시리니 너희의 하나님 여호와께서 너희에게 말씀하신 대로 너희가 그 땅을 차지할 것이라"여호수아 23:5

예수 그리스도께서는 이 원수들, 마음의 모든 갈등과 번민煩悶을 쫓아내사 떠나게 하신다. 땅으로 된 육신을 차지케 하신다.**

"자녀들아 너희는 하나님께 속하였고 또 저희를 이기었나니 이는 너희 안

---

* 너희의 하나님 여호와께서 너희를 위하여 이 모든 나라에 행하신 일을 너희가 다 보았거니와 너희의 하나님 여호와 그는 너희를 위하여 싸우신 이시니라(여호수아 23:3)
** 너희의 하나님 여호와 그가 너희 앞에서 그들을 쫓아내사 너희 목전에서 그들을 떠나게 하시리니 너희의 하나님 여호와께서 너희에게 말씀하신 대로 너희가 그 땅을 차지할 것이라(여호수아 23:5)

에 계신 이가 세상에 있는 이보다 크심이라"요한일서 4:4

왕들의 목을 발로 밟다

"깰찌어다 깰찌어다 드보라여 깰찌어다 깰찌어다 너는 노래할찌어다 일어
날찌어다 바락이여 아비노암의 아들이여 네 사로잡은 자를 끌고 갈찌어다"
사사기 5:12

깨어나라. 내 영혼아. 노래하고 일어나라. 심장 가운데 예수가 오신 이들
은 블레셋을 멸절시킨 드보라다. 바락이다. 그는 예수 그리스도 이름으로 뱀
과 전갈을 밟고 원수의 모든 능력을 제어한다. 예수 그리스도 이름으로 귀
신을 쫓는다. 깰지어다. 깰지어다. 깰지어다.

예수 그리스도 이름으로 명하노니 마음속 미움·증오·분노. 기질과 체질,
더러운 성질, 모난 성격, 탐심과 정욕, 지독한 이기심, 패배감, 상실감, 절망
감, 우울감, 억울함, 원통함, 후회감, 후회와 두려움, 걱정, 근심, 염려와 음란,
예수 그리스도 이름으로 명하노니 이 원수들은 내게서 떠나갈지어다. 초토화
될지어다. 강하고 담대하라. 왕들의 목을 발로 밟으라.*

예수 그리스도를 믿는 자들은 나를 기분 나쁘게 하는 사람에 원한을 품지
않는다. 먼저 기분 나빠하는 내 안의 죄와 싸운다. 시련·환란·고난을 극복케
해 달라고 구하지 않는다. 먼저 시련·환란·고난으로 아파하는 내 안의 죄와
싸운다. 죄罪를 진멸하기까지 말씀의 단창을 잡아 든 손을 거두지 않는다.**

세상의 신神, 이 땅의 영靈들을 끌어당기는 죄악의 왕을 쳐라. 하나도 남기

---

* 그 왕들을 여호수아에게로 끌어내매 여호수아가 이스라엘 모든 사람을 부르고 자기와 함께 갔던 지휘관들에게
  이르되 가까이 와서 이 왕들의 목을 발로 밟으라 하매 그들이 가까이 가서 그들의 목을 밟으매(여호수아 10:24)
** 아이 주민들을 진멸하여 바치기까지 여호수아가 단창을 잡아 든 손을 거두지 아니하였고(여호수아 8:26)

지 말고 다 쳐 죽여라.* 모두 진멸하라.** '아낙 사람 가운데 가장 큰 아르바',*** 도저히 통제할 수 없는 기질·체질·성질·성격이라 할지라도, 말씀의 말뚝을 들어 '죄악의 시스라'를 내쳐버리려. 머리를 뚫어버리려. 살쩍을 뚫어라.**** 가나안의 31왕王. 기쁨의 젖과 희락의 꿀이 흘러야 할 마음의 가나안 땅에 아직도 머리를 든 31왕들을 짓이겨버리려. 수많은 부정적 감정·기분·경험을 예수 그리스도 이름으로 태워버리려.***** 그렇게 천국으로 가자. 영안을 열고 여호와의 궁정으로 가자. 가자. 가자.

싸워야 한다. 졸지 말고 자지 말고 싸워야 한다. 예수 그리스도 이름에 의지하여 다윗처럼 '내 안의 죄'와 죽기까지 싸워야한다. 하나님은 이 영적인 전쟁터에서 우리로 하여금 잔인殘忍하게 싸우라고 명령하는 분이시다.

"내가 주를 의뢰하고 적진으로 달리며 내 하나님을 의지하고 성벽을 뛰어넘나이다"사무엘하 22:30

"내 손을 가르쳐 싸우게 하시니 내 팔이 놋 활을 당기도다"사무엘하 22:35

"이는 주께서 내게 전쟁하게 하려고 능력으로 내게 띠 띠우사 일어나 나를 치는 자를 내게 굴복하게 하셨사오며"사무엘하 22:40

성령이 내 안에 오신 것처럼, 원수가 아직도 내 안에 있다. 내 안의 죄罪다. 하나님은 우리에게 싸우라고 명령하신다. 전쟁하라고 명령하신다.

"내가 내 원수를 뒤쫓아 멸하였사오며 그들을 무찌르기 전에는 돌이키지

---

* 여호와께서 그들을 이스라엘의 손에 넘겨주셨기 때문에 그들을 격파하고 큰 시돈과 미스르봇 마임까지 추격하고 동쪽으로는 미스바 골짜기까지 추격하여 한 사람도 남기지 아니하고 쳐죽이고(여호수아 11:8)

** 이와 같이 여호수아가 그 온 땅 곧 산지와 네겝과 평지와 경사지와 그 모든 왕을 쳐서 하나도 남기지 아니하고 호흡이 있는 모든 자는 다 진멸하여 바쳤으니 이스라엘의 하나님 여호와께서 명령하신 것과 같았더라(여호수아 10:40)

*** 헤브론의 옛 이름은 기럇 아르바라 아르바는 아낙 사람 가운데에서 가장 큰 사람이었더라 그리고 그 땅에 전쟁이 그쳤더라(여호수아 14:15)

**** 손으로 장막 말뚝을 잡으며 오른손에 장인의 방망이를 들고 그 방망이로 시스라를 쳐서 머리를 뚫되 곧 살쩍을 꿰뚫었도다(이사야 5:26)

***** 하나는 디르사 왕이라 모두 서른한 왕이었더라(여호수아 12:24)

아니하였나이다. 내가 그들을 무찔러 전멸시켰더니 그들이 내 발 아래에 엎드러지고 능히 일어나지 못하였나이다"사무엘하 22:38

"내가 그들을 땅의 티끌같이 부스러뜨리고 거리의 진흙같이 밟아 헤쳤나이다"사무엘하 22:43

예수 그리스도 이름으로 명하노니 우리 안의 죄성들, 미움·증오·시기·질투·불평·불만·분노·성냄·탐욕·음란, 모든 부정적 감정들, 더러운 기분들, 땅과 육에 속한 생각들. 예수 그리스도 이름으로 명하노니 거리의 진흙같이 밟아 헤쳐질지어다. 땅의 티끌같이 부서질지어다. 철장으로 내리친 질그릇처럼 깨어질지어다.

하나님은 또한 말씀하신다. "너희의 복종이 온전하게 될 때에 모든 복종하지 않는 것을 벌하려고 준비하는 중에 있노라"고린도후서 10:6 우리 안의 마음이 정복될 때 우리 밖의 성읍이 정복될 것이다. 주께서 날카로운 화살을 날리어, '죽이고 도둑질하고 멸망케 하는' 원수의 염통을 찌르실 것이다.* 예수 그리스도 이름으로 명하노니 우리 육신 안의 질병과 가난과 저주는 끊어질지어다. 흉악의 결박과 멍에의 줄은 끊어질지어다. 자녀子女와 가정家庭과 가문家門을 공격하는 원수들, 추하고 더럽고 사악한 영들은 떠나갈지어다. 이 저주의 결박과 사슬들은 끊어질지어다. 나라와 민족을 짓누른 김일성 망령은 떠나갈지어다. 유물론 공산주의·사회주의 세력은 스스로 멸망할지어다.

"여호와여 주의 대적은 다 이와 같이 망하게 하시고 주를 사랑하는 자는 해가 힘 있게 돋음 같게 하시옵소서 하니라 그 땅이 사십년 동안 태평하였더라"사사기 5:31

---

* 번개를 번쩍이사 원수들을 흩으시며 주의 화살을 쏘아 그들을 무찌르소서(시편 144:6) 왕의 화살은 날카로워 왕의 원수의 염통을 뚫으니 만민이 왕의 앞에 엎드러지는도다(시편 45:5)

죄와 피 흘리기까지 싸워 이기는 자들이 일어날 때 평양은 무너질 것이다. 동족들은 해방되고 구원받을 것이다. 대륙과 초원을 지나는 선교의 길이 열리게 될 것이다.

한국교회가 광장에 몰려나와 회개하고 자복하고 통회하며, 북한 정권의 붕괴와 동족의 해방을 선포할 때, 김일성 왕조는 무너질 것이다. 동성애·낙태와 음란의 염병은 한반도에서 멈춰질 것이다. 중국과 러시아 공산주의·전체주의·권위주의 질서를 가르고 복음이 예루살렘까지 전해질 것이다. 이 민족은 예수 오실 길을 예비하며 심판의 날 의롭고 충성된 종으로 칭찬받게 될 것이다.

김정은 최후의 날

언론, 방송, 유튜브. 세상 신에 들린 자들은 끝도 없이 종알거린다. 도망갈 자유 없이 공포 속에 살다 갈 북한 주민의 눈물은 감추어 버린다. 허리 끊긴 박토에 갇혀 절망의 밥을 짓는 남한 국민의 절규도 슬그머니 덮어버린다.

세상 사람들과 말을 섞다 보면, 북한 정권의 '무너짐'은 불가능한 상상처럼 다가온다. 미국의 북폭北爆만이 구원처럼 느껴진다. 대륙과 초원을 뻗어갈 선교의 나라, 제사장 교회의 사명은 오지 않을 신기루 같다. 남한사회의 '살아남'도 공상처럼 여겨진다. 믿는다는 자들 역시 하나님이 아닌 돈과 물질, 육신이 삶의 기준이 된 이들이 얼마나 많은가? 죽기를 두려워함으로 맘몬의 종노릇 하는 삶, 경쟁에서 밀리지 않기 위해 버둥대는 초라한 인생을 대물림하고 있지 않은가? 재액災厄과 혹독한 심판이 그나마 남은 은혜일지 모른다. 저주가 판을 친다. 어둠은 기세를 잡았다. 마귀여. 이제 너희의 시대냐?

"우리의 뼈들이 말랐고 우리의 소망이 없어졌으니 우리는 다 멸절되었다"

에스겔 37:11

에스겔은 통곡했다. 이 땅 역시 통곡한다. 북한은 이미 에스겔의 마른 뼈다. 한국이 에스겔의 마른 뼈가 되고 있다. 다음 세대 여린뼈도 말라간다. 인간적인 희망이란 좀 더 영리한 능력자가 되는 정도이다. 적자생존適者生存의 피 말리는 경쟁이다. 내가 살려면 남을 밟아라. 혼자 할 수 없다면 모여 싸워라. 빨간 띠를 매고 구호를 외쳐라. 투쟁. 재벌을 없애고 부자를 족쳐라. 권력과 탐욕 앞에 촛불을 들어라. 미움, 증오, 분노, 광기가 광장을 메우고 담장을 넘어 교회를 향한다.

하지만 세상은 바뀌지 않았다. 정의의 구호 아래 약자의 절규만 커간다. '저들을 쳐내면 살 만해질 것이다!?' 삐딱한 지식인 집단의 역겨운 선동만 섬광처럼 번득인다. 퍽퍽한 내 삶은 바뀌지 않는다.

"주 여호와께서 이 뼈들에게 말씀하시기를 내가 생기生氣를 너희에게 들어가게 하리니 너희가 살리라. 너희 위에 힘줄을 두고 살을 입히고 가죽으로 덮고 너희 속에 생기生氣를 두리니 너희가 살리라. 또 나를 여호와인줄 알리라 하셨다 하라"에스겔 37:5-6

벼랑 끝 사망과 죽음, 마른 뼈 앞에서 유일한 희망은 오직 하나님의 생기生氣다. 오로지 예수다. 그 분의 사랑이다. 정의로 회칠한 미움과 증오와 판단과 정죄의 광기는 마귀의 밥이다. 주여! 생기로 우리에게 임하옵소서. 영혼이 말라 가는 한국 위에 힘줄을 두고 살을 입히고 가죽으로 덮어 주소서. 찬양합니다. 경배합니다. 이천 여 년 전 주가 십자가에 달리시어 우리 안에 성령님을 보내주심을 감사합니다. 하나님이 이미 우리 안에 오셨다. 하나님의 생기가 이미 우리 안에 오셨다. 더 강력한 능력으로, 권능으로, 빛으로 임하옵소서.

모세는 불타는 떨기나무속 하나님을 만나고 그 음성을 듣고서 유대 구원에 나섰다. 미움, 증오, 분노, 혈기, 공포와 두려움, 죄와 피 흘리기까지 싸워 이기며 이미 우리 안에 오신 하나님과 온전히 연합할 때 민족의 역사는 반전될 것이다. 마른 뼈는 일어나 살아날 것이다. 남과 북의 백성들은 서로 연합하여 하나가 될 것이다. 기도자의 손에서 둘이 하나가 될 것이다.에스겔 37:17

10가지 재앙이 바로Pharaoh의 강고한 진을 깨뜨린 것처럼, 한 명의 모세가 나오는 날 백성의 앞날을 막아 온 사탄의 진이 부서질 것이다. 피와 개구리, 이와 파리, 악질과 독종, 우박과 메뚜기, 흑암과 사망이 덮치며 사라질 것이다. 북한의 우상숭배 체제는 무너지고 정치범 수용소는 무너지며 수많은 죽음과 살육과 피바람 소리는 그칠 것이다. 북한 전역에 세워진 김일성 동상 3만 8천 개가 무너지고 그 자리엔 하나님을 찬양할 성전이 세워질 것이다.

형제여. 자매여. 현실에 낙담치 마소서. 낙심치 마소서. 문제를 보지 마소서. 오직 예수를 보소서. 예수 안의 영광과 승리와 성취를 보소서. 빛을 보소서.

제2의 언더우드를 기다린다

믿음은 들음에서 나며 들음은 그리스도의 말씀으로 말미암는다.로마서 10:1 다윗은 오직 여호와의 율법을 즐거워하여 그의 율법을 주야로 묵상했던 인물이다. 시편 1:2 하나님의 말씀을 묵상하려고 야경이 깊기 전까지 그의 눈은 깨어있었다. 주의 법을 사랑하여 종일 말씀을 묵상하였다.시편 119:14 교만한 자가 무고히 그를 엎드러뜨리려 하여도 그는 주의 법도를 묵상하였다. 시편 119:78

우리의 귀가 가장 완전한 그리스도의 말씀을 읊조려 들을 때 믿음은 자라날 것이고 약속은 성취될 것이다. 살았고 운동력 있는 하나님의 말씀은 좌우의 어떤 날선 검보다 예리하다. 우리의 심령과 골수 관절을 찔러 쪼개며 예전 자아의 죄된 속성을 예수 그리스도 이름 아래 복종시킨다. 우리의 복종이 온전케 될 때 우리를 둘러싼 복종치 않았던 것들도 복종케 될 것이다.*

하나님. 저희로 걱정, 근심, 염려, 두려움, 절망감, 억울함, 스트레스로 평강과 희락이 흔들릴 때 하나님의 말씀을 읊조리는 자들이 되게 하옵소서. 세상의 허다한 쾌락·유흥·취미, 사람들과 잡담과 수다, 미디어를 즐기며 쉬는 자들이 아니라 하나님의 말씀을 주야로 묵상하는 자들이 되게 하옵소서. 성령의 검, 말씀으로 우리 안에 머무는 죄를 이기게 하시며 우리를 덮치는 마귀를 대적해 이기는 자들이 되게 하옵소서. 북한을 선교의 기지로 재건할 자들이 일어나게 하옵소서.

제2의 언더우드, 제2의 아펜젤러, 1,000개의 생명을 다 바치고 싶었던 제2의 루비 켄드릭이 일어나게 하옵소서. 북한을 구원할 민족 모세와 다윗이 일어나게 하옵소서. 예수 오실 길을 예비하는 제2의 요한, 제3의 요한, 수많은 요한이 일어나게 하옵소서. 그를 위해 다음 세대를 양육할 21세기 오산학교, 21세기 배재학당이 세워지게 하옵소서. 언젠가 시작될 통일국회는 기도하며 시작되게 하옵소서. 그 날을 속히 이루어 주옵소서.

---

* 너희의 복종이 온전히 될 때에 모든 복종치 않는 것을 벌하려고 예비하는 중에 있노라(고린도후서 10:6)

에필로그

다시 사명의 자리에 서서

"주의 권능의 날에 주의 백성이 거룩한 옷을 입고 즐거이 헌신하니 새벽 이슬 같은 주의 청년들이 주께 나오는도다" 시편 110:3

어느새 내 나이도 쉰 살을 넘었다. 20년 넘게 같은 일, 같은 방향, 신념을 지키며 살았다. 사랑하는 이들에게 원치 않는 상처를 준 적도 많았다.

그럼에도 하나님은 내게 사명의 십자가를 버리지 않게 하셨다. 하나님은 우리의 자녀들이 패역하고 반역적인 이 세대를 본받지 않기를 원하신다. 새 벽이슬처럼 주께 나올 수 있기를 바라고 계신다. 당신의 피조물 중 한 명이 라도 더 구원에 이르기를 우리보다 더 간절히 찾고 계심을 믿는다.

3년 전 한국에서 청년들을 리쿠르팅해 미국에서 트레이닝하는 '한민족복 음화기지개척단'이라는 훈련 프로그램을 진행했다. 하지만 코로나는 하늘 길을 막았고 나는 미국의 광야에 고립되었다. 기도하고 책을 읽고 카메라를 켜서 혼자 말하고 유튜브에 올려 다시 기도하기를 3년 차로 들어섰다. 청년, 청소년, 아이들을 살려야 하는 마음의 불씨는 더 강렬한 불길이 되었다. 그리고 믿게 되었다. 나의 영이 살아날 때 북한과 만주와 연해주, 대륙과 초원에 학교 짓고, 병원 짓고, 교회 세울 이들을 훈련할 모든 여건을 하나님이 마련해 주실 것임을.

한국·미국 그리고 이스라엘, 영적인 트라이앵글

마지막 때 한국과 미국, 이스라엘은 영적인 삼각형 같은 곳이다. 이스라엘 현지에서 기도하는 선교사들이 미국인 아니면 한국인이라는 사실은 상징적이다. 아마도 러시아가 터키, 중동과 연합해 이스라엘을 치는 종말의 전쟁이 벌어질 때 유럽연합EU은 이를 중재할 것이고, 유라시아 대륙은 적그리스도적 질서 아래 빨려갈 것이다. 현재 중국의 시진핑 체제는 이 죽음의 질서와 연합할 터이지만, 한국의 선택지는 열려 있다. 어둠을 가르는 영적인 물맷돌이 될 수도 있고 큰 성 바벨론의 한 축이 될 수도 있다.

아마도 미국은 마지막 날까지 중간지대로 남게 될 것이다. 요한계시록 12장 14절을 보면, 한 때 두 때 반 때, 즉 7년 대환란 중 3.5년 동안 뱀의 낯을 피하여 여자를 숨기는 큰 독수리가 등장한다.* 성경의 난제 중 하나지만, 교회를 보호하는 미국을 뜻한다는 해석이 있다. 신학적 논쟁을 떠나, 미국은 마지막 날까지 사탄이 완전히 삼키기 어려운 곳임은 부인할 수 없다. 너무 넓고 자유롭고 풍요로운 곳이 미국이기 때문이다.

코로나 팬데믹 기간 중 통제 사회가 구축된 흐름을 보면 좀 더 분명해진다. 중국은 완벽한 감시사회를 갖췄고, 유럽도 이에 준하는 감시사회를 갖춰

---

* 그 여자가 큰 독수리의 두 날개를 받아 광야 자기 곳으로 날아가 거기서 그 뱀의 낯을 피하여 한 때와 두 때와 반 때를 양육 받으매 되지 않을까 생각된다(요한계시록 12:14)

갔다. 문재인 정권의 한국도 이에 질세라 운동권 출신 정은경 질병관리청장 지휘 아래 '교회만 콕 집어 들들 볶는' 중국과 유럽의 전철을 따랐다.

같은 기간 미국은 자유의 본질적 가치를 세상에 뺏기지 않았다. 총기사고와 마약, 동성애 등 온갖 희한한 일들이 끊이지 않는 곳이긴 하지만, 나는 코로나 사태가 터진 뒤 미국에 머물며 비교적 자유롭게 예배하고 강연했다. 2021년을 지나면서 마스크조차 쓰지 않았다. 지역에 따라 차이가 났지만, 미국은 길들여지기 어려운 대륙이었다.

한국을 혁신할 인재들, 북한을 재건할 인재들, 선교를 감당할 인재들, 제2의 언더우드·제2의 아펜젤러 그리고 제2의 이승만은 어디서 나올 수 있을까? 나는 확신한다. 수천 년 모질게 연단받은 한국인이야말로 선교의 마지막 주자로 쓰임받을 최적의 조건을 갖추고 있다고. 혼란과 혼돈, 무질서가 판치고 있지만 지구촌 어디를 가봐도 한국인은 교회를 세운다. 하나님을 찬양한다. 선교지에서 목숨 바쳐 죽어가는 이는 한국인 외에는 찾기가 어렵다.

그러나 한국인을 하나님의 방식으로 이기는 승리자로 훈련시킬 최적의 공간은 미국일 것이다. 한국의 청년, 청소년, 아이들을 더 넓은 세계, 더 넓은 곳에서 길러내 다시 영적인 최전방 한국에 파송하는 것이 전략적이다. 나는 거룩한 '나실인의 군대'가 북한을 열고 예루살렘까지 달려가는 그 날을 성령 안에서 상상하며 계속 부르짖는다.

한국교회가 저렇게 된 힌트를 찾았다

한국은 엄청난 강점에도 불구하고 훈련지, 신병교육대로는 좁은 땅이다. 획일적 사회다. 유행을 거슬러 가기 어렵다. "박근혜가 굿을 했다"고 떠들면 촛불 들고 광장에 떼지어 나온다. 시장이 좁다. 다른 생각, 다른 판단을 용인하기 어렵다. 위대한 괴짜를 수용하는 데에 한계가 따른다. 그렇게 남이南怡 장군이 죽었고, 이순신 장군이 억울한 옥고를 치렀다. 미국과 일본이 길러낸 이승만과 박정희도 역사에서 지우려 발버둥친다.

교회도 다르지 않다. 왜 한국 교회는 북한선교로 포장된 인도적 지원, 이 위선적 관행을 벗어나지 못하는가? 북한 체제지원과 정권지원에 불과하다는 것을 알면서도 왜 부정하지 못하는가? 오랜 기간 고민해 보았다. 한 가지 힌트가 보였다.

한국에 왔던 미국인 목사들 중 사회주의에 경도된 이들이 미국에 훈련센터를 지었다. 한국의 목사, 전도사, 강도사, 선교사들을 훈련시켰다. 이들 중 일부는 미국에 정착해 북한을 오갔고, 북한선교 영역을 선점했다. 어느 순간 한국교회 내 북한선교는 한쪽에 치우쳐 버렸다. 말은 북한선교인데, 주류는 우상 체제를 지지·지원·강화하는 햇볕정책이 지배했다. 북한선교가 좌경화되면서 대형교회 좌경화 속도도 빨라졌다. 이 세대를 본받아 마음이 강퍅한 교회가 되어갔다. 교회가 빛을 잃으니 사회는 어두워졌다. 정치는 악신惡神의 난장이 되었다.

열방의 위로자, 우는 자와 함께 울라

무엇을 할 것인가? 어떻게 할 것인가? 설령 고난이 따르도 고통 중에 있다 해도 무엇을 하며 이 땅에서 인생을 마감할 것인가? 하나님이 나를 부르신 이유는 무엇인가? 많은 이들은 이런 질문을 스스로 던진다. 그리고 어느 날 길지 않은 허망한 삶을 마무리짓는다.

나 역시 끝없이 하나님께 물었다. 지난 20여 년 국민을 깨우고 성도를 일깨워 하나님의 민족적 부르심을 이루려 발버둥쳤다. 조급함으로 실수도 했고, 이념에 경도되어 함정에 빠지는 경우도 있었다. 이제 아름다운 광야, 시애틀 아둘람 굴에서 남은 생의 좌표를 어디에 둘 것인지 하나님께 또다시 묻고 있다.

열방의 위로자慰勞者, 우는 영혼과 함께 울고 아파하는 영혼과 함께 아파하라. 흑암에 앉아 있는 자를 이끌어내라. 하나님은 상한 갈대를 꺾지 않기를, 꺼져가는 불꽃을 끄지 않기를 원하고 계신다. 그렇게 북한의 2,500만 백성을 구하고 중국의 14억 인구를 살려, 이스라엘 백성을 하나님의 길로 돌아오게 하는 군대를 일으키기를 기대하신다.

나는 소망한다. 일제시대 민족을 향한 오산학교, 배재학당, 연희전문이 세워졌던 것처럼, 이제는 열방을 향한 21세기 오산학교, 21세기 배재학당, 21세기 연희전문이 미국 땅 어딘가 세워질 그 날을 소망한다.

"나 여호와가 의로 너를 불렀은즉 내가 네 손을 잡아 너를 보호하며 너를 세워 백성의 언약과 이방의 빛이 되게 하리니 네가 눈먼 자들의 눈을 밝히며 갇힌 자를 감옥에서 이끌어 내며 흑암에 앉은 자를 감방에서 나오게 하리라"이사야 42:6-7

한반도에 지저스 웨이브가 온다 *JESUS WAVE*

발 행	|	2022년 9월 5일(초판 1쇄)
		2022년 9월 19일(초판 2쇄)
		2022년 10월 4일(초판 3쇄)
저 자	|	김성욱
펴낸이	|	김미영
펴낸곳	|	도서출판 세이지
디자인	|	김미성
등 록	|	제321-504200800007호
주 소	|	서울특별시 종로구 사직로 96, 202호
전 화	|	02-733-2939, 010-5693-8219
전자우편	|	unifica@gmail.com

© 김성욱, 2022

ISBN 978-89-965358-9-8 03230

책값 18,000원

* 이 책의 저작권은 세이지에 있으므로 무단전재를 금합니다.